日本の行政監察・監査

白　智立著

法政大学出版局

目次

序

行政監察・監査の位置づけ

本書は、総務庁の行政監察を中心に、日本の行政監察・監査について考察する。行政システムにおける監察・監査は、行政活動の適法かつ適正な運営を確保するための制度あるいは機能である。日本の行政監察・監査は、中央・地方を問わず、行政機関の規模、組織形態などに差異があり、そこには数多くの制度化された専門機関が存在している。とくに戦後は、総務庁行政監察局（当初、行政管理庁監察部）による、各行政機関の行政活動全般についての大規模な行政監察活動を中心として実施されてきた。

行政活動は人間の営為である以上、絶対無謬ではありえない。行政の活動をいかに適法かつ適正に行ない、またいかに行政責任を確保するかは、古今東西を問わず、どの国にとっても大きな課題である。行政監察・監査の制度・システムは、まさにこうした課題に対応するためにつくられ、発展してきたといってよい。

現代行政は「行政国家」や「管理社会」などの言葉に象徴されるように、その影響が国民生活の隅々にまで及ぶものである。また今日の国民の社会活動は、行政と大きなかかわりを持ちながら行なわれている。逆に言えば、行政活動も経済・社会の発展に伴って変化し、拡大してきたということができる。

こうした状況の下で、国民主権に立脚する現代日本においては、国民の文化水準の向上、政治的習熟とともに、国民による行政への監視、批判の目が厳しくなってきている。そこから行政監察・監査といった行政統制手段の適正かつ積極的な実施が国民によって強く求められるようになってきているのである。

以上の文脈から、現代においては、行政の活動、その運営をいかに統制し、行政が適正に行なわれているかどうかを常に把握し見直すことが、行政自体にとっても重要な課題となっている。またこうした要請課題に応えるためにも、行政における統制の役割がいっそう期待されるようになってきている。

日本では、行政を統制する制度あるいは機能が早くから整備されてきた。一般論として言えば、まず、国会が予算の決定、法律の審議および国政調査権などの行使により、行政の部分的統制を行なう。また、行政訴訟、行政不服申し立てといった司法統制は、行政による被害から国民を救済する。さらに国会、司法、行政の三権から独立し、会計検査院は憲法上の独立機関として国の予算の執行を監視する。このほかに、非制度的統制手段として、マスコミに代表される世論も社会の側から行政を批判したり監視したりするのである。

議会、司法、会計検査院、世論による行政統制は〈外部統制 external control〉といわれ、行政の外部から行政の適法かつ適正な運営を確保するのに寄与している。これとは対照的に、行政システムにおける監察・監査、いわゆる行政監察・監査は、〈内部統制 internal control〉といわれ、行政府内部の自浄・自省の機能と位置づけられている。

歴史的にいえば、行政機能およびサービスの膨大化・複雑化・専門化の進展につれて、行政監察・監査に対する期待も高まる。また、政府内部のみならず国民の間からも行政監察・監査には、大きな関心が寄せられるようになる。また現代においては行政監察・監査の強化、それへの新しい意義の付与が課題とされるようになってきている。辻清明の言葉を借りれば、行政監察・監査は「行政に対する国民の信頼感の保持を目的とするが、……現代国家における多様な行政需要と専門的な職能分化に対応する重要な活動」[1]である。こうしたことからも、行政における監察・監査の位置づけが今日ほど重要視された時代はないし、また今日ほど行政監察・監査の役割の効果的な発揮と制度自身の変革が強く求められたことはないといえるのではないだろうか。

こうした視角から、現代日本の行政監察・監査制度の創出、制度の構造、運営の仕組み、およびその現状と課題について考察したいと考える。

行政監察・監査制度の変容

行政監察・監査という制度あるいは機能は、「実に古くからの職能であって、統治あるところに必ずそれがあった」し、また「それなしには統治が成り立たない」(2)といわれるくらい古くから存在していた。

本書の対象とする現代日本の行政監察・監査の歴史は、明治近代国家の誕生時に淵源し、近代行政制度の一環として創設されたものである。すなわち、明治初期に「関東監察使」(一八六八年)、「各地方監察按撫」(一八七三年)などが政府内に設けられたことに始まるとされる。この当時の制度は、中央による地方への統制強化の色合いを強く帯びていたといわれている(3)。

また中央政府における本格的な行政監察・監査制度の開始を告げるものとして記憶されているのが、一八八五年の内閣制度発足に伴って、中央政府の行政機関内部に監察・監査制度が次々と設立されたことである。大蔵省出納局監査課(一八八五年)、逓信省大臣官房監察課(一八八六年)、内務省内務監察官(一九一五年)などがその代表である。これらの監察・監査の内容と対象は主として、「官公吏の不正あるいは義務違反ないし過誤の摘発に重点をおいた」もので、その機能はいまだ限られたものであったようである(4)。

現代日本の行政監察・監査制度は、日本における行政の近代化といった流れの中で現われたのであり、いわゆる近代国家の建設、近代的な行政制度の整備といった視点からその発生をまず見るべきであるだろう。とはいえ、明治以後に形成・展開してきた行政監察・監査は、「原省中心主義」や「行政権優越制(5)」といった行政の伝統ないし慣行が強い時代に設けられた行政監察・監査であったため、その対象や範囲などに多くの制限を受けていた。したがって、各行政機関の行政活動全般を対象とする行政監察・監査制度の出現には今少し時を待つ必要がある。

戦後、これらの内部監察・監査制度はほとんどそのままの形で存続する。他方、行政監察・監査制度を構成する組織構成などは新しい行政制度の変遷とともに次第に変化を見せ始める。とくに終戦直後、民間有識者などによる行政監察委員会の設置、さらにその後の、行政管理庁監察部への行政監察委員会の吸収といった過程を経ることで、日本の行政監察・監査制度は新たな展開を見せるようになっていった。こうして成立をみるのが、本書での考察の中心となる総務庁行政監察局である。

戦後、総務庁による行政監察は、すべての行政機関を対象に、対象機関から独立した専門機関として全国に配置されている総務庁の出先機関からなる独自の調査網によって、行政機関の業務全般についての監察活動を行なうようになった。さらにその規模の拡大とともに業務の多様化、専門化が一段と進み、終戦までの行政監察・監査制度では見られない現象が生じた。

行政監察・監査とは

本書のタイトルとして「監察」と「監査」という二つの用語を並べたが、これだけでその全体像を言い尽くすことはできない。とくに後述の行政機関内部の監察・監査となると、さらに「考査」という概念も登場してくることになる。また行政機関内部において人事課、秘書課、文書課など官房系統の組織も行政監察・監査の業務を担当することもあるため、行政監察・監査の問題はいっそう複雑化してしまうことになる。本論ではこうした問題を扱うが、さしあたり、ここで若干の整理をしておこう。

行政法学者は、「行政組織法体系の中への位置づけという観点から」、「行政監察」として一般的な形で取り上げている。[6] つまり、これは総務庁の行政監察制度が戦後「国の行政監察機関として中心的な役割を担当してきた」[7] ことから、理論上の概念として行政監察・監査制度を「行政監察」に一般化したものである。またこの理論上の概念は、ある行政法学者によって次のように定義されている。「行政監察とは、行政の管理運営の適正をはかるため、行政権の機関が他の機関の行う具体的行政作用を事後的に評価することで、行政不服審査に係るものを除く(8)」。

ここではまず、行政監察・監査の目的が「行政の管理運営の適正をはかるため」のものと位置づけられ、独自の機関による「他の機関」への事後的評価機能だと定義を下している。ただし、一般に行政監察という場合、ほとんど総務庁行政監察局の行政監察活動を指しているため、この「行政監察」の概念は実務上の総務庁の中心業務である行政監察と混同しかねない。

また、行政学においては確固とした定説をみることはできないが、一般的には「行政監査」という専門用語を使用する例が多いようである。たとえば、一九六九年に出版された行政教育研究会編『行政監査』の中では、会計検査院の「会計監査」、地方自治体監査委員の「地方自治監査」、監査役の「公営企業監査」、行政監察局の行政監察、行政機関内部の行政監察・監査である「行政考査」のことを、「行政監査」という概念で一括している。この概念も、今日の地方自治体の監査委員による「行政監査」業務と混同しやすいためか、「行政活動の監査」や「行政の監査(9)」といった言い方もされている。

しかし、いずれも「監査」という用語が強調されているのがその共通点である。これには以下の二つの要因がある。第一に、会計検査院の「会計監査」の概念にこの概念が取り入れられていることである。実際、行政監察・監査と称された機関の中には民間企業の監査業務に類似する会計手続きなどの監査業務が多く含まれている。第二に、戦後、総務庁行政監察の制度樹立によって、従来からの個々の行政職員の不正・非違を摘発する目的の「非違摘発」型の「監察」から脱皮していることである。すなわち、現代の「行政監察」活動は「行政運営の改善と指導を直接の目的」としているため、もはや今日において「監察」という用語が「その機能を表わすのに適切かどうか」といった問題が

生じるようになっている。(10)

本書は、会計検査院という憲法上の独立機関による「会計監査」と監査役による公営企業監査を除外して、行政府内部の行政監察・監査制度を考察する。行政監察・監査機関の所掌業務の中には会計面や規律面における専門監査も多く含まれるが、本書では、総務庁の行政監察活動およびこれに類似する行政監察・行政監査の業務内容、すなわち、日本の中央・地方の行政府内部における専門的機関による、行政機関の業務の実施状況や行政機関の運営一般などについての監察・監査を対象とし、会計面および規律面の専門監査は含まない。

行政監察・監査制度の特徴

ここではひとまず、総務庁監察行政を法的に規定する「総務庁設置法」のいくつかの定めに則して、行政監察・監査の存在意義と特徴について考えておきたい。さしあたり、行政府内部の制度的な行政統制機関として以下の三つのポイントから総務庁の存在意義をまとめておくことができよう。

総務庁は他の監察対象省庁と同列の行政機関であるが、しかしそれらの対象機関の行政執行に参加しておらず、各省庁に対し独立した立場に置かれている。法制度面ではいわゆる第三者的な立場から、総理府の外局として「各行政機関の業務の実施状況を監察し、必要な勧告を行う」(総務庁設置法四条一二号)ようになっている。すなわち、総務庁は同じ行政府内にありながら、他の行政機関を外から見ているという形式をとっているのである。こうした総務庁の置かれた立場から、第三者としての公平・公正性、そして客観性が生じる。これはチェック機関の有する第一の存在意義である。

次に、外からみることは「調査」あるいは「調べ」を意味するが、しかし総務庁はその調査の結果に基づいて必要な勧告も実施できる。すなわち、総務庁の行政監察は、みずからの価値判断を加え行政活動を評価する活動であるともいえるのである。監察行政は評価に終わらないのであって、そこが単純な「評価」と「監察」との違いであり、総務庁監察行政の第二の存在意義である。

さらに総務庁監察行政の場合は、監察対象機関から、勧告上指摘した問題点および改善を要する事項に対する改善措置の回答を求めることができる（同五条七項）。すなわち、最後の勧告改善まで見届けるという点は、総務庁監察行政における第三の存在意義ということができる。もう少し具体的にみれば、この勧告の権限のほかに、総務庁長官は、行政監察に関して行政の長である内閣総理大臣および関係行政機関の長に意見を述べることができるし（同五条三項）、また総理大臣に対し、関係行政機関の長に改善を指示するよう意見を述べることもできる（同五条八項）。ここで重要なのは、勧告もそうだが、総務庁の監察結果に基づく改善意見を出すことなどは、指示を求めるための報告や参考に供するための調査結果報告書以上の意味合いを持つことである。そのために、監察対象省庁から一定の独立性を持っているといいうるし、また行政監察の業務内容からもいっそう監察対象の省庁に対し外部的で独立的な立場から監察を行なうことが期待されているということもできる。

ここでの総務庁監察行政の存在意義と特徴に関する考察は、行政監察・監査制度一般に広げて考察する場合でも妥当すると考える。たとえば、西尾勝は行政監察・監査制度を一般に「行政監査」ととらえ、それを構成する四つの中核的な要素を指摘している。[11]

第一に、独立的な監査業務を専門に担当している機関、独立的な専担機関によって行なわれる仕事であること。

第二に、個別具体の行為を対象にしている活動であること。

第三に、その活動は事後評価で、すでに行なわれたことについて後からチェックをする性格のもの。

第四に、この個別具体の行為についての事後評価の結果に基づいて、なんらかの改善措置の勧告とか是正命令が行なわれ、なんらかのコントロールがなされること。

こうした概括は、当然広義の「行政監査」を念頭においてのものであるが、総務庁監察行政にかかわる要件もほぼ取り入れている。具体的に総務庁監察行政に関して付け加えるならば、行政府内の自律機関である点を強調しておきたい。すなわち、総務庁の監察行政は各省庁から独立して独自に活動を行なうものであるが、それはいずれも行政府内の監察・監査機能であり、これも「監察行政」と呼ばれる所以となっている。そのため、総務庁の監察行政は行政全般について、総合的な見地から評価なり監察することが可能となり、またこうした役割が期待されているということになるのである。

本書の構成

本書の第一、二章では、総務庁行政監察制度の構造と特質を明らかにし、日本の行政監察・監査制度全体において総務庁監察行政を位置づけ、その特徴と意義を考えていきたい。

こうした目的を達成するために、第三章では、制度的にやや特異であるが、終戦直後に創設された地方自治体の監査委員制度をその比較対象として取り上げる。とくに近年来実施され始めた組織、人員、事務処理方法など行政運営一般の監査、いわゆる行政監査を中心に行政監察・監査制度の変化を総務庁監察行政との比較の視点から考察する。

第四章では、従来の国レベル、自治体レベルに存在した多くの伝統ある行政機関内部の行政監察・監査制度について考察する。研究の重点は、監査委員制度における考察と同様、今日における変化、とりわけ総務庁行政監察に類似する当該行政機関の業務の実施状況に関する監察・監査である。

なお、二〇〇一年の中央政府の機構改革に伴う行政監察局から行政評価局への変化については、本書では触れない。こうした問題へのアプローチは別稿が求められることになるだろう。ただし、「行政評価」を問題として追究していくためにも、五十年余にわたって蓄積されてきた「行政監察」の貴重な経験を、もう一度しっかりと踏まえる必要がある。

本書は、上述のように研究の対象、範囲を限定しつつ、日本における行政監察・監査制度の構造、制度としての特質の解明を目指すものである。

(1) 辻清明「発刊に寄せて」(『行政管理研究』二号、一九七六年二月)一頁。
(2) 今村都南雄「行政における監察・監査機能(評価機能)」行政管理研究センター『監察・監査の理念と実際』(一九九四年)所収、四頁。
(3) 池野武「行政考査」行政教育研究会編『行政監査』(文理書院、一九六九年)所収、二六三頁。
(4) 同右、二六四頁。
(5) 辻清明「行政監察と行政相談」(『ジュリスト』六二四号、一九七六年一一月)一五頁。
(6) 近藤昭三「行政監察法総説」雄川一郎・塩野宏・園部逸夫編『現代行政法大系3 行政手続・行政監察』(有斐閣、一九八四年)所収、一七六―一七九頁。
(7) 同右、一七六頁。
(8) 同右、一七九―一八〇頁。
(9) 西尾勝『行政学』(日本放送出版協会、一九八八年)一三四頁、および『行政学』(有斐閣、一九九三年)二九六―二九七頁。
(10) 池野、前掲、二六四頁。
(11) 西尾勝「諸外国における行政監査の動向」行政管理研究センター『行政のいしずえ――第一回内部監察・監査実務者研修講演集』(一九八〇年)所収、一三五―一三六頁。

第一章　総務庁行政監察制度の歴史・組織・構造

総務庁は総理府の外局であり、一九八四年七月に行政の「総合管理機能」（第二臨調の提言）を強化するために、行政管理庁と総理府の人事局、統計局、恩給局、青少年対策本部などと統合する形で設けられた機関である。監察行政はそれまで行政管理庁行政監察局の業務の一環であったが、総務庁設置後、同庁に引き継がれることとなった。本章ではまず、総務庁の行政監察制度を規定している法的枠組みから、その特質を析出し、くわえて、こうした制度は日本においていかに創出し、どのような過程を経て今日のような組織・構造を持つようになったのかを考察することにしたい。

第一節　法的枠組みからみる行政監察制度とその特質

総務庁監察行政の法的な根拠は「総務庁設置法」（以下、設置法と略す）である。「設置法」では、監察あるいは行政監察の概念が明確に示されなかった。だが、「監察」の性格については、総務庁の「監察業務運営要領」に規定されることとなった。すなわち、「監察は、国民一般の福祉に即した公正な立場において、国の行政運営の改善を目的として実施するもので、行政がその本来の企図のごとく運営されているか否かを具体的にはあくし、改善すべきものを指摘し、その適正を図るにある」という規定である。この総務庁の「自己規定」からも推測できるように、現代日本の行政監察制度は、行政本来の究極的目的を行政監察の視点とする、行政機関の業務の運営さらに制度の改善を目指すものと考えられる。

いうまでもなく、総務庁は本要領を監察行政の最終規範として掲げている。しかし、これは総務庁の行政監察制度を分析する基本となろう。以上を踏まえ、またこれを中心としつつ、本節では「設置法」(一九八四年七月一日施行——以下とくに断らない場合、条文は設置法の条文を指すものとする)の具体的な規定事項を中心に、本書でいう伝統的「監察」との比較から、行政監察制度の現代的特質に迫りたい。なお、本章では、こうした現代の行政監察制度をその特質に注目し、「行政監察型」監察と呼ぶことにしたい。以下、その特徴を四点にわたって述べてみよう。

新しい「行政監察型」監察制度

総務庁の行政監察は、中央政府の「各行政機関の業務の実施状況を監察し、必要な勧告を行うこと」(四条一二号)を中心に展開される。同規定の制定によって、行政機関の「業務」の監察が、行政の総括管理機関の一つである総務庁に取り入れられることとなり、総務庁行政監察の性格が規定されるところとなった。

この設置法にいう「業務」とは、一般的に「行政機関が行う事務及び事業を総称するもの」[1]であるから、総務庁の行政監察は個々の行政職員の不正・不当問題を発見し、摘発するための従来の伝統的な「個別摘発型」の監察と一線を画しているということができる。また、同じように「監察」という用語が用いられているが、総務庁の行政監察は、もはやかつての監察制度、今日の服務規律の監察などの類似制度と様相を異にしているということができる。こうしたところを踏まえて、本章では、総務庁の行政監察における「監察」概念を、新しい「行政監察型」監察と捉えるものとする。

またさらに、設置法の条文には「勧告」を行なうとの規定があるが、これはアドバイスや、「説きすすめる」レベルにとどまり、どちらかといえば「説得する」という意味合いが強く含まれるものである。すなわち、実質的な意味として、設置法のいう「勧告」は、権力の発動、弾劾や懲罰を科するなどの権力的・強制的な色合いが相対的に低いといえる。

これに関連するもう一つの規定は「設置法」の第五条第九項である。すなわち、総務庁「長官は、監察の結果綱紀を維持するため必要と認めたときは、関係行政機関の長に対し、これについて意見を述べることができる」とする規定がこれである。ここでは「綱紀維持」が行政監察の付帯的な業務と捉えられており、「行政機関の業務の実施状況」を監察するに当たって、付随的に発見した綱紀違反の行為について意見提示ができるということが示唆されている。総務庁の行政監察制度においては綱紀面の取締りという監察制度のかつての機能を、少なくとも条文の上では、第一の任務とは考えないようになっているのである。

行政監察の対象

こうした規定の解釈として、あるいは「監察権限の後退」と捉えられる向きもあるかもしれない。しかし、本書でいう現代的な監察の意義から位置づけるならば、単に「監察権限の後退」のレベルでこの条文を理解することは不適切といわざるをえない。つまり、行政監察において、「行政機関の業務の実施状況」を評価することは、国への反逆や法・規律の違反行為を摘発・是正する活動以上に複雑化したものであるからである。総務庁の行政監察制度は特定の個々人や個々の不正・非違などの発見・処理といった特定事項に対するものから、行政機関の業務実施や運営上の、共通かつ全体的な事項の監察にその位置づけを変えてきているのである。

また行政監察およびその結果に基づく勧告の対象は「各行政機関」であるが、この監察に関連して設置法では、特殊法人の業務や「国の委任又は補助に係る業務の実施状況に関し必要な調整を行う」こと（四条一三号）もできるとされている。これによって、行政監察の実施に関わる「調整」対象は中央・地方の全行政機関などを含むことになる。行政機関の業務の全般にわたって、伝統的監察制度と比べその内容と対象を大きく変容・拡大せしめるようになり、今日の総理府の外局である総務庁は他の省庁と同様に内閣の管轄下に置かれつつも、行政機関の業務全体の実施状況を監察する行政統制機関として位置づけられるようになっていったのである。

改善勧告型監察

行政監察の主な権限は、まず資料の提出および説明を求めること（五条二項）、実地調査（五条四項）であるが、行政監察機関はこの資料請求、説明聴取および実地調査によって、行政機関の業務の実施運営状況を調査する上で、調査の結果に基づき評価し監察すると、設置法に規定されている。監察の結果は勧告の形で行政の改善へ働きかけるが、勧告の根拠は実地調査などの活動から発生することとなる。設置法においては、この活動を担保するために、「調査を受けるものは、その調査を拒んではならない」（五条五項）と規定されている。

行政監察の評価結果は、指摘事項および改善措置として行政監察機関によって提示される。これが行政監察機関の勧告の内容である。この勧告および意見提示に対し、「関係行政機関の長」は総務庁に対し、改善措置の回答を行なう義務がある（五条七項）とされる。設置法においてはさらに、総務庁長官は行政の長である内閣総理大臣に対し、「関係行政機関の長に所管事項の改善を指示するよう意見」を述べることもできる（五条八項）とされている。こうした、行政監察機関の意見の「具申」や改善の要請などの権限規定からは、「監察」という語感から類推される、かつての伝統型監察にみられたような強権力の発動は窺うことができない。それに対し、総務庁行政監察は改善勧告型監察の特徴を強く持つ。当然、これも前述した「行政監察型」監察の特質によって規定されるところである。

上掲の監察権限規定より明らかなように、行政監察制度は行政内部の自律的な改善機能を受けもつものである。つまり、行政監察活動の開始から終了までの、ほぼすべての監察の実施過程が行政内部で循環しているのである。また、行政監察機関はこうした情報の公表権限を有するため、行政外部へ監察情報を伝達することができる。これも「行政監察型」監察の特質の一つということができる。監察結果の公表については、「設置法」による規定にはみられないが、総務庁の内部準則である「監察業務運営要領」に定められている。

この行政監察機関による監察結果の公表は、他の内部監察・監査制度と比べ、公表規定が設けられていることに特色があり、実際に、公表の量も多い。総務庁は監察結果の公表制度を通じて、行政、あるいは監察対象省庁に必要な監察情報を提供したり、さらに国民一般にも監察情報を提供したりしている。これは、後述する国民による行政参加・監視の促進、行政民主化、行政統制全体の向上にとっても重要なことということができよう。こうした「行政監察型」監察の、伝統的監察と異なるソフトな「権限」によって、監察効果の確保が可能となっているのである。

行政監察組織の規模とその他の業務

行政統制の主体として書面や実地における調査を担うのは、総務庁本庁の行政監察局だけではない。総務庁の地方出先機関である管区行政監察局（ブロック機関）、沖縄行政監察事務所、四国行政監察支局およびその他の行政監察事務所（府県単位）（十条、十条二、三、十、十三項）もまた、総務庁監察行政の組織的基盤として行政統制の主体として登場する。この巨大な行政監察機構、いいかえると行政統制システムの存在は、総務庁監察行政におけるもう一つの特徴である。

全国に分布される地方出先機関は、本庁主導である全国レベルの「中央計画監察」に参加する一方、出先機関自体が直接的に監察対象と接触し、現地改善を目的とした「地方監察」も執り行なうことになる。またこれは、総務庁行政監察制度のもう一つの業務である行政相談にもつながってくる。

「設置法」には、総務庁が各行政機関などの「業務に関する苦情の申出につき必要なあっせんを行うこと」、および「行政相談委員法の施行に関する事務を行うこと」（四条一四、一五号）という規定がある。さらに、設置法には総務庁の地方出先機関である各行政監察機関がこれらの事務を分掌すること（十条三、十、十三項）が規定されている。こうした規定によって、総務庁の苦情あっせん活動は国民からの苦情をあっせんし、その権利救済に寄与するにとどまらず、行政情報の収集や、これをきっかけにした行政監察も可能としている。

ここで注意を促しておきたいのは、「行政監察型」監察における行政相談の位置づけである。行政相談は公表権限と同様、国民と密接に関係している。したがって、総務庁行政監察を行政内部の管理機能として見るだけでは不十分であり、「行政監察型」監察の体系においては、国民による行政監察への参加という側面もけっして見逃してはならないのである。

第二節　行政監察制度の創出過程

ここまで設置法を中心として戦後の「行政監察型」監察を概観してきたが、その本質を規定するのは〈制度〉の〈歴史〉と実際の〈制度運用〉である。すなわち、戦後行政監察制度の創出と行政監察の実際の運営について考察することなしに現在の行政監察の意味を、必要かつ十分に汲み取ることは難しいだろう。本節ではまず、戦時体制下の監察制度導入に関する議論に遡って、現在の「行政監察型」監察を規定する要因ないし背景を概観する。

1　戦時中の官吏制度改革における監察制度の導入

本書の冒頭で述べたように、戦前日本の行政上の監察・監査機関は存在こそしていたが、各行政機関の業務全般を監察する機関ではなかった。行政全般を対象とする監察機関の樹立を求める声が高まったのは、日本が戦時体制に入ってからのことである。

政治団体による官吏制度改革案

一九四〇年代初め、日本は第二次世界大戦に突入しており、政治においては翼賛体制、経済においては計画的な統制経済が敷かれていた。この時期に国家目的、すなわち「戦争」の一層の能率的な遂行が求められ、政治・行政が国民生活に著しく介入していった。こうしたなかで、国民との摩擦や行政上の非能率などの是正が当時の重要課題として政治的に取り上げられていったのである。それはさまざまな政治団体による行政改革案という形で世に現われることとなった。そして、これらの改革案の中から監察制度に関する言及が多く噴出してきたのである。

一九四一年一月、大政翼賛会制度部は、各界の有識者から官吏制度の改革について意見聴取を行ない、『官吏制度改革ニ関スル意見』をまとめた。この中には多くの改革議論が盛り込まれ、「監察制度」に関する言及もなされていた。また意見聴取の対象となった「各方面専門家」の中には、石橋湛山や吉田茂、蠟山政道、田中二郎など戦後日本の改革に直接的に携わった人々も含まれていた。

大政翼賛会は「各方面専門家」に対する意見聴取の前に、「官吏制度改革に関する研究項目」という質問リストを提示していた。その中には「八、監察制度の可否並に其の運用方法」という項目が設けられており[2]、「専門家」の意見の誘導が行なわれた。

この質問リストの集計結果では、監察制度について賛成の専門家がいる一方、不要論または慎重論などの反対意見もみられた。反対および慎重の理由としては「長くやった例がない。無能な者を据えるポストとなってゐた」、「官吏の事務活動が消極的となり、反動化して硬着状況を来」すという意見や、「干渉が多すぎることにならう」、「官吏全体の行績《ママ》を監察するには、より高き所よりするのでなければ効果がない」などが挙げられていた。[3]

こうした意見は、戦前の監察体制の活力のなさを背景としており、また監察を実際に行なっても行政活動に逆効果を来すのではないかという懸念もあったようである。

質問リストの集計結果では、賛成意見または具体的な運用についての意見も二分された。すなわち、あるべき監察制度としては、一つは「仕事の監察に止め、人事の監察にまで這入るべきでない」[4]という意見と、もう一つは「内閣人事庁の設置により設けられるべきもの」だという意見に分かれていたのである。前者は総務庁監察行政のような行政機関の業務の運営そのものを監察せよとの意見であるのに対して、後者は監察を「官吏の考課表と関係する問題」[5]だと理解し、人事考課の運営、服務規律の維持への適合に限るものとみなすといった伝統的監察観が強くあらわれていた。

こうしたなかで、より具体的な提案として注目されるのが、宮本吉夫の「監察局の設置に関する件」である。宮本はこれまで地方自治体や地方官庁への監察制度が比較的に整備されている一方、「中央官庁の行政」に対しては会計検査院の会計面の「監察」にとどまっていること、また「一般行政」に対する「監察機構」の欠如は「我国行政機構の異色の一つ」[6]であることを指摘した。また宮本は、こうした認識の上に立ち、監察制度は行政の不振をもたらす恐れがあるため、「監察局」を政府外に置くのではなく、「内閣の一元化」を考慮し内閣に設置すべきだと提案した。さらに監察の結果を当該省の大臣に報告するばかりではなく、監察結果が複数の省庁に関係する場合、企画院に報告すること、人事においては「各省との対立を避ける為」に人事交流を通じて、出身省以外の行政機関を監察し、「他省の事務処理の長所」が学べるようにするなど[7]といった独特な提案をしたのである。宮本による「一般行政」を監察対象とする行政内部の「監察局」案は、戦後の新しい「行政監察型」監察制度の創出を先取りした問題提起であったと指摘することができよう。

大政翼賛会はこれらの改革意見に基づいて、一九四一年一月二三日『官界新体制確立要綱』を取りまとめた。本要綱では監察制度の樹立について、「行政の実績を監査するとともに官吏の責任を明らかにする」ために、「監察及び考査制度を設けて」「行政の実施状況並に官吏の能力其他に関し必要なる監察考査を行ひ、官吏の処罰を明らかに」し、「特に官界人事の刷新のため定期的に一定率の淘汰を各段階につき実施すべき」[8]であるとされた。大政翼賛会はいわゆる「計画経済」の成功を確保するための、「行政の実施状況」への監察制度の創設を提案していたが、そこにはまた、「信賞必罰」という人事服務規律面の考査も含まれていた。この要綱は議論の過程で出された賛成・慎重・反対意見の妥協案だといえるものであったが、時を経て、戦後の改革議論にもつながってくるものである。

一九四一年三月には、大政翼賛会に次いで、国策研究会が「行政新体制要綱試案」を発表した。この中では、内閣の補佐機関としての「重要行政」の「執行監査」を行なう「総務庁」の設置と「賞罰を合理化する」ための新しい監察制度の創設を提案した。[9]その後、官界新体制官民懇談会の「民間側総合意見」(一九四一年五月一〇日)による「内閣に監査の機関」の設置意見や、重要産業協議会の「行政事務簡素化に関する要望事項」(一九四二年七月)による「官吏の行政上の実績を照合したる適切なる監察制度の充実」の意見など監察制度に関する提案が出された。[10]これらの改革案の内容はおおむね大政翼賛会の議論の流れを汲んだものであったということができよう。

戦争および戦時中の統制経済の進行につれて、行政の国民生活、とくに経済生活への介入は深刻化していった。これをうけて、民間からの不安も一段と高まり、行政能率の向上、国民の声の行政への反映といった要請も顕著に現われるようになっていった。ここからまた行政監察制度の議論もクローズアップされることになる。そして、一九四一年一二月の中央協力会議は、「翼賛会、協力会議と一体の関係に於て常置」する「監察委員」制度を設立するよう提案した。[11]

この「監察委員」制度であるが、内閣総理大臣の補佐機関として設置し、「立案調整の機関と一体」になって昔の

「検非違使」、「監察使」とは異なる、行政の抜本的改善に寄与する制度と位置づけられた。[12] 戦時中の当時において、秘密事項の多い状況下で、「監察委員」制度が実現可能かの疑問もあったが、国民参加による敗戦直後の行政監察委員制度と重なる点が興味深い。

戦争終結間近の一九四四年には、翼賛政治会によって「行政監査機構整備ニ関スル件」が出された。この中では「行政各部ノ事務ノ監査」を行なう監査部を内閣に置き、また各省（陸海軍省を除く）にも「其ノ省所管ノ行政事務ノ監査」を行なう監査部を設置し、さらに「地方庁ニ監査機関ヲ設置シ地方行政事務ノ監査」を行なうが、行政監査の重点が「第一線ニ於ケル行政事務ノ刷新」であり、「民間ノ陳情」も主としてこの機関によって受理するなどの提案が行なわれた。[13] この提案は中央から地方におよぶ行政全体の監察制度の樹立を構想するものであったが、同時に「監査機関」による「民間ノ陳情」の受理にも言及されていた。この点は、戦後の行政相談制度と重なる面が大きいのではないかと思われる。だが、この構想も戦争激化の状勢下で結局実現には至らなかった。

内閣の機能強化と新しい監察制度

このように、政治団体による、監察制度の適否を含んだ戦時体制下の官吏制度改革議論は多くのレベルにおいて展開されていた。また、行政監察制度についても活発な議論が行なわれていた。その中に内閣に属する行政各部を監察する制度案と、強力な総合管理機関として設置する「総務庁」に、行政の執行を監察する機能を持たせる案も含まれていた。これは戦後の行政管理庁、総務庁の行政監察制度と重なるところである。

また、これらの監察制度樹立構想の中で一貫して重要視されていたのは、監察機関と内閣、とりわけ内閣総理大臣との関係である。換言すれば、新しい監察制度創設の目的はこの新しい監察制度を通じて、当時の戦時情勢下でもっとも課題となっていた「内閣の高度能率性」の達成、総理大臣の統制権限の強化[14]を実現することであったのである。

旧憲法においては、内閣総理大臣の地位は天皇を輔弼する責任において、他の閣僚と対等な立場に置かれ、その行政指導力の弱さが戦時態勢への対応にとって大きな問題となっていた。こうした問題状況を改善するために、内閣、とりわけ内閣総理大臣を補佐する「幕僚的官庁機構（統轄的職分を有する）の整備拡充」が「最も実行の可能性あり且つ有効な方法」[15]として提案されていた。この総理大臣のスタッフ機構には、企画、法制、予算と人事からなる「強力な総合的機関」との位置づけが与えられ、これによって「内閣総理大臣の国政全般に亙る統一的指導力は頗る強化される」[16]ことが期待されていた。新しい監察制度樹立の構想はこうした背景の中に生まれ、総理大臣の権限を強化するための制度として、総理大臣の直接指導による行政の監察制度を設けるべきだとの思潮に合流していくことになるのである。

当時、法制局参事官だった山崎丹照も、みずから構想した内閣総理大臣の補佐機関の一つである「内閣人事部」に「監察部局を併置して」、その役目は「行政各部の人事監察と行政監察とを行ひ、官紀の粛正と能率の増進とを図ることという案を示している。[17]ここには「行政監察」という用語が登場している。ここでいう「行政監察」とは、前述の「行政監査」と同様、行政機関の能率面の監察だと位置づけられたようである。こうした「行政監察」概念の登場によって、いわゆる人事監察と行政監察とが区別されるようになり、「行政監察」制度の確立が必要であるという認識も次第に形をなしていくようになった。

戦時中に行なわれた官吏制度改革は、「提起されていた改革構想に比較して、限られた成果しか達成」できなかった。[18]戦時中には監察制度の成立は見送られたが、具体的な制度樹立の検討は戦後になって、始められることになった。このとき、戦時中の官吏制度改革をめぐる議論のなかで出てきた「行政監察」という用語、監察制度の位置づけ、その役割および制度内容などは、戦後の行政監察を考察する上で無視することのできないものであったといえよう。

2　「民主的監察制」——行政監察委員会

一九四五年八月一五日、戦争が終結し、明治以来の「大日本帝国憲法」による天皇制を維持してきた日本は、連合国、実質的に合衆国による占領時代に入った。これを契機に日本は、政治、行政、経済および国民生活の領域において、民主化の洗礼を受けることになる。こうした変革のなかで、日本の戦後は始まったのである。

敗戦によって、行政・官僚に対する批判が一段と高まったこと、官吏制度の改革が占領軍からの行政民主化の一つの要請であったことなどから、行政面での改革は、戦後改革の一つの中心となった。ところが、戦後における行政の改革は、占領軍の間接統治方式で日本の行政組織がそのまま維持されたこと、また占領軍の準備不足などから、日本政府が占領当局の方針に配慮しながらの「自主的な改革」として始められたのである(19)。

戦後最初の行政改革と監察制度創設の動き

一九四五年一一月一三日に幣原内閣は、戦後初めての官吏制度改革案「官吏制度改正ニ関スル件」を閣議決定した。この改革案に監察制度の構想を取り入れたが、井出嘉憲によれば、戦時中の官吏制度改革議論と比べ、類似点が多いと指摘されている。この改革案で想定された監察制度は、第一に、内閣および各省に「監察官」を設けて、民間有識者の採用も可能であること、第二に、監察の対象と内容が行政職員の服務規律監察および官庁の事務運営、職員の福祉政策の調査まで含むことが掲げられている(20)。

この改革案は日本の法制局によるもので、また閣議での同改革案に関する説明も同法制局が行なっていたものである。官吏制度改革について、「日本政府＝法制局」は同年の秋からこうした改革案について検討を始めていた。監察制度成立の内容を見る限りでいえば、同改革案は「歴史文書の中から掘り起こされた」ものだと考えても不思議ではないといえる。[21]この改革構想は過去に実現できなかった官吏制度改革の提案を「必要に応じて引照し、動員することができたという事情に負うところが大きかった」[22]が、同時に戦後の行政民主化という潮流および終戦直後の行政職員による不正多発も背景として働いていたといえる。

一九四六年三月一五日、「行政運営ノ刷新ニ関スル件」が閣議決定され、監察制度の樹立が行政改革の象徴として取り上げられた。この中で、国民からの信頼と行政施策の実効性の確保が掲げられ、行政制度と行政運営の刷新策として民間各方面の参加による行政監査機能の強化が強調された。具体的には官民交流の主旨に沿って、「行政ノ常時監査」を実施する「監察委員会」の創設が打ち出された。監察委員会の構成メンバーは「関係官吏ノ外貴衆両院及民間各界ノ代表者」からなり、監査の結果も内閣総理大臣などに通達するとともに公表すること、さらに信賞必罰の人事行政にこの監察制度を活用させるよう明言した。[23]この閣議決定は「官吏制度改正ニ関スル件」と同様、「必要に応じて引照」するきらいがあるが、「監察委員会」という制度についての言及でいえば、戦後初めてのことである。「監察委員会」構想は、戦後民主化改革の流れの中で納税者である国民による行政への監視という理念を伴うものであったが、同時にアメリカの委員会制度に大きく影響されたことも事実であると思われる。ただし、「監察委員会」による「常時監査」とその結果の公表については、後の「行政監察委員会」において実現できなかった。

監察制度樹立以外の多くの改革案は一九四六年四月一日以降、勅令の公布・施行という形式で実施へと移された。このとき、監察制度の「具体化は別途検討が必要とされ、閣議決定のままに終わった」[24]のである。こうして監察制度に関する次の動きは、一九四七年七月七日に閣議決定された「官界刷新の方策要綱」の成立を待つことになった。「官界刷新の方策要綱」が成立したのは、戦後統制経済における食糧の遅配・横流しなど行政職員の不正不当・非能率と物資流通上の問題の激化などを背景としてである。すなわち、一九四七年に、統制経済の円滑な実施と民心の安定、行政の能率化・適正化を確保するために、政府内部において監察制度の設立が緊急課題としてクローズアップされたのである。

「行政監察委員会令」と行政監察委員会の活動

一九四七年の監察制度樹立のための改革案（要綱案）は、第一に総理庁、各省および必要に応じて地方官庁に、行政能率の向上と非違の排除を実現するための「行政監察委員会」を設置すること、第二に行政監察委員会は「官民合同の組織」であること、第三に総理庁の中央行政監察委員会には「必要により臨時各省に対する監察を行い得る強力な権限を与える」ことからなっている。[25] 同要綱は「民意尊重」、「官民合同」を掲げたため、当時の新聞報道は「行政監察委員会」を「民主的監察制」だと評価した。[26]

この「要綱」の中では、戦後初めて「行政監察」という用語が用いられたが、戦時中の山崎丹照と同じ用語であることが興味深い。本要綱を受けて、行政監察委員会に関する法制化が進み、同年九月一日に「行政監察委員会令」（政令一八四号）が公布される運びとなった。[27]「行政監察委員会令」における行政監察委員会制度の特徴については以下のように整理できよう。

① 組織機構は中央行政監察委員会と各庁行政監察委員会からなり、前者は内閣総理大臣の監督下に、総理庁に設置するが、後者は各庁の長の監督下に、部内監察を実施する。

② 両者の関係は、中央行政監察委員会は各庁委員会の監察業務に関する総合調整、監察実施および結果報告基準面の指導を行ない、必要に応じて各庁について監察を行なう。また各庁行政監察委員会は監察結果と勧告を当該庁の長と中央の委員会に提出する義務がある。

③ 監察の内容と権限は行政職員の服務状況と事務運営状況の監察、必要な勧告からなっているが、必要な場合、関係庁に資料の提出と説明を求めることができる。また同委員会は臨時機関であること、各庁委員会は五カ月

後の一カ月以内に総合報告書を、中央の委員会は各庁委員会の報告書を受けて一カ月以内に総合最終報告書を提出しなければならない。

「行政監察委員会令」の成立によって、一九四五年一一月一三日の「官吏制度改正ニ関スル件」の中で、戦後初めて監察制度の設立が提起されて以来、一年九カ月以上の歳月を経ることで、ようやく行政監察委員会の設立まで辿りつくことになる。また、戦時中活発に展開された監察制度の議論の時期から数えれば、実に六年以上の長い道のりを辿ったことになる。

ところが、実際に設立された行政監察委員会は短期間の一時的な機関であった。その原因は、なんといっても、官民合同の機関である行政監察委員会に「官界一新」の「契機」の役割を担わせ、また「官吏の非違や欠かんなどの摘発のみ」の委員会の活動を警戒して、官吏の協力および官吏の自覚を前提とする「服務の改善と事務能率の増進に関」する「有効適切な具体策の発見に努め」なければならないという設立の「本旨」があったからである[28]と考えられる。

中央行政監察委員会の委員長は、国務大臣・行政調査部総裁船田享二の兼任であった。委員長を含む委員の中には内閣官房長官や法制局長官、経済安定本部副長官、行政調査部総務部長など政策立案や総合調整部局からの閣僚・行政官が半数を占めたが、民間有識者委員は国会議員、行政官OB、経済・労働界の者など七人となった。また各庁の行政監察委員会の設置も続々と行なわれ、一九四八年一月になってその設置数は最終的に七〇にも及んだ。

「官界刷新」を掲げ、「官民合同」によるこの「民主的監察制」は「官吏の非違や官界の欠陥を果敢に指摘して、その改善をはかるのがねらい[29]」であったが、国民の批判の取り込みがその最大の特徴といえよう。ところで、委員構成の多様性から、行政監察委員会の監察視点も多様なものになっていった。指摘事項も当時の状況を反映したものであったとはいえ、「職員の怠惰、不親切」や「認許可及び支払その他の事務の渋滞」、「窓口行政の不良」、「収賄、利益の収受その他これらに類する不正不当行為」、「職権乱用」、「官物私有」、「官界秩序の紊乱」、「監督者の監督不励行」、「官庁事務能率の現況」、「官吏の執務ぶりに対する世間の非難の実相」[30]など短期間の間に、実に多くの問題が取り上げられた。その意味では、行政監察委員会の活動は行政総点検といってよいものであった。

行政監察委員による行政職員の不正・不当や非能率などの問題に関するこれらの指摘は、あくまでもそれぞれの監察活動の中から、問題を指摘したわけだが、こうした指摘が個々の問題摘発・追及まで辿り着くことはなかった。

具体的な監察テーマ（主題）からみれば、やはり当時世論が批判していた社会性の強い問題や政府が検討中の政策課題に絡んだ問題が取り上げられていた印象が強い。たとえば、中央行政監察委員会の中間報告書（一九四八年一月一九日内閣総理大臣に提出）の中には「官吏の服務規律に関する件」、「官公庁の寄付金募集に関する件」、「官庁の事務能率向上のため国会議事運営に対する要望の件」など、中央行政監察委員会の報告書（一九四八年三月三一日内閣総理大臣に提出）の中には「政府職員の給与待遇について」、「官庁職員に対する実員の過剰不足及びこれが地域的職種的不均衡に関する考察」、「窓口一本主義と中央出先機関の問題」、「認許可事務渋滞に関する考察」、「窓口改善問題」など、中央行政監察委員会総合最終報告書（一九四八年四月二二日内閣総理大臣に提出）の中には「人事管理の問題」、「組織権限とその運営の合理化に関する問題」、「運営の合理化方法の問題」などの監察主題が含まれていた[31]。

しかし、こうした監察主題のなかにも現われているように、同委員会の報告書においては、「○○に関する監察」という表現を避けて、「考察」や「○○に関する件（あるいは○○について）」という方式がとられている。中央の、または各省庁の行政監察委員会において発見された問題を中央の委員会は取りまとめており、総理大臣に対して問題提起や改善策の提示を行なっていた。こうした活動を通じて、行政監察委員会は、一種の諮問機関的な役割を果たしていたのではないかと考えられる。

実際にその短期・臨時の性格はこれを裏付けるものであった。また、「行政監察」という用語を用いたのは戦時中からの監察制度に関する議論の流れを汲んだものであると述べたが、それに加えて戦後行政上の不正・非違の激発が問題になっていたことも重要である。同時に行政監察委員会制度が「国家公務員法」、「人事院」（当時、臨時人事委員会）の成立過程において発生し、「考察」「監察」であれ、その提言は、当時の公務員制度の樹立に寄与するためのものだという視点から同制度を認識する必要もあるだろう。

3　行政監察制度の恒常化

「監察第一号」[32]と位置づけられている、六カ月間にわたる行政監察委員会の活動は、ほぼ予定通りに終了した。各庁行政監察委員会は廃止され、中央の、総理庁部内の行政監察委員会は行政調査部と統合して、一九四八年七月一日に行政管理庁となった。これによって、恒常的行政監察制度の創設が遂げられることとなった。

行政監察委員会の最終報告

中央行政監察委員会は、一九四八年四月二二日に出された総合最終報告書の中で行政監察制度の継続を提言し、その上に委員会の経験を踏まえて、制度のあり方に至るまで言及している。この報告書は、新しい監察制度樹立の方向を示唆し、行政監察委員会制度の意義と課題について次のように総括した。[33]

第一に、「全体的、或いは共通的な弊害除去に重点を置き、徒らに特定の個人または個々の事項に対する監察に偏することのないことを着目した」ことが同委員会監察活動の運営方針となっていたこと。

第二に、「行政各部に対し、絶えず、第三者的立場をとりつつ清新なる着眼を以て行政機能及び官紀の沈滞不振を批判した」という民間委員による監察方式は同制度の特徴であることから、「官庁の民主化の線に官界刷新を推進してゆくため、適切な組織なりと信ずるもの」として、民間委員による監察制度の継続を求めたこと。

第三に、制度の課題としては監察結果の公表や地方出先機関に関する監察、民間要望の反映や苦情受付において行政監察制度を活用することなどである。

この報告書に現われている監察制度に関する認識・提案は、その後新しい監察体制の整備に伴い、実現されていくことになった。たとえば、行政全体の弊害の除去をめざす監察や行政監察委員の継続、地方支分部局の設置、監察結果の公表、行政管理庁による行政相談制度などは、徐々に行政管理庁の行政監察制度に反映されるようになっていった。また同じ時期に行政監察委員会の報告書以外に、主として行政調査部であるが、政府内部でもこの種の議論が活発に展開されていた。

行政調査部の改革論議

前述のように、戦時中官吏制度改革の議論の中で、戦時体制の運営をスムーズに行なうために、監察制度を内閣総理大臣または内閣の下に置くことによって、総理大臣または内閣の統率力を強化させるという主張が多かった。戦後、政府部内でも戦前の議論を整理しながら、こうした観点が明確に打ち出されていった。一九四六年一〇月、行政機構や公務員制度などの改革・推進を目的として設置された臨時機関である行政調査部は、戦時中の官吏制度改革の議論とアメリカの行政制度を参考にしながら、行政機構改革の案を多く打ち出していった。その中に、監察制度についての言及も含まれていた。

終戦直後の当時、戦時中の緊迫した国際・国内情勢が一変し、政府による統制経済の実施、新憲法の制定、新しい公務員制度の樹立など、占領当局による戦後改革の流れに伴う行政制度の変革という大きな流れが明確となっていた。これに呼応して、新しい監察制度樹立の議論も行政の民主化とアメリカの行政制度の学習という方向で展開されていた。こうした流れの中にあって、新しい統治システムの設計を手がけた官僚たちのうちから、行政調査部の議論を見ておこう。

まず、行政調査部機構部の部員である高辻だが、彼は一九四七年二月にまとめた「行政機構改革の方針について（未定稿）」の中で、内閣官房の下に「総合調整課」、「情報調査課」と並んで、行政の総合監査を司る「行政監査課」の設置を提案している。(34) ここでは、「行政監査」を総合調整や情報調査の機能と同等に重要視し、さらにそれを内閣官房という行政の総合調整機関にある一つの重要な機能という位置づけが示されていた。

これに次いで、同機構部の部員である河野は「行政の民主化と行政機構（未定稿）」の中で、新憲法の公布に伴って行政における民主化の徹底を念頭に置きながら、「行政機構を通じ、直接、間接行政に国民の意思を反映せしめる」手段として「与論調査部」などの行政機構と並んで、「行政の結果を審査批判することによって、間接的に行政に国民の意思を参加せしめる機構」である「監査機構」の設立を強調した。(35) ここでは「内閣の政策の浸透徹底を確保する」ために、この「監査機構」を内閣に直属させるのが効果的との考えが示されており、またその構成員は「専任者の外内閣統合機関の官吏」による兼務および議員と学識経験者の参加を提言し、監査の性格も「単に消極的に過去を批判するのみでなく」、積極的に今後の行政の適正化・能率化に重点を置かねばならないということが論じられている。(36)

同年五月八日、行政調査部機構部は「中央行政機構改革試案」を打ち出した。この「試案」では、新憲法による内閣総理大臣の地位の強化に伴い、「閣内及び行政各部に対するこの内閣総理大臣の行政統率力を実効あらしめるために」、内閣に調査局、予算局を設置するよう提案が行なわれた。(37) さらに内閣総理大臣に直属する調査局と予算局にそれぞれ「各省施策の執行状況の監査」を行なう監査部、予算実行および決算の監査などを行なう決算監査部の設置が提案された。(38)

この行政監査機能と決算監査機能分離の案に対して、その後、同年九月二〇日の同機構部による「内閣総理大臣の分担管理する行政事務について――総理庁整備案」においては、さらに総理庁に設置しようとする、内閣総理大臣が総裁となる行政経営局には総務部、予算部、調査部および地方部と並ぶ、予算執行監査と行政監査を統合する監査部の設置が提案されていた。(39)

このように行政調査部は、行政施策の実施および予算の執行を監査する監査部の設置を内閣総理大臣の行政統合の強化という視点で考えていたようである。ところで、行政監察委員会と同様な「監察」という用語を用いなかったのは、新しく創設しようとする監査機関の機能が個々の不正・非違の摘発ではなく、各行政機関の施策と予算の執行状況の監査であることを明確にし強調したかったのではないかと思われる。行政調査部は、内閣総理大臣による行政統合の強化を行なう統合部局に監査機能を取り入れたことを考案し、最終的にはこれは監査機関の恒常化につながり、後の行政管理庁監察部の誕生となったのである。

だが、ここに提案された行政経営局の設置案は、アメリカ大統領府の予算局についての研究の上に構想されたものであった。(40)大蔵省の予算編成機能を「行政経営局」に移すことによって設立しようとするこの行政経営局の主旨は、つまり予算は「行政の動きに最も普遍的に随伴」し、かつ「行政の動態をそれによって把握することができ」、「これを基として行政の改善を測ることが可能」となり、さらに行政活動の成果も予算を通じて測定できるため、「行政経営」も「歳出予算の編成――支出の監査――これに伴い、これに裏付けられた行政の監査――これらに関連せしめての各省資料のかい収――以上を基礎とした行政機構、行政運営方法の調査研究――それに基く改良案の勧告と云う一連の機能を包括する」ものであるとされ、行政経営局に監査機能を取り入れることが構想されたのである。(41)これは予算の編成から支出監査、行政監査に至る予算機能と行政管理機能の統合案である。また、この構想は既述の山崎丹照の提言に類似している点にも注意を促しておきたい。

行政管理庁設置法の成立と監察部

しかし、この案はその後大蔵省の反対および占領当局内部の対立で結局成立できなかった。[42] これによって、「行政調査部、中央行政監察委員会及び統計委員会を統合する案が作られた」が、統計委員会に反対され、行政調査部と中央行政監察委員会からなる「行政管理院」案となった。[43] ところが、国会提出中の「国家行政組織法」の法案は審議において「院」の制度が削除されたために、「行政管理庁設置法」案として国会に提出され、一九四八年六月三〇日国会を通過することになる。[44] これによって同年七月一日、行政管理庁が誕生したのである。

行政管理庁設置法においては、行政管理庁に長官官房のほかに、「管理部」と「監察部」の設置が定められていた。同法では、監察部としては「各行政機関の行政運営に関する監察」を行なうが、行政監察委員の設置については明記されなかった。同年七月三〇日に公布された設置法施行令には、初めて学識経験者または官吏から二〇名の行政監察委員が内閣総理大臣に任命され、監察を行なうなどの規定が出された。行政管理庁に置かれた専任の総理庁事務官と総理庁技官の数は合計五一名であった。同庁は二〇名の行政監察委員とその他の職員を入れると一〇〇名程度の小規模な機関として発足した。このような簡素な機関として行政管理庁は、戦後新しい行政監察制度の機軸となるべく本格的な発足をみたのである。

これまでの検討から明らかなように、戦後日本の行政監察制度の創設は戦時中における活発な議論、戦後における行政監察委員会の活動展開と行政調査部主導の制度研究がその直接的背景となっている。しかし、「民主的監察制」という言葉に象徴されているように、戦後民主化、終戦直後の行政の適法・適正な運営を求める国民からの強い期待もその大きな原動力となっていたことも看過すべきではない。実際にアメリカの行政制度の導入といったような側面も見うけられるが、行政監察委員会の設置や、その後の行政管理庁監察部内に民間有識者を行政監察委員として取り入れたことも、戦後新しい行政監察制度のあり方にとって大きな意味を持っていた。こうした文脈から、戦後行政監察制度の成立は、新憲法の誕生に伴う、戦後の民主化過程および現代行政制度の成立過程の中に位置づけてとらえるべきではないかと思われる。

戦後行政監察制度樹立の意味

実際、行政管理庁の成立は、新憲法の成立に見あう内閣総理大臣の権限強化という要請から出発した。とくに調査局案・予算局案や予算編成機能を含めた行政経営局案にもあるように、予算と監査機能の一体化をもって内閣総理大臣の行政統合機能を強めるという視点は非常に意義深いものである。行政運営に関する監査が行政統合を強化する機能だと位置づけられ、戦時中または戦後においては、これについて活発な議論が持たれたことがこうした視点を象徴している。また、この視点は戦後になって、いっそう鮮明になったものである。

しかしながら、行政経営局という構想は失敗に終わった。これは結局、「『強い』総理の出現を拒」み、「『内閣の首長たる』総理大臣の行政各部の指揮監督の中身を、統制的作用ではなく行政事務の総合調整と位置づけた」ことからもたらされた帰結であろう。(45) こうした妥協に妥協を重ねて成立した行政管理庁には、管理部と監察部だけが残り、強力な内閣の統合部局という議論とは遠くかけ離れたものとなった。ただし、各行政機関の行政運営についての監察機能を行政管理の一環として、恒常的な機関の樹立に至った点においては、今までの制度的空白を埋める新しい試みであったと評価できよう。

また、行政における監査ないし監察制度の樹立についての時代要請として、戦時中ならびに戦後に続く統制経済という背景を見失ってはならない。とくに戦後の政府主導の統制経済は戦時中に増して、行政が国民の生活に与えた影響も一段と多大なものであった。こうした背景のなか、行政の実施と運営を監察し、その改善を図り、さらにそれを行政施策に反映することが求められた。また戦後監察制度樹立の声が高まったのも、終戦直後の行政職員による不正・非違および非能率などの時代背景に大きく関連している。しかし、戦後の官界における不正の多発があり、その摘発強化のために監察制度の樹立が叫ばれたが、最終的に帰着したのは、行政管理庁監察部による「各行政機関の行政運営」の「監察」である。こうした変遷の要因として考えられるのは、以下の三つの要因である。第一に、行政全般の改善をめざしてきた中央行政監察委員会およびその事務局が行政管理庁へ移行し、行政管理庁監察部の母体になったこと、第二に、当時多くの監察・監査制度が存在したが、「行政運営」の監察という新しい制度も必要となったこと、第三に、強いて付け加えるならば、「地方自治法」(一九四七年四月)の施行により、地方自治体の監査委員制度が設けられ、地方自治体と同様な「監査」という用語を用いるのが望ましくないと考えられたこと、である。

戦後の行政調査部は戦時中、官吏制度改革の議論を整理して、行政運営における強い監察制度の樹立を掲げてきた。また総理庁の外局として設置された行政管理庁は、内閣総理大臣の統制力を強化するためのものだと期待されていたが、行政調査部による行政経営局案にはほど遠いものであった。発足当時の行政管理庁は小規模であり、当時の関係者からは、とくに監察部の活動について、制度的に不透明な点が多く、将来的に期待できないのではないかという声もあったほどである。[46]しかし、その後、所掌事務が増大し、全国的な調査網となる地方支分部局を持つようになって、行政管理庁は一気に巨大な監察制度へと成長していったのである。

第三節　行政監察委員体制下の行政管理庁監察部

本節では、行政管理庁設置後も存在しつづけた行政監察委員に焦点を当て、監察部当初の業務内容や想定されていた位置づけについて考察した上で、主導的立場から廃止までの行政監察委員制度の変化を追ってみたい。

1　監察部の業務と機能

行政管理庁発足当初の監察部の所掌事務は少ないものであった。「行政管理庁設置法」に規定された行政管理庁の所掌業務は、①行政制度の一般に関する基本的事項を企画すること、②行政機関の機構、定員および運営の総合調整を行なうこと、③行政機関の機構、定員および運営に関する調査、企画、立案および勧告を行なうこと、④各行政機関の機構の新設、改正および廃止に関する審査を行なうこと、⑤各行政機関の行政運営に関する監察を行なうこと、⑥所掌事務に関する統計および資料の収集、整理および編集を行なうこと、である。だが、これらの所掌事務のうち、⑤だけが監察部の所管であり、他の事務はすべて管理部の所管となっていた。

また、行政管理庁の長官の権限としては、「長官は、所掌事務に関し、各行政機関の長に対し必要な資料の提出及び説明を求めること」、および同「長官は、所掌事務に関し、随時内閣総理大臣に対し意見を上申すること」とされるにとどまった。これは、行政監察委員会時代とほぼ同程度のものであるということができる。こうしたことからも、行政管理庁の設立はある意味で行政調査部の恒常化のために行なわれたものであること、すでに任務完了している中央行政監察委員会とその事務局からなる監察部については、行政調査部の行政機構改革の構想にもしばしば取り上げられたにもかかわらず、そのウエイトが管理部ほどではないことが窺える。さらに、当時としては管理部の活動内容、範囲および将来のヴィジョンについて一定の認識があったといえるにしても、監察部の行政監察活動については不明瞭なままであったといえるのではないだろうか。

新しい行政監察機構の樹立に対して大きな役割を果したものとして、中央行政監察委員会の「最終総合報告書」以外に、臨時行政機構改革審議会（一九四八年二月一六日設立）の行政改革案も挙げられる。一九四八年六月三〇日、同審議会は、政府への勧告案として「臨時行政機構改革審議会報告書」を提出していた。同報告書は、行政調査部、行政監察委員会を統合して、新しい行政管理庁の設立を提案していた。同報告書においては、総理庁の外局としての行政管理庁には、行政監察委員会の行政監察業務を受け継いで、行政管理庁の内部部局である監察部を設置して、主として「各行政機関の行政運営に関する監察」を行なうとされていた(47)。

この報告書の中では、行政監察は「各行政機関の行政運営」の監察と規定されていた。すなわち、前述の「行政監察委員会令」に定められた「行政職員の服務状況」に対する監察概念は踏襲されなかった。また、行政管理庁の職員に対する規定であるが、同報告書の中では行政監察委員が含められていた。ここでは、行政監察委員の性格について具体的に提言されなかったが、後の監察部の発足を見ると、学識経験者であったことが分かる。

船田享二国務大臣は、「行政管理庁設置法案」の提案理由の中で、行政監察制度についての基本的な考え方を述べた。すなわち、以下の三点である。

第一に、行政管理庁と行政監察の関係。行政管理庁設置の目的は、「行政機関の組織及び権限を整序し、その人員の配置を調整し、行政の運営方式に改善を加え、もって国家行政部門を能率的ならしめる」ためだという(48)。戦時中から議論されてきた監察制度の樹立という懸案が行政管理庁監察部の設立で決着したとはいえ、行政監察がこの新しい機関の一部局として活動することは、「行政管理」の一翼を担うという性格を持つようになったと考えられていた(49)。

第二に、監察部による行政監察。「各行政機関の行政運営状況の監察を行う」監察部は、行政監察の目的である行政能率の向上を達成するために、「行政運営の実際」を「実地監察」で把握し、「政府の政策、方針が末端の機関まで浸透しておるかどうか」をみるのが重要な任務だとされた(50)。ただし、この「行政運営状況の実地監察」構想は、同年七月一日に成立した「行政管理庁設置法」には反映されず、法的に行政監察に実地調査権が付与されたのは一九五二年以降のことである。

第三に、行政管理庁の「特殊性(51)」。行政管理庁は、各行政機関の組織、権限、人員の管理およびその運営の監察にわたって、総合的な行政管理を担う機関とされていた。このことは、行政のトップマネジメント、行政の長である内閣総理大臣の活動にいかに寄与するかがその機能の成否を決定することを意味する。これによって、行政管理、行政監察の専門機関である行政管理庁の成立は、「各省及び各庁に対する」内閣総理大臣の「統制力を強からしむることを得る」し、また「内閣総理大臣の閣内における発言権を大ならしめ」えると期待されたのである。[52]必然的に、この「特殊性」の強調が「日本国憲法」施行後（一九四六年一一月三日施行）に発生したことも看過できない。

船田の提案理由は、「新しく恒久的機関として出発しようとする行政監察に対し一つの機能上の位置を与えた」[53]といわれた。初代長官は、かつて行政調査部と行政監察委員会に深く関わってきた船田享二である。「行政管理庁設置法」は、同年七月一日参議院での審議を通過し成立した。参議院での審議においては、「民主的に、能率的に、しかも強力的におこなうよう」と、とくに行政監察について強い要請が行なわれ[54]、当時行政監察に対する大きな期待があったことが感じられる。この期待は、戦後行政監察制度創設の大きな社会的、政治的要因の一つをなすものであり、またその後の監察機構・監察業務内容の拡大の背景となるものでもあった。

2　行政監察委員の活動の変化

前に触れたように、「行政管理庁設置法施行令」（政令一九三号、一九四八年七月三〇日）では、「学識経験のある者又は官吏の内から」二〇名の行政監察委員を選んで行政管理庁に置き、内閣総理大臣がこれを命じることと規定されていた。二〇名の行政監察委員のうち、常任委員は一一名であった。行政監察委員の主要な業務は、監察を行なってその結果を長官に報告することであった。行政監察委員の性格については、設置法にも、またこの施行令にも定められなかったが、一九五一年三月二七日の閣議決定「審議会等の整理に関する件」や行政管理庁作成の「行政機構図」からは、行政監察委員が行政管理庁監察部の附属機関であり、審議会の一つと位置づけられていた。[55]もちろんこれは、合議制機関の行政委員会である行政監察委員会と性格上異なっている。この行政監察委員体制は一九五二年まで続いた。

当初の監察部には課が三つあり、それぞれ行政監察委員の所掌事務(三部制)に対応して設けられていた。その内訳は、第一課は、総理庁、外務省、文部省、厚生省、法務庁、第二課は、経済安定本部、物価庁、大蔵省、農林省、第三課は、運輸省、逓信省、労働省、建設省をそれぞれ分掌するというものであった。またこのうち、行政監察担当職員は計二一名、その内訳は部長一名、課長三名、課長補佐五名、三級官七名、雇員五名となっていた。[56] 監察部の職員以外に、また「各省庁の官房総務課長、秘書課長又は文書課長が監察部職員に併任されていた[57]」こともあった。以上は、行政監察制度がスタートする時点の体制である。

一九四九年二月二五日、「行政機構刷新及び人員整理に関する件」が閣議決定された。部局の整理統合、事務整理による行政機構の規模、定員の大幅な縮小を掲げたこの閣議決定を受けて、行政監察体制は、その成立後の最初の変動を経験することになった。

「行政管理庁設置法」の最初の一部改正は、一九四九年五月三一日の総理府設置に伴って行なわれたものである。同改正に伴い、行政監察に関してはその所掌事務の増大などの変化がみられた。「総理府設置法の制定等に伴う関係法令の整理等に関する法律」(法律一三四号)では、「設置法」に規定されている「行政機関の機構、定員及び運営の総合調整を行うこと」と「行政機関の機構、定員及び運営に関する調査、企画、立案及び勧告を行うこと」という行政管理庁の業務のうち、行政機関の運営に関する部分が、管理部から監察部に移された。また旧「設置法」になかった行政監察委員に関する項目は、この法律で「行政監察委員二〇人を置く」と具体的に規定したばかりでなく、行政監察委員は、「学識経験のある者のうちから、内閣総理大臣が命ずる」というところまで明記され、「官吏の中」からの任命規定は存在していなかった。これによって行政監察委員は初めて法的に明記され、その輪郭をいっそう明瞭なものとするのである。

一九四九年には、機構面の変化もみられた。従来の行政監察委員の三部制が二部制に変わり、各部には幹事三名が置かれるようになった。その上に幹事会が設置され、その任務はそれぞれの部に関する連絡調整を担当するものとされた。また行政監察委員と行政管理庁職員からなる行政監察会議が設置されたが、これは監察の企画や監察結果の処理などの重要事項を検討する機関とされた。当時の行政監察のプロセスというのは、この会議で決定された計画が長官の最終決定を経て成立し、この監察計画に従い、行政監察委員と監察部職員が合同で行政監察を行なうようになっていた。(58)

さらに、一九五一年三月の閣議決定「審議会等の整理に関する件」により、内閣に置かれた「公共事業監査審議会」が廃止され、その担当事務も行政監察委員に移された。これを受けて行政監察機構内部の変容はさらに進められた。第一課は従来の業務のほかに、公共事業の監察を担当することになった。ほかの課も従前通りに所掌業務を行なうが、「特にこれに拘泥せず順次取上げられる監察を順次交替しつつ所掌する」ようになった。(59)この運営状況の変容は、当時の監察部の人員・規模と関係がある。また、行政監察委員に関しては、「従来行政監察委員を第一部および第二部に分けて監察を実施してきた制度を改めて、公共事業監察部会を常置する外は、行政監察制度の部所属制度を廃止し、取上げられた監察項目に従って、その項目の監察に最も適当と思われる数名の委員を互選せしめて監察」を行なうように制度が変更された。(60)

このようにして行政監察委員の業務は拡大されていった。他方、委員数や補助監察部職員数の制限により、従来の委員と職員の合同監察には摩擦が生じていたのである。同年一一月一五日、「行政監察運営要領」が改正され、行政監察の実施については、行政管理庁長官は「必要により、行政管理庁監察部をして単独に行政監察を実施せしめることができる」と改められた。(61)行政監察の実施は、行政監察委員主導の合同監察から監察部の単独監察に移管しつつあった。この状況はその後半年あまり続き、翌年の一九五二年八月一日の「設置法」改正により行政監察委員制度が廃止される結果へと至るのである。

この結果をもたらしたもう一つの要因は、行政監察委員による行政監察である。行政管理庁監察部という行政機関内に置かれている行政監察委員は行政外部の学識経験者であったが、この学識経験者は「行政管理庁の職員[62]」と見なされがちであり、実際に行政監察委員会時代と比べ性格が異なるようになっていた。それにもかかわらず、行政監察委員は国民の視点・行政外のサイドから、当時社会一般の関心のある問題を取り上げ、厳しい目で行政を監察し、行政内部の問題点に対して批判を投げかけていた。まさにこのような形で、行政側の常識を打ち破り、被監察省庁の顔色を窺うことなく、次々と閣議に監察結果を報告するやり方は、「各省内部との了解が不十分」という行政内部における「常識」と衝突し、「次官会議で各省次官の反対を受け、閣議に報告できなかった」事態もしばしば生じせしめた[63]。さらにこうした状況は、後述の行政監察委員による監察のあり方にかかわる問題であるが、行政施策に入り込んだ行政監察委員の監察はしばしば関係省庁に受け入れられ難いものが多く、また短期の改善が難しいため、「速効性」がないとか、「大局的」になりがちであるとかで、結局、監察部内部からも反発を受けるようになっていった。

こうした情勢は、学識経験者である行政監察委員と監察部職員による合同行政監察という大原則の存在、行政監察委員についての法的な規定、監察業務内容の拡大・充実にもかかわらず、行政監察委員の行政監察における役割の全体的な縮小、委員の行政監察への部分参加の排除という形で、監察部職員による単独監察への転換という事態を生んでいった。

第四節　行政管理庁から総務庁へ

本節では、現代日本の行政監察制度が戦後幾度かの行政改革の中で、いかに規模や業務が拡大され、どのように総務庁への組織再編を遂げてきたのかを、考察してみたい。

1　行政監察制度の枠組みの形成

「リッジウェイ声明」と監察制度改革

一九五〇年代に入り、アジアをめぐる国際情勢が再び緊迫化し始め、これによってこの時期にアメリカの対日政策の転換が促された。アメリカの日本占領政策は講和条約締結以前にも緩和されるようになっており、対日政策の転換は占領中に占領当局主導で制定された法令、制度を日本政府が検討・修正することを、アメリカが容認するいわゆる「リッジウェイ声明」[64]が一九五一年五月一日に発表されたことを背景としている。

この声明を発表する以前に、すでに日本政府内に改革の動きはみられた。[65]そして、この声明を受けて設置された「政令諮問委員会」は、同年八月二一日に行政事務の整理、行政機構の整備・簡素化改革、行政事務処理方式の合理化や人員の整理などの内容が盛り込まれた「行政制度の改革に関する答申」を行なった。「自主自立体制の確立」を掲げたこの答申の中で、行政の監察・監査制度について、各省庁内部の「予算の執行、人事、給与その他行政事務」を主とする内部監査に、行政事務について「個々別々に行われている外部監査」を一元化するような提言が行なわれた。[66]さらにこの答申直後の二八日、閣議決定「行政の改革に関する件」が行なわれ、「講和条約の締結を機とし、戦時から戦後に引き続き」、複雑膨大化した「現行政機構及び行政事務に根本的検討を加え」、「行政の組織及び内容を改革して、講和後の自立民主日本に適わしい新行政体制を樹立する」(67)ように、行政改革の着手が宣言された。

また、この時期、監察部内部では行政監察法基準法案（行政監察法）の作成に取り組む動きもあった。監察部は衆議院内閣委員会との共同で監察法の研究を開始し、また後に監察行政に深くかかわった当時法制局次長だった林修三も参加して、「監察の目標、監察機構の構成、自体監察と第三者による監察の関係、監察の対象、監察の結果の整理等」の研究の上で、「監察法」が「国家行政運営法案」の中に盛り込まれた形で、「総合企画庁内」に行政監察機能を置きながら、「国務大臣又は都道府県知事の要請」でも監察を実施できることなどが提案され、同法案が国会に提出された。(68)結局、当時の政治的要因などがあって同法案は成立に至らなかったが、このような行政監察専門法の法案化の動きがみられたのも、戦後初めてのことであった。

ところが、前述の行政事務の整理・行政機構の簡素化、外部監察・監査機構の一元化「促進の空気が次第に高まった」(69)ことにより、監察部は「監察機構の整備に関する行政監察」を一九五一年度の行政監察（一九五二年四～六月）として実施することになった。当時としては統制経済などで、行政管理庁だけでなく、会計検査院、人事院、大蔵省主計局、経済調査庁監査部、経済安定本部建設交通局、衆議院行政監察特別委員会など、(70)いわゆる「外部監査」機関が多数存在し、また『行政監察監査週報』や『行政監察情報』などの雑誌も発行されていた。この時期はある意味で、行政監察・監査の全盛期といえる状況を見せていた。

この状況は「監察的機構乱立の印象」を与え、「一地方行政機関が一年間に受けた監察・監査の回数が三〇〇回を越えた例もある」といわれるほど、「却って業務能率」の障害を来たしたのではないかという批判がみられた。(71)監察部はこの監察報告書の中で、これら「外部監査」機関の整理統合や各省庁内部の監察機関の責任などに言及した。ただ、この時点ですでに行政監察委員の二部制が廃止され、監察委員の主導性が弱められていたにもかかわらず、行政監察委員の廃止についての意見は、不思議なほどみられなかった。

しかし、一九五一年度の監察部業務報告の中では、行政監察制度の強化を強調したと同時に、行政監察委員のあり方について厳しい批判が明確に展開された。その中で「素人的意見を基調としての大局的」行政監察委員の監察による勧告内容は、「必ずしも直ちに具体化し得るもののみとはいい得ない」、また「その陣容の点から見ても、また、監察の方法、期間等から見ても、一つの事項につき、専門的に精密正確を期することは仲仲困難[72]」だと、当時の監察体制の弱体状況についての批判が展開されている一方、監察・勧告の方法のような行政監察委員による行政監察のあり方に密接に関連する問題も指摘されている。後の行政監察制度の変化をみると、これらの監察部の意見がすべて反映されて、この業務報告書は新しい行政監察制度の到来を予告していたようにさえ見受けられる。

一九五二年の設置法改正にみる監察組織の拡大と行政監察委員の廃止

一九五二年四月二八日、対日講和条約が発効した。その直前の四月五日に、「条約発効後の新事態に即応せしめる」ための「戦争中及び戦後を通じて複雑」膨大化した「現行機構を整理合理化」しようとする閣議決定「行政機構改革に関する件」が行なわれた[73]。この閣議決定は前述した政令諮問委員会の答申をほぼ踏まえたものであるが、行政機関の責任権限の明確化、「重複又は密接に関連する事務及び権限」の「整理統合」、内部機構・出先機関など行政機関の機構の簡素化などの方針[74]をいっそう具体化させたものであった。この改革方針は、行政監察制度に大きな転換をもたらす要因となるものであった。

この方針に基づいて、省庁設置法などの改正法案が立案され、七月三一日国会で成立し、八月一日施行されるようになった。このように、その後の行政監察制度を規定した「行政管理庁設置法の一部を改正する法律」(法律二六〇号)も実は、「講和条約発効後の自主体制に即応する行政機構改革の一連の動きの中で[75]」行なわれた。行政機構の整理簡素化方針に基づく、独立後初めての設置法改正でもあるこのときの法改正では、行政管理庁によるほかの行政監察・監査機能、機関の吸収がメインであったが、監察の方針、運営、制度などにおいても変化が生じた。また、これらの変化によって、戦後行政監察制度の基本的な枠組みが形成されることになった。ひとまず、この枠組みについてまとめておくと、以下の三点となる。

第一に、行政管理庁の中に新しく「統計基準部」が加えられ、統計行政を司るようになったが、監察部の所掌事務と権限としては、「各行政機関の業務の実施状況」への監察と勧告に変えられ、その上に監察業務に関連して「公共事業体の業務及び国の委任又は補助に係る業務の実施状況に関し」調査できる（二条一項一一、一二号）ようになった。こうした改正は従来の規定からすると、大きな変化を見せている。

これによって行政監察の業務内容は、「行政運営状況」に関する監察から「業務の実施状況」に関する監察へと転換が果たされた。これは「総務庁設置法」の規定と同様であり、その意味では総務庁行政監察制度の構造は、この法改正の時点で成立したとさえいうことができる。また、行政機関の運営に関する総合調整、調査、企画、立案および勧告まで、従来は監察部の所掌事務だったが、この設置法改正によってそれが削除された。さらに従来法律化されていなかった公共事業の調査も、この法改正で法的に認められるようになった。

「業務の実施状況」の監察への転換により、行政監察活動は、行政機関の各省庁の独立権限とされる行政施策の企画・立案を批判することを控え、その具体的な実施の結果をふまえた、事後的な改善意見を述べることに重点が置かれるようになった。これは行政監察委員の「大局的視点」による「行政運営状況」面の批判への反発からもたらされたものであり、また行政監察委員制度の廃止につながる要因であると考えられる。その意味で、「行政運営状況」の監察から「業務の実施状況」の監察への転換は、これまでの監察のあり方を大きく変える問題を孕んでいた。

この設置法改正における行政管理庁長官の具体的な行政監察の権限としては、「監察上の必要により、公私の団体その他の関係者に対し、資料の提出に関し、協力を求めることができる」（四条三項三号）とされていた。ここに特別に「監察上の必要」が新しくつけ加えられたことにより、監察の強化が強調されたのである。ただし、この法改正でも実地調査が制度化されることはなかった。

新たな制度枠組みとして指摘できる第二の点は、行政監察組織の増強、すなわち地方出先機関である管区監察局、地方監察局の設置である。これは主として、廃止された経済調査庁の出先機関である地方経済調査局の吸収によるものである。当初、設置法改正の原案には、行政の簡素化、行政監察運営の機動性・能率性の観点から、「全国八箇所に地方監察局を設置[76]」するという構想があった。ところが、参議院内閣委員会での審議において、「八つの地方部局を置くだけでは不十分」で、「監察の手足となるべき第一線」の「各都道府県にも下部機構として地方監察局を設け」、「監察の周到を期する」ことが必要だと、委員から修正の声が上がった。[77]こうした議論の末に、「八つの地方監察局をば管区監察局と改称すること」や、「管区監察局の所在地以外の都道府県に地方監察局を新設する[78]」という修正案が提示され、可決された。これによって、戦後行政監察の〈中央—地方〉の基本体制が形作られることになった。

「地方監察に重点」を置くようになったのは、「終戦後に道義が乱れて不正事件が頻発しておる」当時の社会状況[79]が大きく働いたと考えられる。この社会情勢こそが、戦後行政監察体制の拡充をもたらした要因である。この地方監察に重点を置く体制の整備に伴って、八の管区監察局、四一の地方監察局が設置されるようになっていった。また監察部の職員も全体で千人以上と膨れ上がり、行政監察システムが大規模かつ全国的な調査網を持つようになった。この一九五二年に形成された行政監察体制は、ほぼ総務庁時代まで保たれてきた。当時、この行政監察体制の樹立は、従来の行政管理庁監察部に新しい血液を送りこむという効果をもたらした。たとえば、経済安定本部から来た技官が公共事業などについて「技術的な見地から」分析を行なうということは、「監察としてやや特異な活動」だった[80]と、当時の監察官が述懐している。

新たな制度枠組みとして指摘できる第三の点は、行政審議会の設置と行政監察委員の廃止である。行政監察委員の廃止は、不思議なことに、国会審議で大きな議論に発展することはなかった。これは、行政監察委員制度の廃止と取り替えに一五名以内の学識経験者からなる行政審議会の設置に対する期待によるところが大きかったのではないかと思われる。すなわち、行政審議会は「行政制度及び行政運営」ばかりでなく、監察部が行なった「監察の結果に基づく重要な勧告事項を調査審議する」ことや、「監察を行うことができる」といった権限（七条一項一、四号）が与えられたことなどから、表面上、行政監察委員以上の権限を持っているように見受けられるからである。ただし、この体制では多くの「全局的な行政問題」の審議に時間が取られ、実際に独自にどこまで行政監察が行なえるかは疑問である。(81)

そうはいいつつも、直接に行政監察に携わる行政監察委員を廃止することによって、監察部の懸案または「課題」である監察行政の機動性・能率性・速効性もある程度解決したといえよう。まさに、行政監察委員制度の廃止によって、「監察の主役が民間学識経験者から監察職員に変わった」(82)のである。

設置法改正後、「行政管理庁組織規程」（行管庁訓令七号）が制定された。まず行政監察委員制度の廃止により、監察部内の課の設置も行政監察委員の業務分類に合わせる必要がなくなった。新体制における行政監察は、定員一二名以内ということで設置された監察官、庶務課と調整課を中心として運営されるようになった。(83)

また、行政監察会議という運営方式はこれまで行政監察委員と監察部職員の合同という形で存在していたが、今回の機構改造によって簡素化された。その参加者は長官と監察部長の指名する五名の監察参事官からなっていた。(84)この合同機関は行政監察業務における最高運営機関とされ、監察計画から監察結果、勧告事項までの総合調整や監察関係の基本問題、重要事項の決定などを行なうものとされていた。行政監察の実務を担当する監察官は、監察計画の初期立案から情報収集、監察の実施まで担当し、また地方支分部局を指導する立場にもあった。さらに、監察官は行政監察会議に提出する監察結果報告や勧告案の作成、関係省庁からの改善回答についての調査なども担当していた。行政監察委員に代わって、監察官は行政監察の中枢となっていく。

こうして、一九五二年の設置法改正をきっかけに、行政監察制度の枠組みが形成され、行政監察機構の整備・強化が達成され、行政監察システムは全体として巨大化することになったのである。

2　行政管理庁の改革と行政監察システムの拡大

一九五三、五五年の設置法改正と監察権限、対象の拡大

一九五二年の行政管理庁設置法の改正に次いで、翌一九五三年八月一日に実地調査権の付与[85]をはじめとする行政監察権限、機能の強化に関する設置法改正が行なわれた。行政監察制度強化の背景には不正経理事件の発覚があった。すなわち、一九五三年二月、会計検査院の前年度決算検査報告書で三〇億円の不当経理が発覚し、当時の吉田内閣がこれをきっかけに行政運営改善の必要から、行政の適正化・能率化の問題に着手せざるをえなかった[86]という事情がそれである。

このため行政管理庁が監察強化の設置法改正法案を作成したのだが、各省庁との調整において、行政管理庁への過度の権限集中が強い反発を受けた。本改正法案は後に、修正法案が衆議院の審議を通過している。だがその前に、参議院において権限が不十分という指摘を受けている[87]。

参議院の内閣委員会はこの法案審査において、行政監察強化のための多くの修正を加えた。たとえば、原案にあった「実地調査における関係各行政機関の協力」という前提が削除され、同時に調査に対しては拒否してはならないことが明記された[88]のである。この参議院の修正案は結果的に国会を通過することになる。このとき、一九五二年の法改正と同様、行政監察制度の強化においては参議院の役割に大きなものがあった。本改正法の具体的な改正点は次の四点からなっている。

第一に、行政監察に関連して、各行政機関、公共企業体および国の委任、補助にかかわる業務に関して実地調査権があり、またこの調査に対して拒否できない。

第二に、被勧告行政機関の長に対し、改善措置についての回答を求めることができる。

第三に、行政管理庁長官は、監察結果に基づいて行政運営の改善に必要と考える場合、総理大臣に対して関係行政機関の長に改善を指示するよう進言することができる。

第四に、不正事件多発の当時の状況に関連するが、監察の結果、綱紀維持の必要を認める時、独自に摘発するのではなく、関係行政機関の長に対し意見を述べることができる。

設置法改正は全部で七項目に及んだが、すべて行政監察関係の問題であった。機構の整備や行政監察委員の廃止である一九五二年の法改正と比較すると、今度の法改正は行政監察の権限を強化するためのものである。行政監察制度も前回と今回の設置法改正により構造上の整備が達成し、「監察の活動基盤はほぼ確立された」[89]といえるものとなった。

この法改正を受けて、「行政管理庁組織規程」が地方支分部局関係を中心に改正された。まず、管区・地方監察局の長は、関係各行政機関の長に対し実地調査を要求することができるようになった。また、設置法の改正に対応して、公共企業体や国の委任、補助にかかわる業務について、管区・地方監察局は実地調査ができるようになった。さらに、管区・地方監察局の長は、関係行政機関の地方支分部局および付属機関などの長に対し、監察結果に基づいて意見を述べることができるとされた。一九五三年設置法改正以降は行政監察対象の拡大などの変化があったが、構造的にはこの一九五三年体制が総務庁時代まで維持されてきたのである。

行政監察に関連する調査対象の整理・拡大についても、今回の設置法改正法案審議において問題となり、議員からも強い要望があったが、実際にこれを実現したのは一九五五年一二月の設置法改正であった。[90]参議院は、一九五五年の改正法案審議において修正案を提出した。この修正案は自民党の支持が得られ、行政管理庁原案である「法令の規定により国が資本金の二分の一以上を出資する義務がある法人で政令で指定するものの業務」に関する調査権限が削除された。[91] 修正理由は、行政管理庁の調査能力、主管大臣の監督権限の侵害と会計検査院の会計検査との重複だといわれているが、この修正案に反対し、「監察行政」を強化しようとする社会党の強い主張にもかかわらず、結局、参議院修正案が可決された。[92] この法改正により、調査対象として、公庫、日本住宅公団、愛知用水公団および農地開発機械公団が加えられることになった。この後、とくに一九五〇年代末から六〇年代初め以降、高度経済成長期に突入し、各種の公団・事業団が続々と設立されていた。これに伴い設置法も改正され、行政監察に関連する調査範囲も拡大されていった。

行政監察システムの拡大に伴い、監察部内部の整備も進められた。監察参事官が一九五六年の新しい「行政管理庁組織規程」（行政管理庁訓令二号）により、監察審議官と改められ、増員された一三名の監察官を指導するようになった。さらに翌一九五七年六月一日に「国家行政組織法の一部を改正する法律」（法律一五九号）が施行され、組織名称の変更が行なわれた。行政管理庁内の監察部は行政監察局に、管区監察局は管区行政監察局に、また地方監察局は地方行政監察局へとそれぞれ変更された。[93] この行政監察局と管区行政監察局の名称は総務庁時代まで用いられていくことになる。また、この時期に行政監察局に副監察官が、管区行政監察局と地方行政監察局に管区副監察官と地方副監察官が置かれるようになった。これは行政監察業務、調査対象の拡大などに対応する措置であった。

戦後行政監察体制の完成

これまで行政監察局には法的に行政監察業務の権限しか与えられてこなかったが、一九六〇年五月二〇日に「行政管理庁設置法の一部を改正する法律」（法律八五号）が施行され、これによって行政相談など行政監察局およびその地方出先機関の業務内容の拡大、すなわち権限の拡大が図られた。以下、この権限の拡大の過程について、さしあたり三つのポイントをみておこう。

第一に、行政相談業務の法令化である。当初作成された法案は、行政相談について言及していなかった。法案が衆議院に提出された時、行政監察の地方支分部局が実施してきた行政相談業務を法令化し、「各行政機関等の業務に関する苦情の申し出につき必要なあっせんを行う」権限を行政管理庁に与えるべきだという修正案が出された[94]。この修正案は本設置法改正案に反映され、修正案として衆議院を通過した。

これによって、苦情あっせんが行政管理庁行政監察局の担当業務とされ、法的な根拠を得ることとなった。その後一九六二年五月、苦情あっせん業務に関しては、前年設けられた行政苦情相談協力委員（ボランティアであり、当時日本全国で八八二人が置かれた）を正式に行政相談委員と改称、一九六六年七月には、「行政相談委員法」が施行される運びとなっていった。さらに中央と地方の行政監察局には行政相談の専門部署が設置され、行政監察と密接な関係を持つようになっていった。のちの総務庁時代には、その業務量や規模はますます増大することとなっていくのである。

第二に、行政監察局の地方支分部局に関しては、その所掌事務の拡大を中心に設置法が改正された。従来、行政監察局の出先機関は行政監察関係の業務しか担当しなかったが、この法改正で本来行政管理局所掌の事務の中から「行政機関の機構、定員及び運営に関する調査」も出先機関が担当することになった。その上、行政監察局は同庁行政管理局と統計基準局が従来担当していた調査の業務を分掌するようになった。地方支分部局の活用により行政の全体像を把握することと、行政監察が行政管理の一翼としての機能を発揮することが、この監察業務拡大の狙いであった[95]。

行政監察は機能拡大と同時にその業務量も増大したのだが、これはほとんど調査関係の業務であった。こうした調査権限の拡大は、結果的には行政監察の基本である調査機能を充実させ、行政監察自体を強化させることとなっていった。

第三に、地方支分部局の名称の変化である。すなわち、従来の都市名を管区行政監察局の分類としてきた表示を、地域名へ変更したのである。(96)

一九六〇年代の設置法改正に伴う監察機構の整理調整を通じて、行政管理庁の行政監察機構はその後安定した時期に入ることとなった。この安定期はちょうど戦後日本の経済復興期が終わり、高度成長が進行していた時期でもある。

行政審議会はこの時期から行政監察に関する審議に取り組み始めた。行政審議会は、第五次（一九六〇年一二月設置）および第六次（一九六三年一〇月設置）、第七次行政審議会（一九六四年一一月設置）において、委嘱された多くの行政監察を審議し、現地視察や公聴会、分科会、内閣総理大臣との懇談などの方法で「審議会による監察」を試みた。(97)この方式は当然行政監察委員時代と異なるものであったが、国民の視点の取り入れや、行政監察効果の確保においては同じ発想からのものであった。

地方監察が実施され始めたのもこの時期からである。地方支分部局は、本庁の行政監察計画に沿って本庁行政監察局から与えられた監察関係の調査任務と、本庁行政監察局の指導による「地方計画監察」を中心に運営されており、それまで管轄地域範囲内での独自の行政監察活動を行なうことができなかった。一九六三年一月に「監察業務運営要領」が改正され（行政管理庁訓令一号）、地方支分部局の監察局が地域の実情に即する「地方監察」を実施することが認められるようになった。出先機関による「地方監察」は国民の身近な生活に大きく関わるため、その後時代とともにその重要性も増大していった。

行政管理庁時代の行政監察局の主要業務は、おおむね「中央計画監察」、「地方監察」、「行政相談」から成り立っている。またこの業務構成は、総務庁時代に至っても変わらない。こうして、戦後行政監察体制が完成したのである。

3　臨時行政調査会の活動と総務庁への組織再編

第一臨調の「総務庁」設置案

一九六四年に答申を行なう第一臨調（臨時行政調査会）の設置は、監察行政の運営とその後の展開に影響をもたらすものであった。第一臨調は第五次行政審議会の一九六〇年一二月の答申によって、一九六一年一一月施行の「臨時行政調査会設置法」（法律一九八号）に基づき、設けられたのである。第一臨調設置の背景には、一九五〇年代中ごろから始められた日本の高度成長の時代によってもたらされた、急激な経済発展と社会福祉などに対する行政の対応の遅れから生じた国民の行政対応に対する大きな不満などが挙げられる。[98] 社会情勢に適応しなくなった行政について、いかに日本の社会事情に適応させるかは、第一臨調に課せられた行政改革の課題であった。第一臨調は三つの専門部会を設けて、行政の総合調整と予算・会計、行政事務の合理化、行政運営の効率化などを取り上げた。そして、「東京オリンピックの年であり、高度成長の真っただ中であった」一九六四年に答申を行なった。[99] まずここで、この臨調答申を中心に行政監察システムが受けた影響について議論しておこう。

行政監察制度とそのあり方については、第一臨調の「内閣の機能に関する改革意見」の中で、「総務庁」と「行政監理委員会」の設置という形で具体的に答申された。「総務庁」についての議論は行政管理庁が設けられる前にすでにたびたび議論されてきたものであったが、今回の改革意見では戦後とくに統制経済や高度成長期によって複雑・膨大化、専門化された行政機構について、いかに行政の統一性、いわゆる「内閣による総合調整」機能を強めることができるかが狙いとされていた。[100] この目的を達成するために、内閣には内閣官房、内閣法制局、「総務庁」（行政委員会である行政監理委員会を付置する）、経済調査庁、経済企画庁、科学技術庁、「総合開発庁」からなる内閣府を設けることが提案された。また、新設される「総務庁」は、「人事管理に関する事務」などが加えられ、総理府本府と行政管理庁を統合する形で成り立つとされた[101]。

行政監理委員会と行政監察

実際に従来の課題でもあったこの「総務庁」の新設案など「総合調整」の課題は結局解決できずに、第二臨調（一九八一年設置の臨時行政調査会）においても行政改革の重要課題として取り上げられることになった。だが、第一臨調の「総務庁」案の中にあった、行政監察制度の強化を目的とする「行政監理委員会」の設置意見は、一九六五年五月二七日の「行政監理委員会設置法」（法律八六号）の公布によって実現をみることとなった。当初の第一臨調の構想としては国民の視点・意見を行政監察に取り入れることによって、行政の民主化を進めることが念頭に置かれていたが、これに合わせて設けられる行政監理委員会は、「重要政策事項に関する行政監察計画を決定し、また行政監察結果を審議し、勧告を行う」ことができるなどと、第一臨調で具体的な提案が行なわれた[102]。

これをもって一九五二年設置の行政管理庁の付属機関である行政審議会が廃止されることとなった。同年八月に発足した行政制度および行政運営の改善を推進するための行政監理委員会は、行政管理庁の内部機関と位置づけられ、前述した行政監察に関する事項の外に、行政機関とその定員や特殊法人の廃止・新設などの行政制度・運営の重要事項に関する審査、答申も行なう機関とされた。行政監察に関して具体的には、行政監察結果関連の勧告事項を審議するのみにとどまらず、監察の方針や基本計画の決定までかかわることとされた。また委員長は長官によって兼任され、有識者である委員は、衆参両院の同意がなければ任命できないなどその身分が法的に保障された。行政監理委員会は、こうして行政審議会とは性格が大きく異なるようになっていった[103]。

行政監察は、行政監理委員会が設置された時期以降、第一臨調の行政改革意見を推進する見地から、行政監理委員会に協力しつつ活動を行なっていた。たとえば、第一臨調の指摘した許認可などの整理問題に関して、調査や行政監察を行なうことから、この結果に基づいて「一括整理」の法案を提出するまで、いわゆる複数省庁間に関わる場合の「総合調整」の活動が行なわれた。[104] また、行政監理委員会は社会情勢の変化に応じて多様な行政課題に取り組み、行政監察の結果を参考にして答申することもしばしばあったが、「同委員会の審議に並行して」、行政監察局ではその「答申の基礎になるデータの集積に協力した」こともあるという。[105] 実際に同委員会は、その会長が行政管理庁の長官が兼任すること、行政管理庁の一機関であること、またその所掌業務も行政管理庁の業務と大きく関連することなどから、相互補完しつつ行政監察の結果確保を高める努力が行なわれていたようである。

こればかりでなく、行政監理委員会は行政審議会以上に行政監察にかかわるようになった。同委員会が出した報告書『行政改革の現状と課題』の中では、監察行政の現状について分析がなされ、課題にまで言及されている。具体的には行政監察のテーマ選定に同委員会の意思を反映し、その上に個々の勧告に「委員会の見解」という形で行政監察の不足、問題点が指摘されている。[106] これらの同委員会の活動は、行政監察効果の確保のみならず、行政監察の適正な運営に寄与するものであるとも考えられる。同委員会は、一九八〇年一二月「臨時行政調査会設置法」(法律一〇三号)の公布によって廃止されることになるが、それまで一五年間にわたって、活動を続けていったのである。

一九七〇、八〇年代の行政監察組織の変化

一九七〇年代に入ると、二回にわたる「石油危機」をきっかけに、日本は高度経済成長から安定成長へ転換した。この時代は高度成長期の経済問題を中心とする政策から、消費者を重視する政策、あるいは社会基盤整備および従来の経済発展から併発してきた環境問題などに各政府レベルでの取り組みが向けられていった時代である。行政監察制度としては、これまでの数回にわたる行政管理庁設置法改正や行政監理委員会の設置、また行政相談業務の開始によって、機構の成熟期に入ろうとしていた。

この時期の特徴としては、沖縄返還による沖縄行政監察事務所の設置と特殊法人へ調査対象の拡大が挙げられる。一九七二年五月一五日、沖縄は沖縄県としてアメリカから二七年ぶりに日本に返還された。同じ日に沖縄県には行政管理庁の地方支分部局として沖縄行政監察事務所が設置された。[107] こうして行政監察における全国的な調査網（北方四島を除く）が成立した。またこの時期、つまり一九七〇年代には厳しい財政事情を背景に、行財政の合理化・効率化など行政改革が新たに叫ばれるようになっていた。ここから、行政監察の権限を強化するために、一九八〇年五月「行政管理庁設置法の一部を改正する法律」（法律七二号）が施行され、監察関連の調査対象は全特殊法人に広げられるようになっていった。

八〇年代初頭の行政監察機構の変遷について、ポイントとなるのは以下の二点である。まず第一に、一九八一年四月中国、四国管区行政監察局が統合され、中国四国管区行政監察局と四国行政監察支局が誕生した。四国支局は、その支局の位置と管轄区域が管区時代と変化していない。支局といっても、管区行政監察局と同じ部署編成であり、一般の地方行政監察局より規模が大きい。これによって、ブロック機関である管区行政監察局は七カ所となった。第二に、一九八二年四月に従来の行政監察局監察審議官が長官官房に移され、官房審議官となった。これには庁内の内部調整を強める狙いがあり、この後も引き続き行政監察における総括・調整の役割を担った。

行政管理庁の行政監察機構は、このまま一九八四年七月一日から総務庁に編入されることとなる。一九四八年に成立した行政管理庁行政監察局（当初監察部）は、三六年間の歴史の中でその機構、所掌事務、権限等を次第に増大させ、その事務量を拡大させてきた。これを新たな機構、すなわち総務庁に移したとしても、名称など表面上のいくつかの変化が認められるのみで、その根幹である行政監察制度の枠組みは継承されることとなる。

第二臨調による行政改革と総務庁の誕生

「総務庁設置法」（法律七九号）が、一九八三年一二月二日に公布され、翌年七月一日に施行する運びとなった。この設置法公布の直前の一九八三年三月、第二臨調が最終答申（第五次答申）を行ない、行政の総合管理機能を強化するために、「総合管理庁」の設置を提言した。この答申を踏まえて、同年五月二四日「臨時行政調査会の最終答申後における行政改革の具体化方策について」という閣議決定が行なわれた。この閣議決定は、第二臨調の「総合管理庁」の設置構想を記して「答申の基本的方向に沿って」、「総理府本府及び行政管理庁のあり方について総合的、一体的に」再構成しようと構想した。(108) この構想は、結局、第一臨調に出された「総務庁」という名称で、後に行政管理庁の全機構と総理府の人事局、統計局、恩給局、青少年対策本部などを統合する形で、実現したのである。その意味で、行政監察制度を取り入れた総務庁の成立は、直接的にはこの第一、第二臨調による行政改革の結果であったということができる。

一九八〇年代の日本は、破産状態の「国鉄」の民営化などの政治的な重要課題が山積し、財政再建と行政改革を遂行する気運が高まった。第二臨調はこうした背景のもとに発足し、行政がこのような局面にいかに対応するかという視点から、行政改革案を提示していた。第二臨調が提示した「行政組織及び総合調整機能等に関する改革方策」の中で、内閣機能の強化、総合企画機能等の強化、省庁組織の整理・再編合理化、行政組織の自律機能の強化と並んで、セクショナリズムを打破するための人事・組織による総合調整機能の強化が重要視されていた。(109)

この「改革方策」の中で、「人事・組織による調整機能」を人事管理、組織・定員管理と行政監察だと考えて、これを強化するために、具体的には総理府人事局の事務、人事院の事務の一部および行政監察を含む行政管理庁の事務などを統合して、「総合管理庁」（仮称）の新設が提案された。(110) 臨調の構想としては、これらの人事・組織による調整機能は、お互いに補完しあって支え合うことによっては効果的に発揮できるが、しかし現行制度では別々の機関によって分担され、一体的に実施されていないため、効果的に機能していない[111]という認識が背景にあった。そのため、同提案の目的は、行政管理庁の組織定員管理・行政監察機能および総理府人事局の人事管理機能を一体化することによって、「社会経済事情の変化等に対応して政府全体として適切かつ効率的な行政体制及び運営」の確保を図ることだと[112]されたのである。ただし、実際に構想された「総合管理庁」案は、行政監察にまた新しい課題を与えることになった。新しい課題とはすなわち、行政監察局の行政監察・調査機能を通して、「人事管理機能の十分な発揮」と「実態把握に基づく事務・事業及び組織・定員管理の適正化」を達成することであった[113]。第二臨調は、こうした課題について、具体的に、「総合管理庁」が調整官庁として恒常的な行政の自己改善努力による「行政組織及び事務・事業等の改善推進制度の確立」や、サンセット制度の拡大を推進することなどを取り上げていた[114]。だが、いずれも行政の改善を理念とする行政監察制度と密接にかかわる問題であった。実際に行政監察局では、臨調などへの協力や省庁間の問題への取り組みなどによって、すでにこうした機能を発揮してきたのだが、総務庁の設立によってこの性格はいっそう明確なものになったのである。

ただし「監察行政」による人事管理機能の発揮といった議論は、戦時中の行政改革案にもしばしば登場して、その内実は異なるにしても議論の連続性が見受けられることは事実である。行政監察制度に関して、第二臨調の提案は第一臨調およびそれ以前の行政改革と異なり、いわゆる行政民主化の問題提起をしてこなかった。これは安定した日本の社会情勢と、高度成長時代以降の厳しい財政事情および変化に富んでいる世界、日本の社会経済情勢にいち早く対応するために、行政の効率化・簡素化を解決しなければならないといった緊急課題が突きつけられていたからである。第二臨調時代およびそれ以後、行政監察は臨調答申の推進やその後の「臨時行政改革推進審議会」などへの協力を継続していた。

図1-1　行政監察の体制（1994年3月31日現在）

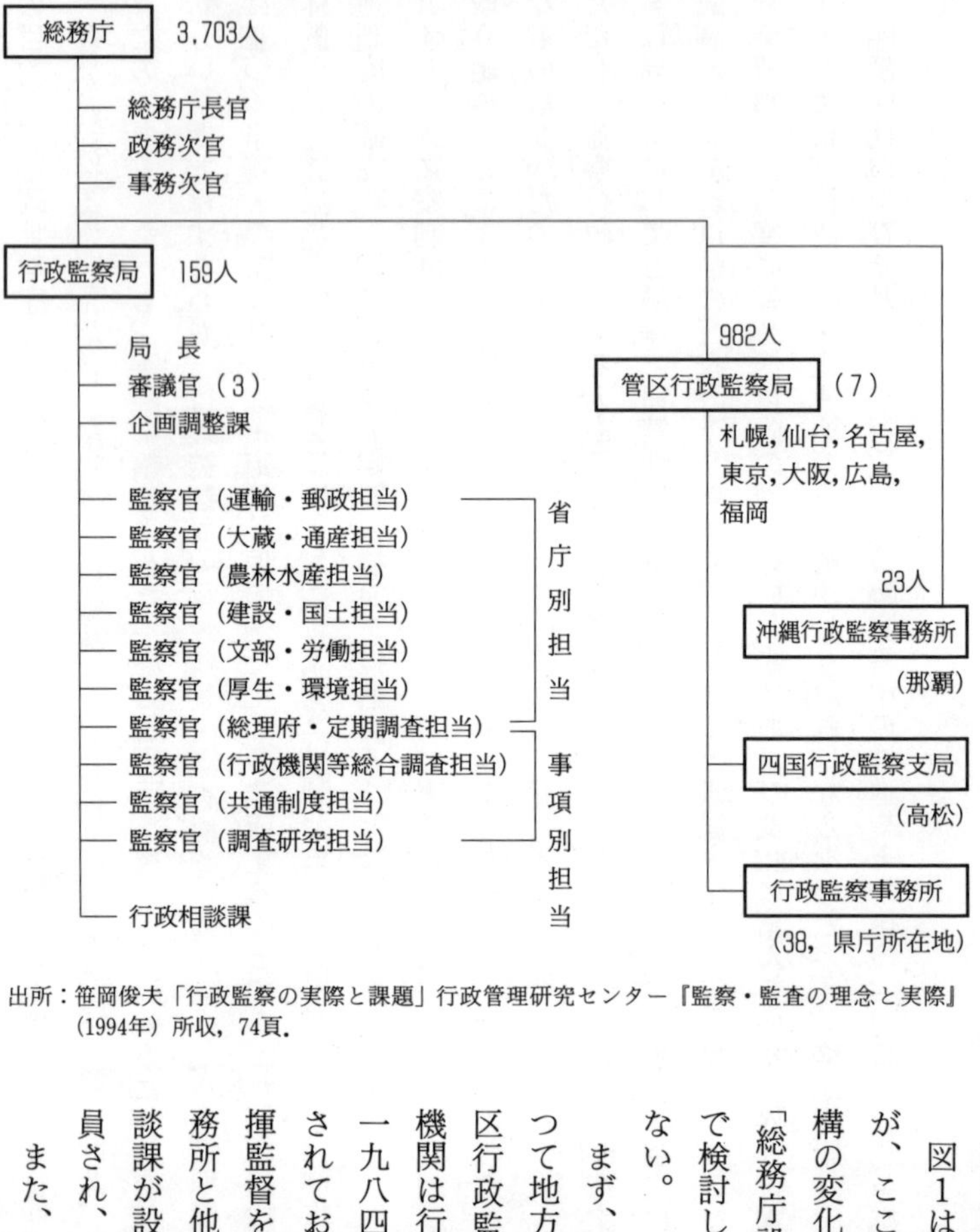

出所：笹岡俊夫「行政監察の実際と課題」行政管理研究センター『監察・監査の理念と実際』（1994年）所収，74頁．

総務庁行政監察の組織体制

図1は総務庁行政監察の体制となるが、ここで総務庁設置後の行政監察機構の変化を簡単に整理したい。なお、「総務庁設置法」については本章冒頭で検討したため、ここで改めて言及しない。

まず、第二臨調の答申に従って、かつて地方行政監察局と呼ばれてきた管区行政監察局（北海道を除く）の下部機関は行政監察事務所と改められた。一九八四年には、三八の事務所が設置されており、上部機関である管区の指揮監督を受けている。沖縄行政監察事務所と他の行政監察事務所では行政相談課が設置され、地方監察官が一名減員され、二名となっている。

また、本庁行政監察局の内部機構として、従来の調整課が企画調整課に改称されたが、さらに行政相談課の中に行政相談業務室が置かれ、苦情のあっせんや行政相談委員の意見に関する事項、また調査研究を所掌する部署とされた。加えて、同行政相談課に行政相談事務の特定事項に関する企画を担当する行政相談企画官も設けられた。それから、政策計画への移行の準備として、一九九九年以降企画調整課に政策評価等推進準備室、政策評価制度法制化担当室が設置されるようになった(115)。

三六年間にわたる行政管理庁時代では、行政監察機構が幾多の変遷を経て、整備されてきた。先述したように、総務庁時代に入ってもこの体制が維持された。その意味では、やはり行政管理庁時代の歴史の重みを感じざるをえない。一九五二年、「行政管理庁設置法」の改正によって、行政監察制度の枠組みが形成された。当時の政府原案には地方監察局(その後の行政監察事務所)の設置が取り上げられていなかったが、審議過程で議会からの強い要望があり、その結果として後の巨大な行政監察機構が形成されていった。

戦後の新しい行政監察制度の形成要因としては、第一に終戦直後に高まった行政民主化の要求、行政監察制度への国民の熱意が挙げられる。また行政監察制度の形成を理解するには、さらにそれはこれまでの数回にわたる行政改革の過程の中で形成されたものであったこと、国民の意見の反映や国民による行政監察への参加など行政民主化の課題を伴っていたことなどをふまえておく必要がある。

こうした、戦後の特殊な状況の中から発生した日本の行政監察機構は、人員も規模も巨大化していった。さらにその出先機関である管区、支局、事務所また沖縄行政監察事務所、分室などは、多様な組織形態を持っている。その地方支分部局ではまた、行政管理局や環境庁の行政業務の一部も分担しており、さらにみずからあるいは要請を受けて、行政改革への協力を行なっており、総合調査・調整の性格も持っている。その上に行政相談業務などを入れて考えれば、日本の行政監察は単に規模の大きさのみならず、また業務面における多様性も見逃せないのである。

(1) 塩路耕次「行政監察の制度と実際」雄川一郎・塩野宏・園部逸夫編『現代行政法大系3 行政手続・行政監察』(有斐閣、一九八四年)所収、二〇六頁。
(2) 大政翼賛会制度部『官吏制度改革ニ関スル意見綴』(官界新体制参考資料第一輯)(一九四一年)案一。
(3) 同右、五九、七四、一四二、一六一頁。
(4) 同右、七八、八三頁。
(5) 同右、一五一頁。
(6) 同右、一八〇頁。
(7) 同右、一八一—一八二頁。これらの提案のほかに、たとえば、「監察は翼賛会の監察部が各官庁に這入って為すべき」だとの意見もあり、民間人による監察の構想も示唆された。同右、一一五頁。
(8) 重要産業協議会調査部『官界新体制の諸問題』(一九四二年)三三—三四頁。
(9) 同右、五一、五四頁。なお、国策研究会は「政府・軍部筋とつながる民間政策研究団体」である。参照、井出嘉憲「戦後改革と日本官僚制——公務員制度の創出過程」東京大学社会科学研究所編『戦後改革3 政治過程』(東京大学出版会、一九七四年)所収、一五一頁。
(10) 重要産業協議会調査部、前掲書、一〇二、一一九頁。
(11) 大政翼賛会編『第一回中央協力会議議事録 第一巻』(一九四一年)二五五—二五六頁。
(12) 同右、二五八—二五九頁。
(13) 翼賛政治会『昭和一八年度政務調査会報告』(一九四四年)九七—九八頁。
(14) 山崎丹照『内閣制度の研究』(高山書院、一九四二年)三六五—三六六頁。
(15) 同右、三七九—三八〇頁。
(16) 同右、三九二頁。
(17) 同右、三九二—三九三頁。なお、法制局ないしその幹部は、戦後になっても、今日に至って、現代日本の行政監察制度の変遷に深くかかわってきている。
(18) 「総務庁」構想などは当時、内務省などの行政機関に反対され、「次第に骨抜きされ」た。活発に議論された行政監察制度構想は「敗色の濃くなった戦時行政末期の混沌状況のなかで雲散霧消してしまった」のである。井出、前掲、一五八頁。

(19) 同右、一五九頁。
(20) 内閣官房『内閣制度九十年史資料集』(大蔵省印刷局、一九七六年)三五一頁。
(21) 井出、前掲、一六〇頁。
(22) 同右、一六三頁。
(23) 内閣官房、前掲書、一〇一八—一〇二〇頁。
(24) 井出、前掲、一六三—一六四頁。
(25) 「民主的監察制を活用——官界刷新策の大綱なる」『朝日新聞』一九四七年七月七日。
(26) 同右。
(27) 行政管理庁史編集委員会編『行政管理庁史』(一九八四年)五八二—五八三頁。
(28) 「官紀の振粛に内閣訓令」『朝日新聞』一九四七年九月一日。
(29) 総理府『総理府・Ⅳ・官庁便覧第四巻』(一九五九年)一一頁。
(30) 同右、一一—一二頁。
(31) 行政管理庁史編集委員会、前掲書、五八三—五八七頁。
(32) 総理府、前掲書、一一頁。
(33) 行政管理庁史編集委員会、前掲書、五八五—五八六、五八八頁。
(34) 高辻部員「行政機構改革の方針について(未定稿)」(一九四七年二月二二日)行政調査部『行政機構改革総論』所収。文献には提案者である同機構部部員のフルネームが表示されていないため、ここでは文献の表示に従った。
(35) 河野部員「行政の民主化と行政機構(未定稿)」(一九四七年三月二四日)行政調査部『行政機構改革総論』所収。
(36) 同右。
(37) 行政調査部機構部「中央行政機構改革試案」(一九四七年五月八日)行政調査部『行政機構改革総論』所収。
(38) 同右。
(39) 行政調査部機構部「内閣総理大臣の分担管理する行政事務について——総理庁整備案」(一九四七年九月二〇日)行政調査部『行政機構改革総論』所収。
(40) 行政調査部はこの研究にあたり、「各国内閣制度の概観」、「米国中央行政機構の概要」などの報告書をまとめている。その中にアメリカ政府の予算局に関する「米国予算機構の発展」のような研究もあった。岡田彰『現代日本官僚制の成立』（法政大学出版局、一九九三年）一七三頁。

(41) 参照、前掲「内閣総理大臣の分担管理する行政事務について——総理庁整備案」。

(42) 行政調査部は一九四八年三月に廃止予定だったが、同年一月に「GHQより、同部を恒久化し、米国の予算局のような広範な行政管理機能を担当させることを勧告してきた」。今村都南雄によると、当時のGHQ民政局が行政調査部に勧告指導したのは「行政管理課」だったが、これを受けて、「総理府の外局として設置されたのが行政管理庁であった」という。当時行政管理部門の設置の焦点は行政監察制度ではなく、予算編成を司ってきた大蔵省主計局の帰趨だったとされている。すなわち、日本側による大蔵省内部部局としての主計総局の設置案と民政局による主計局、行政調査部、行政監察委員会および統計委員会の機能を統合する「行政運営及び予算庁」の設置案である。結局、当事者たちの複雑な思惑、対立から主計局の統合は実現されなかった。そして、予算編成機能を総理大臣の総合統合機能として取り入れる議論は今日も消えていない。今村都南雄『行政の理法』（三嶺書房、一九八八年）一五七—一六〇頁。

(43) 行政管理庁管理部『行政機構年報　第一巻』（一九五〇年）。また、同年五月一四日に閣議に出された「行政管理院法案」は総裁次官制で官房、管理局、監察局および統計企画局からなり、行政運営の監察が監察局の所管となった。参照、「行政管理院を設置」『朝日新聞』一九四三年五月一三日。

(44) 行政管理庁史編集委員会、前掲書、六頁。

(45) 岡田、前掲書、二〇〇頁。

(46) 庭山慶一郎「占領期の行政機構改革をめぐって」（『ファイナンス』一九七三年六月）三七—三八頁。

(47) 「臨時行政機構改革審議会報告書」、前掲『行政機構年報　第一巻』、一〇四—一三一頁。

(48) 行政管理庁官房秘書課編『行政管理庁設置法の沿革』（一九六三年）二二頁。

(49) 同提案理由の中で、船田は、行政管理、監察を司る「目的を有する機関」は「これまでのわが国」においては「存在しなかった」ことと強調して、さらに臨時機関である行政調査部と行政監察委員会の継続の必要性にも言及した。同右、二三頁。

(50) 同右、二三—二四頁。

(51) 同右、二四頁。

(52) 同右。

(53) 行政管理庁史編集委員会、前掲書、五九〇頁。
(54) 行政管理庁官房秘書課、前掲書、二五—二六頁。
(55) 行政管理庁管理部『行政機構年報　第二巻』(一九五一年) 三五頁。
(56) 行政管理庁史編集委員会、前掲書、五九一頁。第一課は、「行政監察委員に関する事項」および「他課に属しない事項」も所掌し、部内調整や庶務を担当することとなって、同庁管理部の「総務課、機構課及び調査課」という部内構成と異なる。また前述した船田の提案理由説明の中では、行政管理庁の「庁員」を「一〇〇名内外」として、あくまでも行政管理庁の規模を「きわめて小さな、また機構も簡素なもの」とする方針を打ち出した。この方針の背景には、数多くの監査類似機関の存在などの要因がある。実際に長官のほかに、次長一名、部長二名、顧問一〇名、行政監察委員二〇名、専任の総理庁事務官および総理庁技官の定員五一名となり、雇員などを入れると一〇〇名前後になる。行政監察委員を含むと、監察部の人員はほぼその半分を占める。行政管理庁官房秘書課、前掲書、二四頁。
(57) 行政管理庁史編集委員会、前掲書、五九五頁。監察部は成立当初から、これらの部門と密接な業務連携を行なっていた。総務庁時代になっても、各省庁の官房総務課、秘書課、文書課などが、行政監察業務の窓口として未だに行政監察にかかわっており、また内部監察・監査の機能も担っている。
(58) 同右、五九二—五九三頁。
(59) 同右、五九四頁。
(60) 同右。
(61) 同右、五九三頁。
(62) 同右、五九〇頁。
(63) 柳下昌男「連載⑤⑥　行政監察の歩み」(『行政監察監査週報』一二号) 二六頁および (一三・一四号) 二二頁。柳下昌男は初代監察部部長を経て東京管区監察局長を務めたが、この連載の中で行政監察の実施における諸々の障害に対する同氏の強い怒りと遺憾の念を随所に見ることができる。ここからも当時の組織防衛のための抵抗がいかにすさまじかったかが想像できる。
(64) 憲法記念日の五月三日 (四周年記念日) にあたって発表された同声明の中では、日本の「政治的成熟の成長」を評価し、これは「占領軍当局の管理」の緩和の理由だと記された。行政管理庁管理部『行政機構年報　第三巻』(一九五二年) 三六四—三六五頁。

(65) たとえば、一九五〇年四月二一日に答申された行政制度審議会による「行政機構の全面的改革に関する答申」の中で、経済調査庁の廃止などの提案を行なった。また同年一〇月一〇日の「行政機構の簡素化に関する件」という閣議決定の中で行政機構の縮減、簡素化を決めたのである。行政管理庁史編集委員会、前掲書、六一二、一〇四〇頁。
これらの動きを受けて、行政機構・定員の管理を司る行政管理庁では、「同年一一月上旬に」広川弘禅長官のいわゆる「広川案の構想」がまとまり、監察部と経済調査庁を統合して総理府の内局である監察局として存続させる大胆な提案をした。監察体制の強化という点で、後の「行政管理庁設置法」の改正に結びついている。ただこの広川案は翌年の講和の動きに見合わせることになり、国会提出できなかった。前掲『行政機構年報　第三巻』、一、三二一—三二二頁。

(66) 答申の中で、さらに行政管理庁を総理府の内局にすることや、「監察部門には審議機関を置き、一元的監察機構として整備強化すること」などに言及した。同上、二九八—三一〇頁。

(67) 行政管理庁史編集委員会、前掲書、一〇四〇—一〇四一頁。

(68) この動きは一九五一年の夏だといわれ、具体的な時期は明らかにされていない。柳下昌男「連載⑥　行政監察の歩み」、「連載完　行政監察の歩み」(『行政監察監査週報』一三・一四号)二二頁および(一五号)二六頁。

(69) 前掲「連載⑥　行政監察の歩み」、二二—二三頁。

(70) 行政管理庁史編集委員会、前掲書、六〇二頁。行政監察特別委員会の前身は一九四九年の第五回国会に設立された衆議院特別委員会であり、「考査特別委員会」と呼ばれた。一九五一年二月六日に国の行政について監査する行政監察特別委員会に改編された。思想の科学研究会編『日本占領研究事典』(徳間書店、一九七八年)四三頁。
また経済調査庁は、「経済調査庁法」(法律二〇六号)に基づいて一九四八年八月一日に占領期の統制経済を円滑に実施するために設置された機関である。経済安定本部の「各庁事務の施策の実施」に関する行政監査業務を受け継いでから、中央経済調査庁に監査部が設けられ、「行政機関の行う経済法令に関する経済施策の実施に対し」監査を行なっていた。その出先機関である八管区経済調査庁があり、その内部部局として監査部があった。

(71) 行政管理庁史編集委員会、前掲書、六〇二頁、および行政管理研究センター『行政監察総覧　I』(一九七八年)六二一頁。

(72) 行政管理庁史編集委員会、前掲書、六〇二頁。

(73) 行政管理庁史編集委員会、前掲書、一〇四一—一〇四二頁。この閣議決定の中には、「機構改革案」も具体的に記され、行政管理庁の内部機構としては官房のほかに行政管理部、統計基準部および行政監察部の設置が明記された。しかし、その直後の設置法改正では従来の管理部と監察部のままで、行政監察部に変わらなかった。前掲『行政機構年報　第三巻』、七三頁。

(74) 同右。

(75) 行政管理庁史編集委員会、前掲書、六一三頁。

(76) 「参考1　提案理由（野田国務大臣）」、前掲『行政管理庁設置法の沿革』、一〇八頁。

(77) 「参考2　参議院内閣委員長報告（七月二一日）」、前掲『行政管理庁設置法の沿革』、一一四頁。

(78) 同右。

(79) 同右。

(80) 柳下昌男「行政監察一二年の歩み」（『時の法令』一九五九年一一月）八―九頁。行政監察活動における専門性・技術性は、重要な問題である。

(81) 行政審議会は同年一二月に第一回総会が開かれ、翌年二月に制度部会と運営部会を設けて、行政制度改革および行政運営改善の審議をするようになった。同年九月一一日に第一回答申「総理府の機構の改革に関する答申」、同年一〇月二三日に第二回答申「行政制度の改革に関する答申」、第三回答申「行政運営の改善に関する答申」などを行ない、また行政審議会運営部会は「国家行政運営法案要綱（試案）」をまとめた。これらの答申や改善案の中では行政監察のあり方についてもしばしば意見を述べた。行政管理庁管理部『行政管理年報　第四巻』（一九五四年）一三―一四、三一六―三二五頁。

(82) 行政管理庁史編集委員会、前掲書、六一三頁。

(83) 庶務課は、管区・地方監察局職員の人事、会計と福祉に関して、また文書の受付、審査および他課と監察官担当外の事務を所掌する。調整課は、実際の行政監察業務に関する総合調整、統括の部署であり、監察部と管区・地方監察局との調整、管区と地方監察局間における事務連絡と調整を担当する。

また管区監察局は第一、二部と総務課という部署編成で、総務課は局内の庶務に当たるが、二部制の業務分担が行政監察委員制度に類似している。第一部は総理府、法務省、外務省、大蔵省、文部省、厚生省、農林省、通産省および労働省、第二部は運輸省、郵政省および建設省を担当するとされた。この各部業務所掌の規定は弾力的で、管区監察局長の権限で変更できる。それぞれの部の下にさらに三つの課が置かれている。地方監察局は第一、二課からなる。

(84) 参事官は監察審議官を経て一九八二年四月官房審議官（行政監察担当）に変わるが、「経済調査庁当時の部長は監察部では参事官と呼ばれることに」なった経緯がある。行政管理庁史編集委員会、前掲書、六一一頁。

(85) 実地調査について法的に規定されたのは、今回が初めてである。ただし行政監察委員時代でも、法的に規定されなかったが、実際にいくつかの実地調査が実施されたことが当事者の回顧で明らかになった。当時は監察体制が脆弱のため、多くの行政監察および勧告はいくつかの事例や省庁の資料に頼っていた。柳下昌男「連載④ 行政監察の歩み」(『行政監察監査週報』一一号)二六—二七頁。
(86) 行政管理庁史編集委員会、前掲書、六一八頁。
(87) 同右。
(88) また審議の中で、行政に「外部」的、第三者的行政管理庁の行政監察を実施することに強い関心が寄せられ、社会党からは監察職員の身分の問題も取り上げられた。「参議院内閣委員長報告」(一九五三年七月二七日)、前掲『行政管理庁設置法の沿革』、一二三頁。
(89) 行政管理庁史編集委員会、前掲書、六二〇頁。
(90) 行政管理庁官房秘書課、前掲書、一二三、一三一頁。
(91) 同右、一三一頁。
(92) 審議で、社会党委員は「行政管理庁の人員増加」などを主張した。同右、一三一—一三二頁。
(93) 従来外局の機関内に、事務次官が「次長」と呼ばれ、また「局」を置くことができず「部」といった。そのため、これまでは「監察部」であった。行政管理庁史編集委員会、前掲書、六一一頁。
(94) 行政管理庁官房秘書課、前掲書、一三八—一三九頁。地方支分部局による行政上の「苦情相談業務」をいつ開始したかについては定かではないが、一九五七年七月三一日に定めた「行政管理庁地方支分部局組織規則」(行政管理庁訓令三号)には管区行政監察局総務課が「苦情相談業務の総括」事務を担当する規定があるので、この頃から始まったと考えれば妥当であろう。行政監察局による行政相談業務の実施が、高度経済成長時代とともに歩み始めたことは興味深い。
(95) これについては、参議院審議の中でこのような「改正の結果、本来の任務である行政監察業務の能率が低下する」のではないかと懸念する意見もあった。同右、一四〇頁。
(96) 具体的には、札幌管区行政監察局は北海道管区行政監察局に、仙台管区行政監察局は東北管区行政監察局に、東京管区行政監察局は関東管区行政監察局に、名古屋管区行政監察局は中部管区行政監察局に、大阪管区行政監察局は近畿管区行政監察局に、広島管区行政監察局は中国管区行政監察局に、高松管区行政監察局は四国管区行政監察局に、福岡管区行政監察局は九州管区行政監察局に、それぞれ改称された。

(97) 第五次と第六次審議会の間にしばらく審議を行なわなかったのは、一九六一年一一月の臨時行政調査会の設置で、同調査会が設置している間は行政審議会に諮問しないと「臨時行政調査会設置法」に定められたからである。行政管理研究センター『行政監察総覧 IV』(一九七八年)二〇四頁。

(98) 「臨時行政調査会の改革意見」(一九六四年九月)行政管理研究センター『行政改革のビジョン I』(一九七七年)二一―二八頁。

(99) 第一臨調の答申に関しては答申で「総合調整を極めて重視している」が、しかし「総務庁」の設置などを含めて「戦前から議論されていたもの」であり、戦後の「内閣制度が根本的に変化したにもかかわらず、第一臨調の答申のように同種の議論が行われていることは、わが国の中央政府の特徴を示している」との指摘もある。武藤博己「内閣と総合調整」片岡寛光・辻隆夫編『現代行政』(法学書院、一九八八年)所収、一三九―一四〇頁。

(100) 第一臨調は歴史上の内閣総合調整機能の欠如を回顧した上で、現行制度においても「各省中心の行政」など「従来からの伝統と、内閣の補佐機関が弱体であること」などにより、「行政の最高の責任機関である内閣が、行政の統一をはかる機能を発揮し難しい状況」にあることを指摘した。前掲『行政改革のビジョン I』、二八頁。

(101) 同右、七六―七七頁。

(102) 従来と同様、行政監察を公正かつ適正に運営するために、「民間の意見」の導入が期待された。同右、七七―七八頁。

(103) 「行政審議会令」(政令二九五号)には審議会の所掌事務や委員の資格、権限など具体的に規定されず、簡素な記述に留まった。その意味でも両者は根本的に異なる機関である。行政管理庁官房秘書課、前掲書、一一五頁。

(104) 前掲『行政監察総覧 IV』、三頁。

(105) 行政管理研究センター『行政監察総覧 VI』(一九七八年)七頁。

(106) これらの報告書はいずれも公表されている。行政監理委員会『行政改革の現状と課題 昭和四二年』(一九六八年)、『昭和四三・四四年 行政改革の現状と課題 第三巻』(一九六九年)、『行政改革の現状と課題(昭和四五・四六年)』(一九七一年)を参照。ただし、「第一臨調の後」、行政監理委員会の提示した改革案はどれも実現されず、結局「第二臨調に引き継がれることになる」。武藤、前掲、一四〇頁。

(107) 沖縄行政監察事務所は管区行政監察局の指揮監督を受けず、その地理的特徴から直接に中央の行政監察局から命令される普通の行政監察事務所、また管区行政監察局とも異なる。またこの時期の大きな変化としては設置法改正により、環境庁の所掌事務の一部を実施するために「管区局に主席調査官、五地方局に調査官一人が置かれ」(一九七四年七月)、また行政管理局所掌事務のうち、行政機関の機構、定員および運営に関する調査と資料収集を分掌するようになって、一九七九年一〇月から中部、近畿、関東、中国、九州、東北などの管区行政監察局に「管区管理官」が設置されるようになった。行政監察の地方支分部局は「総合出先機関」だといえよう。行政管理庁史編集委員会、前掲書、七〇七、七〇九頁。

(108) 「臨時行政調査会の最終答申後における行政改革の具体化方策について(閣議決定)」、行政管理庁史編集委員会、前掲書、一〇九八頁。

(109) 行政管理研究センター『臨調　基本提言』(臨時行政調査会第三次答申)(一九八二年)四六—六三頁。武藤博己によれば、「総合調整論」は「昭和五七年七月の三次答申と昭和五八年三月の五次答申」に展開されたという。武藤は、第二臨調の提案する「総合管理庁」の新設案を「人事・組織による調整の中心的機関」だと位置づけ、とくに総合調整機能の強化をめぐる改革に関しては、「内閣と総合調整」という論文の中で議論を展開し、戦前と戦後の連続性を指摘している。第一臨調の答申において、内閣の補佐機構を強化し、総務庁を含む「内閣府」の設立が提言され、その総務庁は「総理府本府の総合調整部門と行政管理庁」を統合して、また人事管理機能を加える機構であると構想した。武藤は、この構想を内閣機能強化のため、人事管理を内閣に統一しようとする意図があったと論じている。武藤、前掲、一三八—一四四頁、および「総合調整議論の特徴と課題」行政管理研究センター『行政管理研究』(三二号)所収、二五頁。

(110) 前掲『臨調　基本提言』、一八三—一八七頁。

(111) 同右。

(112) 同右、一八五頁。

(113) 同右、一八四頁。

(114) 同右、二〇〇—二〇一頁。

(115) 総務庁行政監察局行政監察史編集委員会『行政監察史』(二〇〇〇年)一七三頁。

第二章　総務庁行政監察の運営と課題

総務庁の行政監察は、各行政機関の業務の実施状況を中心に監察し、また監察に関連して特殊法人などについて調査し、最終的に関係行政機関に対してこの監察ないし調査結果に基づき勧告を行なう仕組みを持っている。

総務庁行政監察局とその地方支分部局の主な業務内容は、中央計画監察、地方監察、行政相談の三つである。最初の中央計画監察は、本庁行政監察局が企画し、全国の地方支分部局を動員して調査し、最終的に勧告を行なう活動である。また、地方支分部局みずからが企画して行なう、現地における改善を目的とする監察は、地方監察である。最後の行政相談は、本庁行政監察局、地方支分部局および全国各地に配置されている行政相談委員によって、行政にかかわる苦情のあっせん、苦情の救済を行なうことを目的とする業務である。これらの業務の中で全国レベルで実施され、国の行政施策に影響を与えるのは、中央計画監察である。本章では、この中央計画監察を中心に総務庁監察行政のプロセスと活動について考察する。

第一節　行政監察のテーマとその変遷

中央計画監察は、本庁の行政監察局が中心となって毎年度の監察方針の決定を行ない、この方針に即してテーマを策定し実施する業務である。行政管理庁監察部が設置されて以降、中央計画監察によって多くのテーマが策定され実施されてきた。本節では、こうした監察テーマが今日までいかに変遷してきたかを考察してみたい。

1　中央計画監察のテーマからみる監察行政の特質

地方支分部局整備以前の監察テーマ

ここでは、まず地方支分部局の整備が達成された一九五二年までの監察テーマの変遷を見ておきたい。

行政監察業務が行政管理庁監察部に移されたのは、一九四八年の行政監察委員会の廃止に伴ってのことである。だがその当初の行政監察は、実際に民間有識者からなる行政監察委員を中心に運営されており、監察部の職員は行政監察業務において中心的な存在ではなかったといえる。そして、この体制は一九五二年の行政管理庁設置法改正まで続くのである。

当時の行政監察は三つの種類に分類されていた(1)。第一に、専門監察(最初は「一般監察」と呼ばれた)と呼ばれるものである。ここでは一定の計画に従い、三部制からなる行政監察委員が各部それぞれの担当する官庁を逐次監察していた。これは中央計画監察に近いものであるといえる。第二は、地方監察と呼ばれるものである。これは地方支分部局による監察ではなく、三部制とは別に、地方にある行政機関を、行政監察委員がその所属にこだわらずに、合同で順次監察する業務である。また第三は、特別監察(後の機動監察)と呼ばれるものである。これは計画以外の、臨時に必要に応じて行なう業務であり、単発的に行政機関を監察することである。

行政監察委員会の廃止が行なわれた一九四八年度の行政監察については、監察部が同年八月に設置されたこともあって、各行政機関についてのヒアリングなどの基礎的な資料の収集が重点的に取り組まれたため、多くの監察業務は実施されなかった。一九四八年度の行政監察は、物資調整官制度や復員業務、建築行政など当時社会的に反響の大きい問題が取り上げられ、その焦点は、戦後統制経済下の問題点や終戦によってもたらされた復興・再建などの問題を中心とするものに置かれたのであった。つまり、戦後混乱期における行政運営、とくに業務運営と行政職員の質的向上にその視点は置かれていったのである。この時期は、まだ行政監察システムにおいて地方支分部局が含まれていなかったため、主に東京・関東周辺の行政機関が監察の調査対象とされていた。とはいえ、下水道行政に関する行政監察のような複数省庁にかかわる問題についても行政監察のテーマとしては取り上げられており、歴史の後知恵でいうならば、総務庁時代に至って実施される、いわゆる「総合調整」という視点からの行政監察の萌芽を見いだすことができるのである。

翌年の一九四九年度から五一年度までは、行政監察が基礎的な資料の収集の段階から本格的な監察活動へとその活動の軌道を決めた時期であるが、他方、その運営に関しては一九四八年度の特徴が引き継がれている面も存在していた。この時期の行政監察テーマやその実施の特徴としては、まず行政監察の実施期間が長くなっていったことが指摘できる。つまり、一九四八年度のように行政監察が一、二カ月で済んでしまう例もあったが、半年を要する例も何件かみられたのである。

こうした行政監察の期間が長びく例が出てきた原因としては、行政監察範囲の拡大とこれに対応できる調査体制の欠如がまず第一に挙げられるのだが、第二にこの時期から社会問題化した対象のみならず、複雑化・細分化された行政問題も次第に監察のテーマに取り入れられるようになってきたことが挙げられる。さらに第三に、この時期には行政委員会に関する監察や監察機構に関する監察、電気通信監察のような機構の存廃や新制度・施策に関する評価ないし見直しなどが行なわれていたため、微妙ではあるが政治的影響も存在しており、監察行政の執行上、非常に難しい状況があったという点も指摘しておきたい。

行政管理庁監察部における初期の行政監察は、戦後混乱期の深刻な社会問題を取り上げており、行政監察委員が中心となって実施していたものであった。社会経済情勢の変化に合わせて、統制経済時代の行政運営に主眼を置いて実施されてきた行政監察は、戦後始まった諸制度についても批判的に検討を加えており、その改善策を提供してきていたのである。

行政管理庁の監察体制は一九五二年を境に、全国的な調査組織、すなわちその地方出先機関である地方支分部局を成立させ、いわゆる全国的な調査網を駆使して監察活動を展開できるようになっていった。総務庁時代に至って、この体制下に実施された行政監察のテーマは、それぞれの時期とともにその内容も変容を重ね、膨大なものとなっていったのである。

一九五〇年代の行政監察テーマ

一九五二年、全国的組織になった行政管理庁監察部は戦後復興期、占領時代を経て、新たな展開期に入った。こうした歴史的情勢を背景として、行政監察制度は、行政監察委員の廃止や行政審議会の設置などの内部変化を生じていた。一九五二年から数えて最初の二年間は、「中央省庁の施策の末端への浸透と末端における不正不当事項の是正に」重点が置かれ、四五ものテーマが監察されたが、そのうち、公共事業の経理適正化関係および補助金、物資、調達関係が二〇以上も含まれていた。これは当時の地方公共団体の財政悪化、「架空災害」など補助金をめぐる不正が多発した実情があったことを背景としている。(2) たとえば「公共事業一般技術監察」(一九五二年)、「農地農業用施設災害復旧事業監察」(第一次、第二次)」(一九五二年)、「海上保安庁調達業務監察」(一九五三年)などが行なわれており、また三公社の経営管理に関する調査も実施されている。

一九五五年に補助金の適正化や地方財政再建の促進に関する法律が制定されることによって、こうした不正現象は減少傾向を見せ始める。行政監察も「政府の重要施策の円滑な遂行と総合的効果の発揮に資するようないわゆる横断的監察を多く実施し」、それから「末端の実施状況をみて」中央機関の方針の浸透ぶりを調査するにとどまらず、「中央の施策そのものの改善・改革にも反映」[3]させることを重視するようになっていった。具体的には、「災害対策基本法」と新「電気事業法」の制定、行政管理局の業務に関連する調査の実施など、行政監察が行政施策に積極的にかかわる形が顕在化していった。

具体的には、一九五九年一二月から翌年三月までの間に、各省庁・委員会の総合的災害対策について「台風等災害対策に関する総合監察」が実施され、一九六〇年六月には「台風等災害対策に関する総合監察結果報告書」(同年一一月一八日勧告)が発表された。これを受けて行政審議会が「防災関係行政の改善について」を答申した。[4]この答申は、後の防災体制を強化するための「災害対策基本法」制定(一九六一年)のきっかけとなり、さらには同基本法の内容も行政監察の「勧告内容を基礎」とされるに至る。[5]行政監察の調査結果・勧告内容が政府の施策に大きく寄与したのは、有識者からなる行政審議会との連携プレー、および当時の社会情勢によるところが大きいといえよう。また、これ以外に、新「電気事業法」の制定(一九六四年七月)も、行政監察の勧告(一九六一年七月実施、翌年四月勧告)に沿ったものであった。また行政監察局の地方支分部局が、一九六一年六月から行政管理局の調査計画に基づいて実施した各省庁の地方支分部局、附属機関等に勤務する定員外職員に関する実態調査も、定員規制の対象確定に関する法改正の基礎資料となった。[6]

臨調活動と行政監察テーマ

一九六一年、第一次臨時行政調査会が設置され、行政監察局においては、同調査会に協力する方針が翌一九六二年の監察業務運営方針に盛り込まれた。行政改革を推進するという考えは、その後の監察行政の運営にも引き継がれている。具体的には、行政監察の結果を、臨時行政調査会などの機関に提供し、また要請があれば要請されたテーマに沿って調査を実施するという具合である。そのために、臨調、および一九六五年七月行政管理庁に設置された行政監理委員会などの改革意見を推進するための調査や監察を、行政監察の重点として一九六五年以降の監察業務運営方針に取り込んでいったのである。

行政改革と行政監察の関係は、行政監理委員会が指摘したように、「行政監察の実績の集積によって行政改革の目標と方向が発見されるとともに、また、行政改革の成果が行政監察によって確認され、さらに推進されること」であるというように期待されていた。(7)

一九七〇年代以降、行政監察は、日本の深刻な財政問題やその後の第二臨調への支援という背景もあって、政府の中心課題を推進する形で、内閣や臨調などからの要請に基づいた監察テーマを数多く実施していた。とくに第二臨調設立の一九八〇年以降、行政管理庁は臨調に積極的に協力し、行政監察の影響力を高めていった。当時の中曽根康弘行政管理庁長官は、行政監察の重点を「機構いじりから行政実体に切り込む事務事業の見直し」に置くべきだと発言し、(8)これをきっかけに、行政管理庁はいっそう臨調答申の成立への支援と答申を実現するための行政監察を行なうようになっていった。

これを受けて、一九八一、八二年の監察業務運営方針には、第二臨調の主旨に則って、許認可などの整理合理化、特殊法人の制度運営、行政の事務事業見直しなどの実施が決められたのである。たとえば、「許認可等規制行政に関する総合調査――資格制度関係」、「許認可等規制行政に関する総合調査――検査検定業務」、「許認可権限の地方委譲に関する調査」などは、第二臨調からの直接の要請により実施された調査であった。(9)行政監察局は第二臨調の廃止後も、一九八三年に設立された臨時行政改革推進審議会やそれ以降の行政改革の審議会・委員会などに協力する形で、行政監察の結果を説明したり、委員会などに要請された監察テーマに従い、数多くの監察を実施したりしてきたのである。(10)

監察行政の合理化と行政監察テーマ

行政改革関係の委員会などと連携して行政監察が行なわれ、またその時々の社会情勢や政府の方針に沿いつつ、全体として幅広い多様な行政監察が実施されていったのが、一九六〇年代以降の特徴だといえよう。また同時にこの時期においては、行政監察業務運営の制度化・合理化も進められていた。「監察業務運営方針」の策定は、第一臨調活動中に始まったことである。一九六二年度から、年度の行政監察に関する基本方針、重点事項と業務別留意事項などを記す「監察業務運営方針」が定められるようになり、この方針が政府の年度重点施策、行政管理庁の運営方針、世論の動向などに基づいて策定される年度テーマの決定および実施の指針となっているのである(11)。

また一九六九年からは中央計画監察の長期構想が設定され、とくに監察テーマの選定において「長期的な視野に立って総合的・系統的に監察を実施する方針」が打ち出された(12)。この方針の決定は、政府の施政方針をもとに、行政監察の総合的・系統的な長期構想を立て、さらにこれに基づいた年度ごとの長期構想に、特定の重要分野を絞り、「監察予定計画」が策定され、全面的・系統的に行政の改善が推進されることを意味していた。たとえば、一九六九年度から三年間の行政監察は策定された長期構想に基づき、行政監察の重点テーマを消費者利益の擁護・増進、生活環境の整備・充実、災害の防止、都市基盤の整備、農林業の近代化、労働力の有効利用、特殊法人運営の合理化の七項目(13)を中心として、具体的なテーマが定められ、総合的・系統的な監察が実施されたのである。

こうした長期構想に基づく行政監察テーマの選定は、総務庁発足後の一九八七年三月の「中期行政監察予定テーマ」（第一回）策定まで継続された。これについては後述する。また、新規行政施策の定期調査は、一九七七年から実施された。この定期調査は、新規行政施策が発足後一定期間（五年）を経過した段階で計画的に調査、監察し、その効果・業績を評価し見直しを行なうものである。この定期調査は、概況調査と詳細調査に分けられる。行政監察業務の一環として定着するようになった「新規行政施策の定期調査」は、これまでの中央計画行政監察とは異なり、

表2-1　1986年～1990年詳細調査実施状況

1986年	1987年	1988年	1989年	1990年
通院患者リハビリテーション補助事業（第4/四期）	水産物流通加工拠点総合整備事業費補助金（第3/四期）	身体障害者福祉法の一部を改正する法律（第1/四期）	湖沼水質保全特別措置法（第2/四期）	献血者健康増進事業費補助金（第2/四期）
	水産物食用利用高度化施設整備事業費（第3/四期）			献血推進基盤整備事業費補助金（第3/四期）

注：括弧内は，実地調査の時期．
出所：総務庁行政監察局『行政上の諸問題――平成3年度版』（1992年）930頁．

「従来の一律カット方式から個々の行政施策ごとに改善すべき点は何かを洗い出すために行政の実態を十分に把握した上で、行政の合理化、効率化という共通の視点に置いて施策を見直していく(14)」ところにその特徴がある。

行政監察局の調査対象とされる新規行政施策は、さらに新規法律（一部改正の法律を含む）と新規予算（一億以上とされたが、それを下回るケースも多い）からなる。概況調査は本省庁を対象とするもので、詳細調査のテーマ選定の根拠を提供し、大部分は行政監察の資料として保存されるものである。概況調査の結果から改善すべき点があると判断される時、現地の実態について地方支分部局を動員して調査するのが詳細調査である。詳細調査の結果に基づく問題指摘と改善意見は調査された省庁に通知され、公表されることになる。一九七七年から八四年までの概況調査は、七一六件が実施され、そのうち詳細調査が一〇八件であった。その後、年を追うごとに新規行政施策が減少し、概況調査、とくに詳細調査の件数も少なくなっていった。一九九〇年には概況調査が四五件実施されたのに対し、詳細調査はわずか二件にとどまった。一九八六年から一九九〇年にかけての五年間の詳細調査実施状況は、表2-1のとおりである。

2　総務庁地方監察のテーマ

地方監察とその活動

地方監察とは、総務庁本庁の行政監察局による本庁主導のものではなく、総務庁の出先機関である管区行政監察局（七ヵ所）、四国行政監察支局、沖縄行政監察事務所、現地機関である行政監察事務所（三八ヵ所）および三分室（函館市、旭川市、釧路市）[15]が独自に行なう監察活動である。管区行政監察局と行政監察事務所の監察運営体制は、表2-2、表2-3に示されているように、行政監察事務所の監察官が二名程度で（行政相談担当を除く）、いずれもブロック機関である管区行政監察局の六名、本庁の九名（調査研究担当を除く）よりもその数が少なく、反対に調査・監察の対象の数が多くて、業務範囲が広範である。

地方監察は「中央計画監察とほぼ同じ」プロセスであり、実施期間も中央のそれと比べれば相対的に短く、「非常にコンパクトな形の監察」[16]だといわれている。しかし地方監察の実施件数は、一九八九年度に二〇〇件も存在しており、その後年々減少する傾向はみられるものの、一九九二年度の実施件数は依然として一二六件[17]も存在している。この数字は実に、平均して各地方支分部局がそれぞれ、年間二、三件の地方監察を行なうこととなっており、総務庁監察行政にとって重要な位置を占めているということができる。ここで注意しておきたいのは、地方監察の実施件数が中央計画監察の年間二〇件よりも数の上で多いばかりでなく、取り上げられている問題が国民の実生活にかかわるものが多いことである。また、行政相談で出されてくる多くの行政への苦情や、総務庁の出先機関が開催した民間関係者参加の「行政懇談会」に寄せられた意見などをきっかけに地方監察が実施されることもある。

一九八九年度から一九九二年度までの四年間で実施された地方監察の内訳[18]をみると、厚生行政に関係するものがもっとも多く取り上げられており、一二五件にも達している。具体的には、廃棄物・衛生検査関係や老人・児童などの

表2－2　管区行政監察局内部組織

組織名		所掌事務
総務部 総務管理官	総務課	局の総合調整および連絡，文書，人事，会計等
	行政相談課	行政苦情のあっせん，行政相談委員法の施行
第一部	第一管区監察官	総理府，法務省，自治省および各省庁共通事項の監察等
	第二管区監察官	科学技術庁，環境庁，文部省，厚生省および労働省の監察等
	第三管区監察官	運輸省および郵政省の監察等
	管区管理官	行政機関の機構，定員および運営に関する調査等
第二部	第一管区監察官	農林水産省の監察等
	第二管区監察官	公正取引委員会，経済企画庁，外務省，大蔵省および通商産業省の監察等
	第三管区監察官	北海道開発庁，国土庁および建設省の監察等

出所：行政監察制度研究会編『新時代の行政監察』（ぎょうせい，1990年）132頁.

表2－3　行政監察事務所内部組織

組織名	所掌事務
総務室	事務所の総合調整および連絡，文書，人事，会計等
第一地方監察官	行政苦情のあっせん，行政相談委員法の実施
第二地方監察官	総理府，法務省，文部省，厚生省，運輸省，郵政省，労働省，自治省および各省庁共通事項の監察等
第三地方監察官	公正取引委員会，北海道開発庁，経済企画庁，国土庁，外務省，農林水産省，通商産業省および建設省の監察等

注：平成2年度（1990年）から第一地方監察官は，行政相談課に改組される予定.
出所：行政監察制度研究会編『新時代の行政監察』（ぎょうせい，1990年）132頁.

問題が過半数を占めている。また、深夜タクシー、宅配便、路線バスなど運輸行政に関するもの九三件、駐車場、都市公園や道路通行安全など建設行政に関するもの八六件、農薬の使用販売、中央卸売市場など農林水産行政関係が七八件となっている。

こうした地方支分部局による行政監察は、出先機関が設置された一九五二年から「機動監察」の形で行なわれていた。またその後一九五六年には、これに「地方計画監察」も加えられていった。当時、こうした行政監察活動を行なうには、監察部長（現在の行政監察局長）の承認が必要であった。また、地方監察を実施できるものとしては、「監察により速やかに是正措置を図る必要があり、且つ、地方監察により相当効果を期待しうると認められる事項[19]」と限定されており、その活動は慎重に進められていた。自主活動としての地方監察が始動し始めたのは、一九六三年一月からであり、この時期から本庁による承認手続きが廃止され、本庁が提示したテーマに基づく場合と独自で取り上げるテーマで地方監察を実施する場合とが区別されるようになっていった[20]。地方支分部局は、地方監察の外に、日常の監察活動の中で発見した行政面の変化や問題から、中央計画監察の立案や他の地方支分部局に参考になる問題を、「管内行政参考報告」という形で本庁に報告することとされている[21]。これは、本庁の監察官によって蓄積され、監察テーマの選定や監察実施計画の策定に利用されたのである。

地方監察には、三種類ある。第一に管区局、支局、事務所が独自に実施する場合、第二に管区主導で管内の行政監察事務所を動員して実施する場合、そして第三に本庁が提示したテーマに沿って実施する場合である[22]。この地方監察は、中央計画監察と比べ、実施期間は相対的に短く、三カ月とされている。まず一カ月をかけてテーマの決定、実施計画の策定、それから次の一カ月で調査が行なわれるが、最後の一カ月は調査結果の分析・評価、結果の取りまとめが行なわれることとなっている[23]。監察テーマの選定や調査の執行過程に関しては中央計画監察に類似しているのだが、中間機関である管区行政監察局のコントロールは強く働いている。たとえば、行政監察事務所で決定された地方監察テーマの試案がそのまま実施に移されるのではなく、管区行政監察局で検討が加えられ、さらに管区局によって行政監察事務所の地方監察を含む年度管区監察業務実施予定計画の策定まで行なわれ[24]、管区全体の見地から指導が行なわれるのである。

地方監察では、調査を終えた段階で、改善を要する問題については改善策などを含む内容の通知を、関係機関に対して管区局などが「所見表示」と「結果通知[25]」の形式で行なう。「所見通知」は各省庁の出先機関または施設等の機関、特別の機関に対して行なわれるが、「結果通知」は地方自治体または特殊法人に対して行なわれる。また中央計画監察の際、現地での改善を要する時も管区監察局などが現地関係機関に対し「所見表示」を実施することができるとされている。なお、これらの地方監察の結果は原則として公開されることとされている。

地方監察のテーマ

ところで、地方監察が取り上げたテーマは、次のように類型化されている[26]。

① 複数の機関にまたがる行政上の問題の改善を促進し、地域住民の利便や安全の確保等を図るもの
② 現地における法令等の遵守を推進し、地域住民の被害の防止や行政の適正化を図るもの
③ 許認可についての事務の改善（簡素化）を推進し、地域住民の負担軽減や利便確保を図るもの
④ 現地において行政施策を実施するに当たり、地域の実情や住民のニーズの反映を促進し、安全、利便の確保を図るもの
⑤ 広域的に問題が存在することが想定され、本庁と管区行政監察局・行政監察事務所が一体となってその改善を図る必要があるもの

この五項目の類型を一瞥すれば、行政と地域住民との関係改善、地域住民の利便およびサービスの向上が地方監察

の主要な内容となっていることに気づく。地方監察は地域住民の生活に密着しているため、中央計画監察と異なり、現地の実情や地域独特の問題点に配慮するところが特徴である。

第二節　中央計画監察におけるテーマの決定

もう一度、中央計画監察に話を戻そう。政府の行政課題を中心に行なわれている中央計画監察は、その監察テーマの変化にあらわれたように、その活動がその時々の時代変化と政府の行政課題の変化に大きく依存している。監察の「テーマの選定が行政監察を制する」とか「行政監察はテーマの選定が命」[27]といわれているように、行政監察局内部においては、テーマの選定が非常に重要視されている。本節では、中央計画監察テーマの選定過程について焦点を当ててみよう。

1　「監察業務運営要領」と中央計画監察テーマの選定

行政監察は、「監察業務運営要領」（以下、「運営要領」と略す）に基づいて実施される。この「運営要領」（一九五二年制定、一九八一年三月三一日最終改正、訓令三号）は、行政監察の方針、計画、実施および監察結果の処理を含む行政監察の過程を、具体的に規定している行政監察局の内部準則である。

中央計画監察は、特定のテーマに従って総務庁行政監察局が企画し、計画的・組織的に行なわれている。行政改革の推進や緊急事態への対応を目的に実施した、委員会・内閣などからの要請に基づく監察を除くと、ほぼすべての監察がこの「運営要領」に基づいて計画的に監察テーマの選定を受けているものである。中央計画監察は「テーマ監察」といわれているように、事前に決めた個々のテーマに基づいて行なわれるものであり、年度初めに当該年度の業務運営方針と年度予定監察テーマが決定され、これを受けてさらに四半期ごとの具体的な監察計画が策定されるようになっている。また年度監察業務運営方針は監察テーマに先立って制定される場合もあるが、監察テーマの選定作業と同時に練られていくのが普通である。

中央計画監察のテーマの選定基準

「運営要領」において行政監察の一般方針が決められると、これは監察実施における大枠となり、テーマ決定の基本枠組みとなってくる。そうすると監察テーマの選択基準は、この「運営要領」に定められている行政監察の方針に照らしてみれば、まず第一に、第一章冒頭でも触れたように、国民一般の福祉や行政本来の目的に適合しているかどうかが問われることになる。個別具体的な行政目的はその拠り所である法令によって定められたものであり、監察テーマの選定はこの行政目的の合目的性と合法性の観点から行なわれる。つまり個々の行政活動によって法令にあるような当初の行政目的が達成されたかどうか、国民の福祉という究極の行政目的が達成されたかどうかが考慮され、行政活動を監察する仕組みとなっているのである。

第二に、国の重要施策を中心に監察テーマは決定されていくのだが、行政監察の優先順位を決めるにはそれぞれの時期における政府の重要課題であるかどうかがもう一つの基準となる。仮に法令に照らして行政実施上問題がないとしても、時代の背景、その時の政府課題がどのような状況であるかが監察テーマを決めていくのである。

第三に、個別の公務員の非違の糾弾を目的としないという視点から監察テーマは選ばれる。[28] そのため行政職員の不祥事や服務規律違反などが発生している際には、総務庁行政監察がそれを摘発するための監察を行なわずに、各省庁にその処理と調査を任せるのである。最終的には、こうした問題は総務庁によって取りまとめられ調整されるか、あるいは総務庁によって綱紀粛正の徹底に関する通知が行なわれるかにとどまるのである。[29] これは、行政施策・業務に関する総務庁の行政監察が行政上の非違・不正に対して事前防止の作用を有するという前提に由来するものである。

総務庁の行政監察は、各行政機関の業務の実施状況に対して監察の目を向けるものであり、その対象は行政全般に及び、広範かつ多種多様である。どういった監察を行なうかという問題は、行政監察にとって重要な問題である。実際の監察テーマの決定は、監察官など職員による資料収集・分析、過去の監察実績、社会情勢の動向、政府の政策の方向、業務体制などさまざまの要素を勘案しながら行なわれている。(30) この点に関し、かつて監察官であった増島俊之は、次の七項目の選定基準を挙げて、(31) 監察テーマの決定過程を紹介している。

① 政府の重要施策が的確に遂行されているか否か。

② 行財政の合理化を図るために見直しが要請されている分野であるか否か。

③ 省際、局際の問題のような多数の行政機関にまたがるため、不整合・非能率の支障が発生しているか否か。

④ 新規施策発足後一定期間を経ているので、実情に基づき施策全体の見直し・評価をする必要があるか否か。

⑤ 地方監察・苦情相談など地方的な行政上の問題が、その抜本的改善のため、中央計画監察により制度の改正を推進する必要があるか否か。

⑥ マスコミなどに取り上げられ、社会的反響の大きい問題について、行政上の問題として改善すべき面があるか否か。

⑦ 中長期に見れば、各領域の行政分野を全体として落ちこぼれのないように見直すべきであるか否か。

この七項目の監察テーマの選定基準は、前述した監察業務運営方針を踏まえたものであって、またそれを細分化・具体化したものだと考えられる。ある意味でこの七項目には、監察行政の問題関心と実際の行政監察実施上の視点という二重の意味が含まれているといえる。通常の監察行政運営、とりわけテーマ選定の場合、これらの選定基準が踏まえられるのだが、また特別なケースとしての政治意思による、すなわち政治的リーダーシップによる監察テーマの決定も看過しえない。

たとえば一九八六年八月、当時の玉置和郎総務庁長官が農協監察とODA監察を指示したことによって、一九八七、一九八八年「農業協同組合の指揮監督に関する行政監察」とODA監察が実施された(32)。監察計画・テーマの決定は、最終的に総務庁長官の決裁が必要であるのだが、この長官の直接な指示によるものがいわゆる〈特別なケース〉である。また前述したように、第二臨調や国鉄再建監理委員会、行政改革関連の審議会などからの要請により、数多くの行政監察・調査が実施された。これらのケースも当初は特別で臨時的だったのだが、それらはあくまでも前述のテーマの選定基準を離脱するものではなく、実際に主要な監察活動として定着してきたものであったのである。

ただ増島が取り上げた基準⑤に関連することだが、地方監察や苦情相談をいかに中央計画監察に反映し、あるいはこれが中央計画監察の実施まで移されたかということについては資料の制約で確認できない。しかし同基準⑥と同様に、社会的関心の大きい問題や行政相談・地方監察から明らかになった問題などが本庁の行政監察局に集積され、経常的な監察行政のテーマ選定などの運営基盤になったことも否定できない。このことはまた、監察テーマの具体的な決定過程に関する図2-1にも現われている。

中央計画監察のテーマの決定過程

図2-1にある行政監理委員会は、一九八〇年一二月「臨時行政調査会設置法」(第二臨調)の公布によって廃止された機関である。また一九八七年から中期行政監察予定テーマが策定され始め、年度行政監察計画と同時に進行するようになってくる。図2-1を参照しながらこうした変化に鑑みれば、行政監察のテーマ選定過程を次のような三段階に分けることが可能だろう。

第一段階は、監察テーマなどの選定の基礎作業から監察テーマのリストアップまでである。要検討行政分野の広範

図2-1　監察計画テーマ選定作業の過程概念図

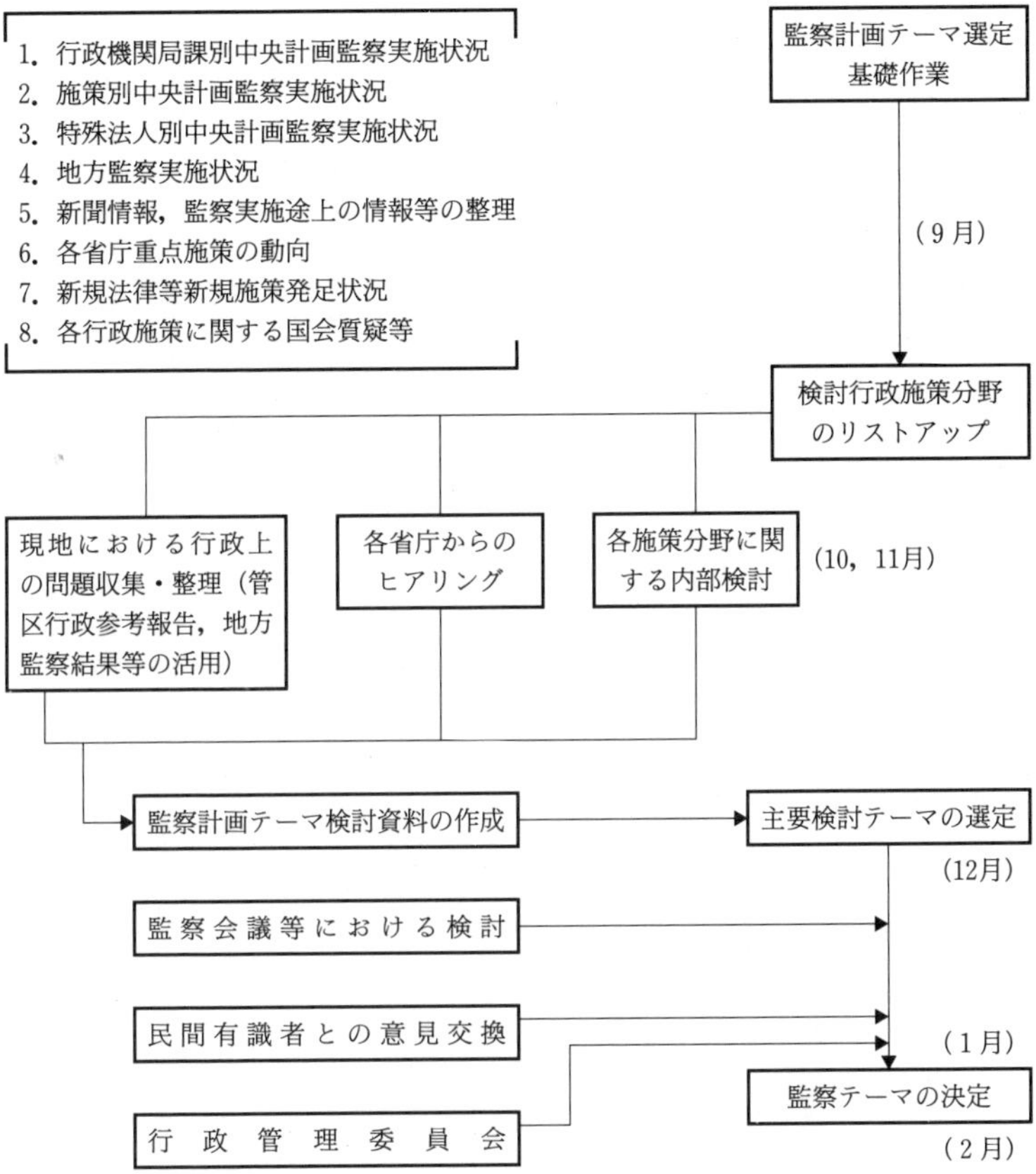

出所：増島俊之『行政管理の視点』（良書普及会，1981年），213頁．

な監察対象から、上述の選定基準に従って二〇〇件あまりのテーマがリストアップされる。[33] 実際の行政監察活動の中で、監察官たちはみずから所管する行政分野に問題意識を持ち、政府の施策方針はもちろん、業界紙、新聞雑誌、関係審議会の動向や地方監察・行政相談などにあらわれた問題点を日常的に把握し、その上に関係省庁からのヒアリングなどを通して情報整理を行なう。これに基づいて各監察官は、「大体二〇本ぐらいのメニューを手持ちに」しているといわれている。[34] そのため、この監察テーマなどの選定の基礎作業から監察テーマのリストアップまでの段階は、従来の監察実績・情報蓄積に頼るところが大きいといえる。またリストアップ段階では、監察官の価値観や問題意識などがテーマ選定の基礎となっていることも重要なポイントである。

第二段階は、テーマ選定の基礎となる、監察官が各自に考えた二〇〇強のテーマからさらに主要検討テーマを絞って選定する段階であり、実際の調査と検討を踏まえた監察テーマの具体化の段階である。ここでは、ほぼ四〇〜五〇の主要検討テーマに絞られることになる。[35] 監察テーマのリストアップから主要検討テーマの選定過程は九月前後から開始されるが、[36] これは主に行政監察当局がその内部で、各省庁からのヒアリングや施策分野の調査などを通じて行なうものである。

第三段階は、監察テーマ決定の最終段階であり、年度監察運営方針と中期予定監察テーマ（年度監察テーマを含む）の決定段階である。行政監察テーマは、毎年一二月から翌年二月にかけて監察会議、学識経験者からの意見聴取などを踏まえて最終的に総務庁長官の決裁によって決定される。行政監理委員会時代は前述したように、同委員会が監察の方針やテーマ選定に影響力を発揮していたのだが、同委員会廃止後は、行政監察局長が開催する行政監察懇話会にテーマについての諮問が行なわれるにとどまっている。この懇話会を通して民間有識者の意見を聞いたり、また「テーマ取りまとめの段階で内閣副長官と相談しながら」、「自民党時代は自民党の行財政関係の部会に相談」するなど各方面から意見を聞いたりして、最終的に「独自に決定」[37] するに至るのである。通常年間二〇前後のテーマが決定され、一人の監察官は年間二つの監察テーマをこなすことが普通であるようである。

以上の過程を踏まえて、行政監察体制が全国的組織になった一九五二年から一九九〇年度にかけて、本庁行政監察局は、その地方支分部局を動員して八〇〇以上（新規行政施策の定期調査対象の施策数を含む）の中央計画監察を実施した。

続けて、行政監察の方向を左右する中期行政監察予定テーマと、年度監察の実際の計画である四半期ごとの監察計画について検討し、本節の議論を深めたい。

2　中期行政監察予定テーマの選定

総務庁に改組されてからは、行政上の重要課題を体系的にとらえ、優先度を考慮し計画的、中長期的に行政監察を実施するべきであるとの観点から、当該年度から三年間にわたる「中期行政監察予定テーマ」（以下、中期テーマと略す）が策定されるようになっていった。一九八七年以降、主としてこの中期テーマを中心とした監察テーマの決定が行なわれており、同時に当該年度のテーマ選定作業も進められていた。まず表2-4を参照しながら、一九八七年の中期テーマを見ておこう。

一九八七年版の『総務庁年次報告書』によれば、一九八七年の中期テーマはその時の政府方針・施策、政治経済情勢に基づき、表2-4のように、①官業・特殊法人の見直し、②規制緩和など民間活動の活性化、③産業、経済情勢の変化への対応、④国際化への対応、⑤国民生活の福祉の向上など、⑥組織・施策の定期的見直し、という六つのカテゴリーを設定し、その下にさらに年度予定テーマを策定していた。国民生活の向上、組織・施策の見直し、また経済構造変化への行政の対応が当時の重要な行政課題であったことから、それがそのまま行政監察の中期テーマとなっていったのである。官業・特殊法人に関する調査は「総務庁設置法」による所掌事務であり、行政改革に関連して長

表2－4　中期行政監察予定テーマ

区分	1987年度	1988年度	1989年度
官業・特殊法人の見直し	・簡易生命保険事業 ・特殊法人—職員管理 ・特殊法人—個別見直し	・ＮＴＴ・日本タバコ産業 ・特殊法人—業績評価 ・特殊法人—個別見直し	・国鉄清算事業団と旅客会社等 ・国有林野事業 ・国立病院，療養所 ・特殊法人—業績評価 ・特殊法人—個別見直し ・住宅，都市整備公団
規制緩和等民間活動の活性化	・公的規制緩和（行革審答申推進等） ・許認可等事務手続合理化 ・保安四法共管事務手続合理化 ・国の関与の統一事態把握，分析等 ・民活事業実態調査	・公的規制緩和（行革審答申推進等） ・電波監理行政 ・国の関与の分析，調査 ・低層住宅地の高度利用対策	・許認可等事務手続合理化 ・電気通信行政 ・国の関与の分析，調査
産業，経済情勢の変化への対応	・稲作対策 ・雇用対策	・水田農業確立対策 ・労働者派遣事業等	・牛肉対策 ・労働基準行政—安全，衛生 ・中小企業の近代化，高度化対策 ・研究交流促進
国際化への対応	・経済協力行政 ・在外公館実態調査 ・アクションプログラムの推進	・経済協力行政 ・在外公館実態調査 ・アクションプログラムの推進	・在外公館実態調査 ・アクションプログラムの推進
国民生活の福祉の向上等	・国民年金事業 ・食品衛生対策 ・消費者保護対策 ・鉄道事業—利用者サービス ・下水道行政	・成人病など予防対策 ・高齢者対策—施設関係 ・動物医薬品対策 ・交通安全対策 ・都市防災対策 ・スポーツ振興対策 ・文化財保護対策	・健康保険等事業 ・水資源等行政 ・防衛施設周辺地域対策
組織，施策の定期的見直し	・付属機関など実態調査 ・定期調査	・付属機関など実態調査 ・定期調査	・付属機関など実態調査 ・定期調査

出所：総務庁『総務庁年次報告書』（1987年）132-133頁.

い間行政監察の一つの視点として重視されてきた。国際化への対応という面では、八〇年代以降、世界で日本の経済・政治の重要度が増大し、国際的な活動が増加したことを反映して、ＯＤＡなどをめぐる監察が実施されてきたが、これはきわめて新しいカテゴリーに属するものといえる。こうした新しい監察テーマもまた、いわゆる新たな行政環境・条件の出現に伴い、行政監察が絶えず新たな行政領域に取り組んでいることを物語っている。

行政監察の中期テーマの変動は、ローリング方式と呼ばれるもので、策定するたびに微調整が行なわれる。[38]この監察方式は機動性があるものの、全体的にいうと計画的であり、監察が継続的に行なわれる傾向が強いとされているものである。また、監察テーマの選定過程については、国民福祉の実現や行政本来の目的の達成といった監察理念から見ることが必要であると思われるが、他方、総務庁という政府部内の監察行政体制の性格から考察する必要もあるだろう。

なぜならば、監察テーマの優先順位は、あくまでも政府活動の一環と結びついた形で決定されていたからである。つまり、「行政改革に関する閣議決定」（関係省庁申し合わせなども含まれているが）の推進、「政府の重要な政策課題」の実現と重要施策の定期的な見直し、「空白分野とか長期間手つかずの分野」が監察テーマとして優先される[39]ことになるのである。たとえば、一九九三年〜一九九六年度の中期テーマは、①高齢化への対応、教育の改革、安全の確保等、②生活基盤・生活環境の整備と地域の活性化、③国際化・経済構造の変化への対応、④行政の組織・運営の見直しといった四つの分野からなっている。「生活大国の実現」、「生活者重視の行政」といった当時の政府重要課題の実現から①②の分野の監察が優先的に取り上げられたのだが、また政府の緊急経済対策、規制緩和の推進などの閣議決定に従って、③の分野の監察テーマも活発に行なわれていたのである。[40]これらのテーマは、当時の政府の重要施策に深く関係し、行政部内の施策の推進・改善の役割を果たしていたが、その多くはその時期の社会的関心、社会経済情勢を反映する問題でもあった。[41]

中期テーマはその意味で、一定に社会情勢を反映しているものと言うことができよう。現代日本は高齢化、情報化と国際化の流れの中で、多くの政治的課題を抱えている。それは、具体的には内需主導型経済構造への転換・定着、経済高度化に伴う国民生活の実質的な向上、国際社会への積極的な貢献など、政府の政策的課題として存在している。これらの課題の解決を推進せしめるために、行政監察には、それに即応する中長期テーマを策定し、その時々の課題に対処しなければならない任務が課せられている。換言すれば、中期テーマはその時代の政策課題の発露であるともいえるのである。

ここで留意しなければならないのは、行政監察の実施とテーマの選定が監察官主導で行なわれていることである。内閣からの要請などの緊急課題や、事情把握のための定期的調査以外は、やはり監察官の日常的活動の中で監察は行なわれており、監察官からしてみれば確実に問題がある行政分野を監察テーマとして選定して監察していることになっているのである。具体的には、一〇名の監察官が持ちだした数多くの基礎テーマから、次のように監察テーマ選定の優先順位を規定している。(42) 第一に「的確に遂行されないと非常に困る」重要性を持つ施策、第二に見直しの必要がある施策、第三に複数省庁に横断的な問題が存在する施策、第四に「一定期間内に一回は監察」すべき施策、第五に全国的に改善すべき問題が存在する分野、第六に「緊急度が高い」問題、第七に「包括的に問題が内在している」分野、等々。

3　四半期監察計画の策定

中期テーマと年間二〇くらいある年度監察テーマの公表は毎年四月であるが、当該年度の第1四半期監察計画も同時に公表されていた。テーマが決定されてから行政監察の執行に移されることになるのであるが、一つの監察テーマについては、通常三カ月の調査が行なわれる。またこの四半期調査のさらに三カ月前から調査計画の策定が行なわれるようになっている。[43] この四半期ごとの監察計画は、具体的な行政監察執行の指針となるものであったといえる。

四半期監察計画に従い、各地方支分部局は、この中央計画監察に参加することになる。四半期監察計画には、当該監察の目的や調査対象、調査すべき事項、また実地調査時期、本庁の担当官房審議官・監察官および担当管区局・事務所などの内容が含まれている。四半期監察計画を総務庁部内では、「監察計画」と呼び習わしている。この「監察計画」は実際の現地調査を実施する前に、一般に公表される簡単なものである。これと対照的なのは、公表されていない部内用の具体的な「実施計画」である。この中には、本庁監察職員とその地方支分部局に対して知らせる調査の場所や方法、調査リスト・着眼点などが記されている。当然この「実施計画」は、監察対象の省庁に対して通知されていないものである。

資料の関係で「実施計画」の内容を検討することはできないのだが、ここで実施計画の策定方法については、俯瞰しておこう。総務庁は、「仮説検証方式」に基づいて調査計画を策定している。この方式は、まず日常の監察活動の中で把握された情報をもとに、「予想される問題点を想定」するのだが、想定の確実性を高めるために、換言すれば想定された問題点を検証するために、行政機関にヒアリングをかけたり、あるいはその上に「現地の事態に関して小規模な予備調査」つまり「テスト調査」を行ない、「あらかじめ問題と想定される事項を整理」するような形式である。[44] 想定された問題事項は、「実施計画」として具体化される。さらに「実施計画」には、「どのようなデータをどこからどのように収集すべきかという」ところまで具体的に示され、実際の調査活動の指針として中央計画監察の「設計図」となっていくのである。[45] こうした点からも明らかなように、中央計画監察は、本庁行政監察局による主導を徹底するものであり、また非常に慎重かつ周密周到な準備を伴う活動なのである。

ここでは一九八九年の「国有林野事業に関する監察」の四半期監察計画（表2-5）によって、具体的に行政監察のテーマ決定について見ておこう。中期テーマは監察の予定テーマとなるものであり、また政策課題の変化に伴って

表2-5　1989年度第1四半期監察計画

名称	国有林野事業に関する行政監察
目的	国有林野面積（789万ヘクタール）は，我が国の森林面積（2526万ヘクタール）の約3割を占めており，国有林の適正な管理・経営は，木材の安定的供給，国土保全，水資源かん養等森林の持っている各種機能発揮の面で極めて重要である． 国有林野事業経営は，昭和40年代後半から悪化し昭和50年代以降連年損失を計上するようになったため，昭和53年度の国有林野事業改善特別措置法（昭和53年法律第88号）の制定により，一般会計から同事業特別会計への資金の繰入等の財政措置が講じられるとともに「国有林野事業の改善に関する計画」に基づき1．事業運営の改善合理化，2．要員規模の適正化，3．自己収入の確保等経営全般の改善が進められてきている． しかし，国有林野事業経営は悪化の一途をたどり昭和62年度末の累積欠損額は7523億円，長期債務残高は1兆6980億円に達している等非常に厳しい状況にあり，これまで以上に経営改善に努める必要がある．一方我が国社会が生活の質や精神的価値をより一層重視する方向へ移行する中で，国有林野に対して国土の保全，水資源かん養等の機能，さらには文化面・教育面等で人間精神に働きかける機能等森林の有する公益的機能の高度な発揮が求められてきている． この監察は，以上のような情勢を踏まえ，国有林野事業の実施状況を調査し，国有林野事業の改善に資する．
項目	1．国有林野の役割，2．国有林野事業の実施体制，3．国有林野事業の実施状況，4．その他
対象機関	農林水産省，都道府県，市町村，関係団体等
調査時期	平成元年4月～9月
担当部局	・本庁鈴木官房審議官・農林水産担当福長監察官・管区局全局，四国行政監察支局，事務所一部

出所：総務庁行政監察局『行政監察月報』（355号）12頁．

時々の情勢に対応して変容するものである。すなわち、けっしてこの中期テーマがそのまま執行されるとはかぎらない。四半期監察計画の場合は、事前のテスト調査や具体的検討を経て、最終的に決定された監察テーマであり、監察の実施の際の方針・計画案となるものである。この中に当該監察の狙い、目的が定められているので、外部から監察テーマ選定の実態を窺うことができる。

たとえば、「国有林野事業に関する監察」という監察テーマの選定を見てみよう。このテーマ選定は、現状認識に大いに依存して進められてきた好例である。表2-5の目的の欄に示されている一九六〇、七〇年代における国有林野事業に関する状況認識は、過去に行なった国有林野事業に関する行政監察から得たものである。たとえば、一九七二年一〇～一二月の「国有林野事業に関する行政監察（第一次）」においては、国有林野事業の経営の実態が監察され、さらに同年一一月～翌一九七三年一一月の間、長期的に国有林野事業の経営についての監察が行なわれた[46]。これらの国有林野事業の運営に関する過去の行政監察は、当該監察に根拠を与えるものとなり、監察の基礎となったものである。国有林野事業は、今日においても大きな問題を抱えており、政府の重要課題でもあるため、監察テーマとして取り上げられたのは当然であるといえる。また、一九八九年のこの行政監察のテーマ選定において、一九七〇年代に実施されてきた監察を通じて、農林水産担当の監察官による国有林野行政の情報蓄積ができたことも当該テーマ選定の重要な要素となったのであろう。

一九九〇年七月二日、総務庁はこの行政監察の結果を踏まえて農林水産省に勧告を行なった。この行政監察の結果と勧告内容を見る限り、当該監察の目的は、あくまでも国有林野事業に関する経営・管理や事業運営の合理化などの推進であると理解される[47]。つまり、表2-5に示されているような、国有林野の「国益的機能の高度発揮」、国有林野が国民の「生活の質や精神的価値をより一層重視する方向へ移行する」のに役立つといった今日的視点は、監察テーマ決定においてやはり中心的なものではなかったと考えられるのである。その意味で、この「国有林野事業に関する監察」は、通常の監察テーマ決定の典型的な事例だといえる。

本節では監察テーマの変遷に注目することで、行政監察にまつわる問題を検討してきた。行政監察のテーマは、時代の視点、政策の課題とともに、次々と新しい行政問題を取り上げるようになっている。日本の国際化への対応をめぐる監察テーマなどの提起と中長期的視点で継続的に行なわれようとする中期行政監察予定テーマの選定は、もう一つ新たな監察領域を切り開いたといえるものである。このように、その時々の状況に機動的に対処せしめられ、重点的にテーマが選定されているところから、監察テーマは監察の時代性を映す鏡であるといえるであろう。これは、政府の重要政策課題の解決を推進する現代日本の行政監察制度の特徴ともいえるものである。さらにまた、この監察テーマの時代性は監察テーマ決定の一つの基準でもある。すなわち、行政改革関連の審議会などへの協力もその代表的な事例の一つであるということができるのである。

他方、行政監察はそのテーマ選定の過程からして監察官主導の行政監察であるということもできる。高度成長期を経た日本は、経済・社会生活が安定的な発展段階にあり、激動の時期にはない。通常の行政監察の運営は平穏であり、時の政治権力がテーマの決定に影響力を持つのは、わずかであり一般的ではないといえる。半世紀にわたる現代日本の行政監察制度は、行政内部の総合調整、統制機関として定着し、監察の経験・手法も蓄積されてきた。監察テーマの決定をみる限り、それぞれの行政分野を担当する監察官がみずから専門の行政分野につき、行政監察テーマを選定しているのである。その決定は当時の社会・政治、とくに政府全体の政策課題の変化を考慮し、優先度こそ異なるのであるが、常態としては、基本的に担当監察官によって行なわれているのである。

また、もう一つつけ加えておきたいことは、総務庁の監察行政が完全に聖域なしとはいえないということである。すなわち、技術性の高い行政分野、または自衛隊など国の高度な秘密にかかわる行政領域、あるいはかなり少数であるが政治家や政治的意図の絡んだ複雑な領域を監察テーマに取り上げることは不可能なのである。

第三節　行政監察評価システムの確立へ

総務庁監察行政の発生は、戦後日本の新しい行政現象をもたらしたといえる。戦時中においてさまざまな視点から多くの議論が提起されてきたが、その制度化は戦後改革の流れの中で達成されていったものである。総務庁監察行政という新しい行政分野の形成と発展は、行政管理庁成立後の社会経済情勢の変化の中で、時代の変化とともに五〇年の歳月を経て熟成せしめられてきたのである。総務庁行政監察局では、監察行政を担当する職員が千人以上となり、地方支分部局も日本各地に分布されている。さらに監察の対象は、国のすべての行政機関、特殊法人、国の補助および委任にかかる分野まで広がっており、とくに近年は社会経済の変動に伴い、政府の行政改革に協力しながら重大な政府施策ないし課題に監察の触手を伸ばすようになってきている。本節では、上記の背景を踏まえ、監察テーマに関連しつつ総務庁における監察業務・技術の合理化の動きについて考察しておきたい。

1　他の監察・監査類似制度との連携と評価手法の開発

日本の行政監察システムは、五〇年間運営されてきた行政監察局に調査研究担当監察官を設けたり、膨大な行政各分野の情報蓄積を通じて、みずから監察行政のあり方を模索し、監察行政における評価のシステムを確立しようと努めてきた。とくに戦後、監察・監査の強化を求める声は従来以上に高まりをみせており、行政監察局は監察行政の立場から、会計検査院、地方自治体の監査実務者、特殊法人の監査担当者を集めて、研修会やフォーラムを開いたりしている。この監察行政の主体である行政監察局は、独自性を強調することなく、監察・監査機能一般のリーダー役として活躍をしているのである。

この行政監察局は一九七九年度以降、「監察・監査中央セミナー」を毎年開催するようになっており、一九九六年度の第一六回セミナーでは全国各地から一四五機関、二五〇人が参加するに至っている。また前述した「行政監察懇話会」（一九八六年以来毎年三回程度で開催）のほか、「オンブズマン制度研究会」（一九八〇年二月設置、現存せず）や一九九五年六月「オンブズマン国際シンポジウム」の開催（総務庁行政監察局は国際オンブズマン協会の準会員である）、さらに一九八二年三月「特殊法人監事等連絡会」の発足、一九八七年度から会計検査院との連絡会を定期的に開催、「監察能力開発課程」の職員研修の実施（一九九二年度から）など、[48]監察・監査業務全体の向上と連携における中心的な役割を果たしているのである。

こうした動きの発生は、総務庁の働きというよりもむしろ、社会経済情勢の変化によって総務庁監察行政の存在が一段と重要なものとなり、クローズアップされたことによるものである。後述する地方自治体の監査における行政（業務）監査の新設、会計検査院の「行政（業務）監査への監査重点」の変化の動きや、特殊法人など監事業務の見直しの動き[49]がその大きなきっかけとなったものである。こうした背景のもとで、総務庁監察行政がいかにこれまでの監察行政の業務運営の経験を総括しまた活用して、類似制度からの強い要請に応えられる、行政活動における監察・評価の視点やノウハウを提供できるかが急務となっていったのである。

総務庁監察行政の専門家たちは、監察行政の合理化・科学化のために調査研究担当監察官を中心に一九七九年、一九八四年の二回にわたって「行政指標の体系化に関する研究」を早くから行ない、また一九九四年にも「郵政事業に関する行政監察――郵便事業を中心として――における行政評価指標」の研究を行なっている[50]。これは、行政監察における合理的・科学的な評価基準を確立しようとしてきた努力のあらわれであるといえる。これらの研究はいずれも模索中であり、実用化されるに至っていないのだが、監察行政の合理化および総務庁監察のスタイルや評価基準の確立への努力は、その存在意義からしても重要なことである。

2　総務庁行政監察の評価視点

総務庁行政監察活動の根本は、調査した資料を基に分析・評価を行ない、その結果を行政の改善に反映させるという点にある。しかし、調査結果に対する評価が行なわれる場合、評価者の立場や価値観がそこに多く含まれることになる。また、評価者が当時置かれていた環境にも、その結果は大きく左右される。すなわち、行政監察担当者は政府部内の一員として監察・評価活動に携わるものであるため、必然的に政府の時々の課題や法令の大枠を越えた、あるいは時代を超越した評価を下すことはできないのであろう。仮に評価基準の確立がなしえたとしても、それは普遍的なものではなく、時代の変化とともに変わらなければならないものであるだろうし、絶対的存在ではありえない。さらに行政監察は強制力を持たないために、関係行政機関に強制することができないという前提がある。このため定量的な評価指標・基準[51]を用いるとされている評価システムよりも、現在の行政監察スタイルの方が、個々の問題の指摘をしつつ、相手機関の言い分を考慮するため、総合的な評価という意味で現在の政府構造に適応しているのではないかとも考えられる。

こうした制度的な背景および総務庁行政監察担当者の強い使命感から、総務庁行政監察局では総務庁成立一〇周年をきっかけとして、一九九五年二月に行政監察実務者と研究者による行政評価研究会を発足させた。この研究会では一九八四年七月一日から一九九四年六月三〇日までの一〇年間に行なわれた一四〇件の行政監察から六八件の行政監察を選び出し、それぞれのテーマで指摘された問題点から行政監察における評価視点を見出し、これを体系化しようという試みがなされたのである。

この研究会での研究方法としては、従来の定量的行政評価指標の研究と異なって、六八件の行政監察の勧告内容に内在する一八七〇件に及ぶ問題点などを中心に、第一に行政上何が問題かという視点から問題点を要約して第一次評価視点となし、第二になぜそれを問題だと考えたかの視点を見出して第二次評価視点とし、最後になぜ是正方を求めるかの視点を導き出し、これを第三次評価視点としたのである。[52]このように評価の視点を一般化することによって、表2-6でみられるように、最終的に抽出された最上位の第三次評価視点は、「I　行政目的遂行のための実施体制・方法の充実・改善」、「II　国民と行政との関係改善」、「III　行政の簡素化・効率化」となるのである。

さらにこの行政監察の評価体系においては、「I　行政目的遂行のための実施体制・方法の充実・改善」の下に、「A　実施体制の充実」と「B　実施方法の改善」、「II　国民と行政との関係改善」の下に、「A　国民の受益・利便

表2-6　行政の評価視点の体系の概要と視点数

第三次評価視点及びその細目	第二次評価視点数	第三次評価視点数	事項数	テーマ
I 行政目的遂行のための実施体制・方法の充実・改善	14	39	1,377	65
A 実施体制の充実	2	6	79	28
B 実施方法の改善	12	33	1,298	65
B 1 計画性の確保	(3)	(9)	(132)	(29)
B 2 対象の的確な選定	(2)	(5)	(101)	(39)
B 3 事務事業の適切な運営の確保	(5)	(16)	(821)	(64)
B 4 民間団体等に対する指導・監督の強化	(2)	(3)	(244)	(38)
II 国民と行政との関係改善	9	19	235	45
A 国民の受益・利便の向上	4	10	108	34
B 行政の公平性の確保	2	2	14	10
C 国民負担の軽減	3	7	113	24
III 行政の簡素化・効率化	8	20	258	49
A 実施体制の簡素化・効率化	3	6	85	30
B 実施方法の簡素化・効率化	5	14	173	44
合計	31	78	1,870	—

出所：行政評価研究会『監察・監査の評価視点——行政監察結果からみた評価視点を中心として』（1996年）9頁.

の向上」、「B　行政の公平性の確保」、「C　国民負担の軽減」、「Ⅲ　行政の簡素化・効率化」の下に、「A　実施体制の簡素化・効率化」、「B　実施方法の簡素化・効率化」といった内容が内包されることになる。当然、ここで抽出された評価視点はあくまでもわずか六五テーマの行政監察から得たものであって、実際の評価視点はこれを大きく越えるものとなってくる。また時代の変化とともに、新しい評価視点がなければ行政監察ができなくなることもありえる。しかし、この体系化された評価視点からは、総務庁行政監察における評価の特色をいくらかでも明らかにすることができるように思われるのである。つまり、これを要約するならば、以下の三点となるだろう。

第一に、総務庁行政監察における評価は行政活動全般に及んでおり、その視点も多様であるということである。行政監察というならば、まずもっとも基本となるのは行政実施体制・方法の適正化といった合規性中心の視点であるのだが、これは行政運営における計画、実施、運営の徹底を求めるものでしかない。この行政監察の不充分さから、行政の公平性の確保や行政の能率性問題もその評価視点が求められてくることになる。

第二に、第三次評価視点のⅠは、本来行政機関が守らなければならない規律のようなものであるのだが、反面、行政監察の実施によって促される側面もあるところである。これは従来からの行政の自律・自省・自浄機能としての監察行政にとって重要な評価分野になるといえる。実際にこの研究会で取り上げられた、行政執行上存在した一八七〇件問題事例のうち、一三七七件の問題事例が第三次評価視点でいうⅠによるものであった。またその数は、問題事例全体の七割以上を占めていたのである。これに対して、国民と行政との関係の改善や行政の簡素化・効率化といった第三次評価視点のうちに存在する問題事項は、いずれも二五〇件前後となっている。この第三次評価視点のⅡ、ⅢはⅠとは異なり、方法上困難な点が多く、また関係省庁の人員・予算削減につながりやすいため、受け入れられないか、あるいは納税者である市民の視点も加えないと評価できない面がある。すなわち、今後ともこの面の拡充と評価視点の開発が課題となると思われる。

第三に、第二次評価視点の数と第三次評価視点の数も行政運営の実施体制・方法の充実と改善面において圧倒的に多数を占めており、反対に国民生活に密接に関係する公平性・利便性の向上や行政能率の評価視点の数がその半分くらいとなる。当該研究の分類化作業が膨大であったため、分類・体系化する時の誤差を斟酌するべきであるだろう。ここから、新しい評価視点の体系化・開発が求められる。またⅡ、Ⅲの評価視点こそ、行政の根本的改善と施策・制度の見直しを迫ることができるものであるし、場合によっては政策評価にまで高められうる可能性を持つものであるかもしれない。

これらの体系化された行政監察の評価視点は、総務庁の行政監察実務者や研究者によって開発されており、高度に抽象化されていたため、運用上の大きな余地を生むことになるものと思われる。また実際の監察活動においてけっしてこのまま忠実に行なわれることもないように思われる。実際の監察行政運営に関しては前述したように、個々の監察官たちは第一にみずからの手元に蓄積されたデータに基づき、問題点の発掘やテーマの選定を行なう。すなわち「仮説検証方式」の監察方法をとっているのである。また、実際の調査において、監察官たちの想定した行政上の問題点がいかに検証・証明されるかによって、監察の結果が決定されることになるのである。換言すればこのことは、基本的には監察官たちが想定した問題点が実際に検出されなければ、行政監察が成り立たないということである。ただし、実際の行政監察活動が、この評価視点の体系図に基づかないものであったとしても、監察官や地方自治体の監査関係者などにとって、自分自身が思いつかなかった新しい評価視点の提供、評価の整理のために便利であり十分利用できるのではないかと考えられるのである。

総務庁行政監察およびその評価システムは、今日大きな転換点に立たされている。「本格的な地方分権」などの「時代の大波が押し寄せている」今日においては、必然的に監察行政固有の伝統的評価視点・手法にも変化が迫られている。[53] 後述する農協監察で言及するが、総務庁監察行政は、新しい政策提言の発信地として、常に新しい社会経済情勢に対応できる評価視点・ノウハウの開発が必要とされるのみならず、市民による評価視点の導入、また政策評価への本格的な移行を試みなければならないところに来ているように思われるのである。

第四節　行政監察の執行活動とその課題

監察テーマの選定活動は総務庁行政監察にとって極めて重要な一面を持っており、さらに監察計画、とりわけ実施計画など具体的な監察の計画・指針づくりも慎重かつ周到に行なわれていると述べてきた。実施計画の検討からも明らかなように、通常の監察活動はその発生（テーマの選定）から実施に至るまで、想定された問題点が含まれなければスタートできないようになっている。すなわちテーマ選定の段階からすでに評価行為が付随しているともいえるのであって、実際の監察活動の執行は、こうしたテーマおよび計画に従って計画的になされているのである。

しかし総務庁行政監察の過程は、テーマ選定・監察計画の段階が中心となっており、これは本格的な監察稼働に入る前の過程といえるところである。この段階で、特に四半期ごとの具体的な監察計画には、実施時期・担当監察官と担当支分部局および監察調査上留意すべき事項などが記されている。本庁行政監察局は、この監察計画を担当管区監察局と事務所に通知してから、本格的な調査に入ることになる。さらに実地調査を含む実証的調査を通じて、行政の全体像を浮き彫りにし、これに基づいて最終的に監察結果を取りまとめ総括的評価を仕上げていくのである。本節では、行政監察の本格的な執行について検討するが、実際の総務庁行政監察の調査活動については、資料の関係で具体的な監察結果を通じて見ることしかできないことを断わっておく。

1　中央計画監察における執行のプロセス

監察実施の具体事項については「監察業務運営要領」に定められており、具体的に図2-2に示されている。図2-2を参照しながら、運営要領における行政監察の執行過程を見てみたい。その際、次の四つの段階に留意すると便宜である。

(1)　運営要領の第九条には、監察実施の際、関係行政機関と他の関係者に対して、監察実施を事前に通知すること、また事前通知は監察の効果に影響を与えうると判断する場合は、事前通知を行なわないことが明記されている。監察実施計画の決定後に、本庁からは地方支分部局に対し監察実施が指示されるとともに、本庁は関係省庁に、管区行政監察局・事務所は担当領域の関係行政機関に、監察実施を通知することとなる。行政監察は関係行政機関との協力関

図 2 - 2　行政監察の実施過程

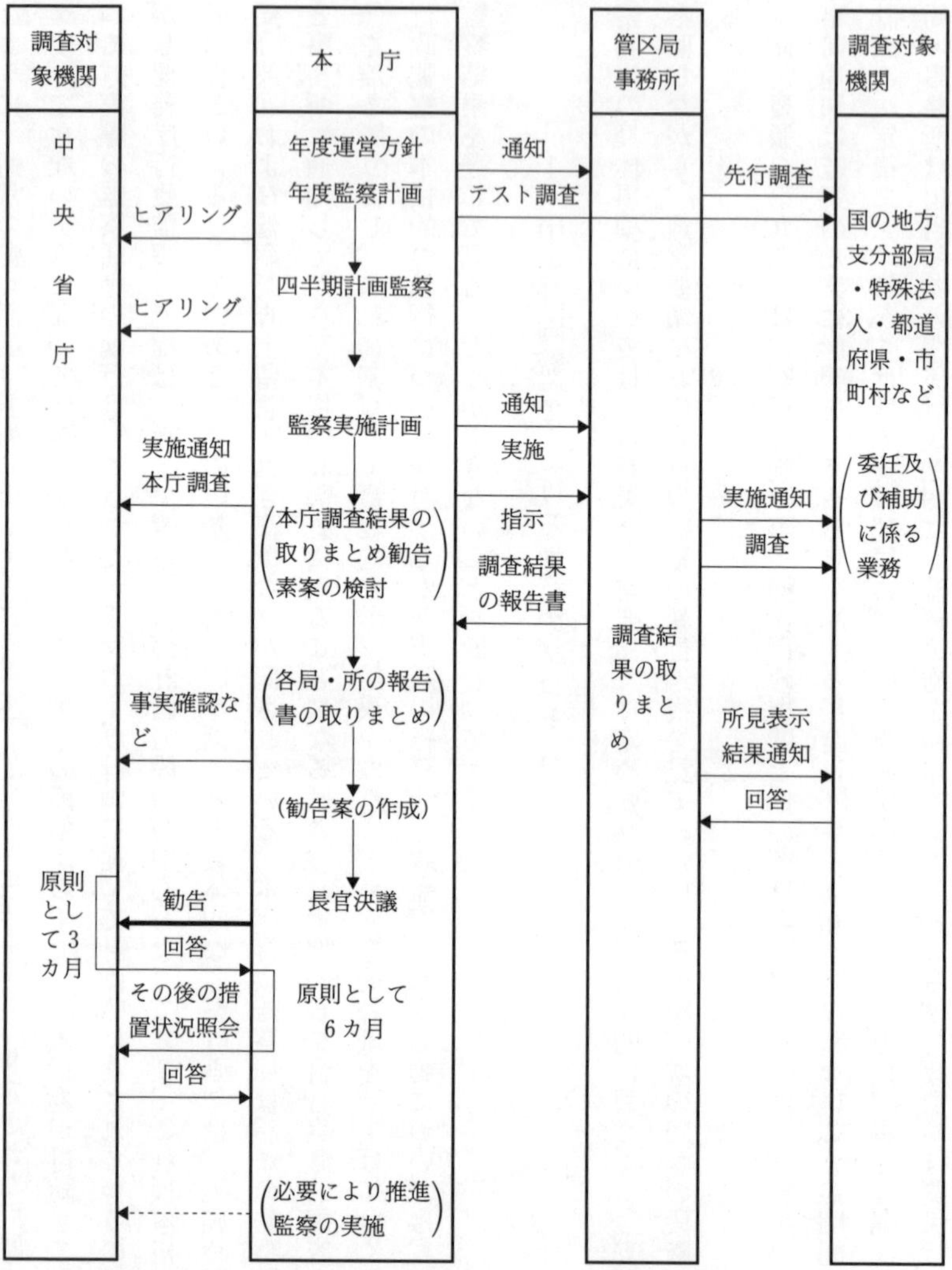

出所：行政管理研究センター『行政評価機能の実態とそのあり方』(1986年) 12頁.

係を重視するという前提から、事前通知が常態となっている。ただし、前述した調査に関する問題点やテスト調査に基づく調査ポイントなど、個別のリスト、すなわち「実施計画」を対象行政機関には通知せず、四半期監察計画である「監察計画」の公表あるいは大まかな監察（調査）項目の提示・通知程度に留めるのである。(54)

(2) 関係機関に実施通知をするとともに、監察実施機関は直ちに行政監察のための調査に入る。調査実施の場合も事前に関係行政機関に通知し、あくまでも協力関係を保つことが基本であるとされている。とくに運営要領には「できる限り関係機関その他の関係者の業務を妨げない」こと、また事前に関係行政機関に「助言を求め」、実地調査も関係行政機関と「協同して」(55)行なうことなどの留意事項が重ねて強調されている。監察対象省庁への配慮は、政府内部の監察行政の重要な特徴である。それは、総務庁の行政監察活動は単なる資料調べだけでなく、ヒアリング、実地調査など相手の能動的協力が必要とされるからでもあろう。

(3) 総務庁行政監察の管区局と事務所は、②という前提を踏まえて調査を実施する。前述の四半期監察計画にも見られたように、通常三カ月の期間内に調査結果を取りまとめ、本庁行政監察局に調査結果報告書を提出することとなる。調査期間は四半期という期間で実施される通常の場合と、二つ以上の四半期をかけて連続的に実施される場合（一九八九年第1、第2四半期と続いて実施された「国有林野事業に関する行政監察」などの例がある）、また二回にわけて実施される場合などがある。(56)なお、前述したように管区局や事務所は現地の改善が必要と認める場合、みずからの監察結果を踏まえて、現地の関係機関に所見通知と結果通知を行なうこともある。

(4) 本庁行政監察局は、みずからの調査結果と地方支分部局からの調査結果の取りまとめを基礎に勧告案を作成する。この段階では、調査対象機関の本省庁と「事実確認等」の調整が行なわれ、最終的には、総務庁長官の決裁によって勧告が決定とされ、相手省庁に対し勧告が行なわれるようになっている。実地調査の終了から勧告までの期間は、実地調査期間よりはるかに長引くこともあり、表2-7にもあるように一年間、またはそれ以上の期間がかかる事例

表２−７　1990年度に勧告等を実施した中央計画監察・調査等一覧表

実施した行政監察のテーマ	実地調査期間	勧告・通知の時期
スポーツ振興対策に関する行政監察	1988年７〜９月	1990年４月
住宅に関する行政監察	1988年10月〜89年３月	1990年５月
身体障害者の福祉・雇用に関する調査	1986年７〜９月	1990年５月
交通安全対策に関する実態調査	1989年１〜３月	1990年６月
国有林野事業に関する行政監察	1989年４〜９月	1990年７月
特殊法人に関する調査	1987年10月〜88年６月	1990年７月
日本たばこ産業株式会社監督行政監察	1989年１〜３月	1990年７月
水資源の開発・利用に関する行政監察	1989年７〜９月	1990年９月
成人病対策に関する実態調査	1988年10〜12月	1990年９月
海上交通安全に関する行政監察	1989年10〜12月	1990年10月
畜産に関する行政監察	1988年10〜12月	1990年７月
湖沼の環境保全に関する調査	1989年７〜９月	1990年11月
産業教育に関する行政監察	1989年７〜９月	1990年12月
道路に関する行政監察（一般道路）	1990年１〜３月	1991年１月
動物用医薬品等に関する行政監察	1989年10〜12月	1991年１月
保育所に関する行政監察	1989年７〜９月	1991年１月

出所：1991年度の『行政監察年報』（総務庁行政監察局，1992年）の記録により作成．

が多い。

勧告までの期間が長引く原因については、行政監察機関内部の行政準則[57]を公表しない限り、明らかにならないと思われるが、行政監察の運営要領や行政監察機構などの一般状況を考えれば、次の三点が指摘できるのではないだろうか。すなわち、第一に、複雑化し高度化した行政活動に対応して、行政監察自体も専門化されており、多くの事項については必要な分析、確認作業が必要となっているが、さらにいわゆる評価視点も単純な合規性のチェックにとどまらず、効率性や合目的性などに拡大されたためである。第二に、調査対象省庁との調整を最重要視することによる関係省庁との折衝の長期化のため、あるいは第三に、各地方支分部局の規模が大きくて、実地調査結果が量的に膨大である反面、少数精鋭の本庁監察局の処理能力が低下せざるをえないなどの問題点が存在するためである。

行政監察の実施過程においてもっとも障害となるのは、対象機関との協力調整が重視されることだと考えられる。調査対象機関との調整を通じて、調査結果が関係行政機関に尊重されれば、発見された問題について速やかな解決を果たすのに有利であるかもしれないが、他方、あまりに協力の保持を強調するならば、かえって調査対象機関の言いなりとなり、これが実質的な問題点の発見の障害となって、相手側の認める事情しか監察しえない事情を生む恐れがある。とくに、調査対象機関に対し独立の機関とされている第三者的立場に立つ行政監察としては、いかにこの「調整」と行政監察の中立性や客観性を保持しうるかは、大きな課題となるのである。

2　実例からみる行政監察の執行過程

ここで実際の総務庁中央計画監察を通して、行政監察の現状を検討したい。まず「廃棄物の処理・再利用に関する行政監察[58]」をケースに取り上げることにする。この行政監察は一九八五年度（第4四半期）に実施されたものであり、一九九〇年に最終的なフォローアップ（改善措置の回答）が行なわれたものである。

この監察の目的は、廃棄物の処理・再利用の実態を調査して、関係行政における問題点を発見し、廃棄物の適正処理と廃棄物の資源化・有効利用を推進することであったとされている。当該行政監察の結果による勧告は、まず一九八七年六月に厚生省に対して行なわれた。この監察の背景としては、当時の社会経済生活の変化による廃棄物の量的増大と質的多様化に伴い、その処理に際しての不法投棄・埋立処分地の確保困難などの問題が多発したためであるという指摘がなされた。この問題部分を改善するために、処理量の減量化、廃棄物の資源化、業務運営の合理化・効率化が課題として指摘されたのである。

本庁行政監察局、全管区局（四国行政監察支局を含む）および一〇の事務所を動員して行なわれたこの廃棄物に関する行政監察は、廃棄物の発生状況、廃棄物の処理状況、廃棄物処理業者に対する指導・監督の実施状況および廃棄物有効利用の実施状況といった四項目を中心に実施された。この行政監察は廃棄物を「一般廃棄物」と「産業廃棄物」に分けて監察し、具体的な改善策を勧告した。一般廃棄物については、収集運搬業務の合理化、ごみ焼却施設整備の適正化、最終処分場の確保、ごみ焼却施設および最終処分場の維持管理の適正化の四項目を中心に監察が行なわれた。ここではさしあたり、「一般廃棄物」の問題に絞って考察したい。

廃棄物の収集運搬業務の合理化

一般廃棄物は家庭から排出されるごみなどであるが、廃棄物の処理過程は、第一に市町村が処理計画を立て、収集・運搬し処分するものとされている。この行政監察は一般廃棄物処理の全過程を含んでいた。ごみの量的な拡大と質的な多様化に伴って、ごみ処理を主管する各市町村のごみ処理経費は増大しており、その経費の六割は収集運搬費として支出されていた。運搬量の減量と経費節約の観点から、この行政監察はまず「収集運搬業務の合理化」問題を取り上げた。

市町村は現状改善の行政施策として、(ア)民間委託による収集運搬業務の合理化、(イ)分別収集によるごみの減量化・資源有効利用などを実施するようになった。「行政改革の推進に関する当面の実施方針について」(一九八四年一二月二九日)と「地方公共団体における行政改革推進の方針(地方行革大綱)について」(一九八五年一月二二日)といった閣議決定にも地方公共団体の事務・事業の民間委託を行政改革推進の一つの方針として掲げていたため、(ア)については、政府の方針・施策の推進という行政監察の基本姿勢から当該行政監察の執行について重要視していったのであった。

一般廃棄物の処理については、四三市町村を対象として、一九七五年から一九八四年までの一〇年間の推移が調査された。ごみ処理コストを算出した結果、収集運搬部門の占める割合はもっとも高く六五・九%とされた。経費節減の観点から、収集運搬業務の民間委託の徹底的な実施が緊急な課題となっていたが、全部・一部の民間委託を実施したのが二二市町村、民間委託を実施せず、市町村の直営であったものが二一市町村であった。その上、市町村直営と民間委託におけるコスト比較を行ない、民間委託による収集運搬コストは直営の収集運搬コストより三九%も少ないと見積もられ、民間委託収集量の比率が高いほどコストが大幅に減じることが明らかにされたのである。

また民間委託方式の導入時期は一九七五年以前がほとんどで、近年導入したのは一市だけにとどまった。ここから閣議決定などの政府方針を推進する余地があると当該行政監察は指摘した。民間委託が進まない原因としては、自治体の要員配置転換の困難性などが挙げられたが、これに対して民間委託採用の先進市がプラス評価とされた。この手法の紹介という形で、勧告についての説明の中では取り上げられた。このプラス評価は、行政監察の一つの手法であるとされるものである。(59)

(イ)の分別収集は、廃棄物の減量化と資源の再利用の視点から、収集段階で排出者に排出された多種類のごみを分別させ、収集する方式である。監察ではこの分別収集について、地域によって異なるのだが、二種類から五種類の分別が行なわれているとしている。実情としては、調査対象の四三市町村のうち、二七市町村(六三%)がこれを実施しており、何の分別も実施していないのが一六市町村(三六%)ということである。

分別収集を実施している市町村の実施方法をみると、二一市町村が集団分別・業者収集による資源回収(住民の自主団体が資源分別を行ない、資源取り扱い業者が収集し資源化する)であり、残りの一四市町村が市町村による資源回収分別(排出者の分別した、または集団回収のものを市町村が収集し中間処理施設などで資源化する)である。しかし前者においては、資源回収分別によるごみの減量効果が薄いとされる。その原因としては、資源回収分別が住民の自発的な協力に頼るところが大きく、また分別回収を実施していたとしてもビン・空き缶などの単品しか実施しておらず、あるいは実施規模が小さいなどの問題があり、こうした諸問題が当該行政監察において指摘された。これに対して、総務庁は、市町村が住民団体や資源回収業者の育成と両者の提携への効果的な支援などを行なうべきであるという改善策を示したのである。(60)

後者の資源回収分別については、資源回収率が一〇%を越えているところがある一方、一%に満たない市町村も存在し、平均三・六%にとどまっていることが指摘された。また、資源回収分類（紙、金属、ガラス、布、その他）の対象品目が多いほど市町村廃棄物収集量の減量効果が大きいことが、この調査で明らかにされた。その上にさらに、収集ごみからの資源回収について調査を行ない、調査対象の四三市町村のうち、収集前、収集後も資源回収を行なっていない市町村が一一（二五・六%）もあったとされた。当該行政監察においては、マイナス評価として二市の事例が挙げられ、資源回収が行なわれていないため、ごみ処理量が増大し、最終処分場の残余年数が残りわずかとなっている、したがって資源化によるごみの減量化などの対策が講じられるべきであるとの指摘がなされた。

この行政監察が実施されている間に、厚生省は、「一般廃棄物処理計画の策定について」（一九八六年三月二〇日、衛環六〇号）を発して、都道府県の知事に対し、一般廃棄物の処理に関する長期計画の策定の推進を指導した。当該行政監察では、同通知についてこれまでの行政監察結果に基づいた評価が行なわれた。同通知は、長期計画実現のための今後の対策として、一般廃棄物の種類別の明確化を指示するにとどまった。市町村が現実にこの長期計画を定めるに当たって、減量化、収集運搬の効率化のためにどんな方策を検討すればいいかについて、また方策の内容と実施手順などを具体的に示さなかったことなどについて指摘がなされた。こうしたことからも分かるように、総務庁行政監察は単に事後の効果を検証するにとどまらず、始動したばかりの行政施策、最新の情報についても目配りをしている。こうした評価活動によって、実施後または実施中の業務・施策ばかりでなく、これから実施しようとする施策にも軌道修正を迫るところに一つの特徴を読み取ることができる。

さらに、厚生省が一九八二年から一九八四年にかけての三年間にごみ処理の合理化に関する調査報告書（「分別収集のしおり」、「再生利用のしおり」、「廃棄物処理事業の効率化」）を作成したのだが、報告書の伝達・活用の状況について当該行政監察において評価が行なわれた。厚生省は、これらの報告書を廃棄物処理の主体である各市町村に配布していないこと、またこの行政監察の調査対象県（二県）が市町村に対し調査報告書を使用するよう周知・指導を行なっていないこと、そのため厚生省の調査研究成果が市町村の廃棄物処理に活用されていないなどの行政上の指導・運営の問題点があること、などを指摘したのである。ごみ行政が機関委任事務であったころ、厚生省は直接これを行なう立場にはなく、あくまでも監督の立場であった。こうした監督行政に関する行政監察は、総務庁監察活動に占めるウエイトとして非常に大きいものであった。

かつての機関委任事務は現在、法定受託事務と自治事務に再編されてしまっている。今日の本格的な地方自治・地方分権の流れの中でどのように適正な監督行政の監察を行なうかは、ひとまず大きな課題となるところである。

ごみ焼却施設整備の適正化

可燃性ごみの焼却処理については、厚生省が市町村の焼却施設の整備を補助し、推進してきたものである。具体的には、「生活環境施設整備緊急措置法」制定後に一九六二年以来六回にわたって施設整備五カ年計画を策定し、「ごみ処理施設整備費補助事業」（一九六二年発足）などの推進施策を講じてきたのである。

当該行政監察においては、厚生省の調査による全国のごみ焼却施設の整備状況（一九八四年の厚生省の調査によると、焼却処理量に対する処理能力が約二倍とされている）に照らし、またみずからの調査に基づき、整備上のいくつかの問題点が指摘された。調査対象四三市町村の焼却施設処理能力の一九八四年度処理実績に対する比率は全体で一・五倍となっていたが、一部の市町村（一一市町村が二倍以上、そのうち三倍以上が五市町村）は施設整備計画の時に、計画処理量の過大算定を行なっていた。つまり、焼却施設の新規保有規模が実際の必要処理能力を上回り、その結果、既存の使用可能の施設が放置され、増設された施設が使用されるという非効率・非経済性という問題が生じていた。

その原因は行政の実施・運営上の問題であると、行政監察では結論づけられた。当該監察によると、その原因は以下の三点である。第一に、当初の施設規模算定の基礎となる計画処理量の基準は人口の増加などを中心にして、結局一時的な地域開発による特別の人口増加など過去のデータが利用されており、最新人口データを利用しないケースがあること。つまり、結果として、計画処理量の将来推定値が計画目標の年度の実績との差が生じ、予測値が過大となったのである。第二に、厚生省が指定する廃棄物施設整備に関する将来推定値の算定基準に可燃ごみ・不燃ごみの区別、都市規模、産業の特徴などの具体的な要因を加えなかったこと。すなわち、構造指針における規模算定基準は具体性が欠如する結果となり、厚生省に構造指針の見直しを行なうよう勧告したのである。また第三に、厚生省や都道府県による市町村整備計画の審査基準に問題が存在する。審査基準としては、建設用地の確保と付近住民の協力などが重点に置かれて、市町村の規模算定の適否について特別の規定がないこと。これに対して、厚生省は規模算定にも重点を置き、施設の整備計画に対する審査を徹底するよう勧告を行なったのである。総務庁行政監察はこのように問題の指摘、改善案の提示だけで終わるのではなく、問題の所在、原因の解明も重視する。[61] これは第一線で活動する監察職員のヒアリングや実地調査によるところが大きく、また対象とする省庁を説得するために必要な材料ともなるのである。

最終処分場の確保

最終処分場の確保は地域住民の反対もあり、厳しい局面に置かれている。行政監察では調査対象の四四市町村のうち、四二市町村が最終処分場を設置しており、その残余年数は四、五年であるが、新規処分場確保の見通しのない市町村も二六あり、全体の五九・一%を占めるという結果が出されている。この状況を背景に、最終処分場の確保ができない一部の市町村は処理業者に依頼するか、また満杯になった現埋立地にごみを山積みし、これを放置して、環境問題にまで発展させていったのである。

最終処分場確保の厳しい現状に対し、当該監察は、調査対象の中から長期計画を立てて、確保の効果を実際に挙げた事例をプラス評価で紹介した。総務庁は、これらの先進事例から成功の要因をまとめて、各市町村に、整備計画の早期着手・住民の合意形成に向けた環境保全・埋立跡地の高度利用などの最終処分場確保の施策を推進させるよう厚生省に勧告を行なった。

また、最終処分場の確保は、市町村の行政区画内に求めることが困難となっていることから、広域処理が政策課題として挙げられている。広域の問題を解決する際には、都道府県の指導・調整・仲介などが必要となる。しかし、多くの都道府県は、一般廃棄物処理が市町村の管轄という理由で広域処理の推進に対し消極的な態度をとる。このことに関して、当該行政監察は一部事務組合の組織化、用地選定にかかる関係市町村の間の調整について、都道府県がより積極的な役割を果たすことをめざし、厚生省に対し必要な措置を講ずるよう勧告を行なった。

ごみ焼却施設および最終処分場の維持管理の適正化

一般廃棄物に関する行政監察の最後には、ごみ焼却施設および最終処分場の維持管理の適正化を取り上げて、国民の健康・安全に密接な関係のある大気汚染・水質汚染を防止する視点を強調している。

まず、厚生省はごみ焼却施設について、施設から排出された排水・ばい煙などが環境を汚染しないように、「廃掃法施行規則」(一九七一年、厚生省令三五号)を策定し、施設の基準を定め、またその管理者が、「水質汚濁防止法」(一九七〇年、法律一三八号)と「大気汚染防止法」(一九六八年、法律九七号)の規定された排出基準への適合状況を確認するため定期的に検査を受け、その結果の記録を三年間保存するよう指導している。第二に、最終処分場について厚生省は、「一般廃棄物の最終処分場および産業廃棄物の最終処分場にかかる技術上の基準を定める命令」(一九七七年、総理府・厚生省令一号)を定め、最終処分場の構造がこの命令に規定されている構造基準に適合しなければならないこと、およびその管理者に対し、定期検査の実施を行ない、検査結果の記録を五年間保存するよう指導している。第三に、厚生省は、都道府県に対し、水質・ばい煙などの定期検査を実施し、また年一回市町村から検査結果の報告を提出させるよう指導している（「一般廃棄物処理事業に対する指導の強化について」〈一九七七年一一月、環整九四号〉）。

この項目について、総務庁は政府施策の実施状況と施策の問題点を行政監察の視点として調査を行なった。この時八五の水質規制対象施設と九二のばい煙規制対象施設を対象として行政監察が行なわれたが、その中に検査項目の全部と一部の定期調査が実施されていない施設は、水質・ばい煙部門それぞれ四施設があると指摘されている。これにより水質規制対象施設の八施設とばい煙規制対象施設の六施設は検査頻度が不足していることが明らかにされた。なお、わずかだが検査結果を報告しない施設も含まれていた。

またこの行政監察においては、水質とばい煙の排出規制基準の適合状況が調査され、定期調査を実施している焼却施設と最終処分場について水質部門の五施設、ばい煙部門の一七施設が法定の排出基準を越えていることが分かった。こうした状況に対し、総務庁は厚生省に、排出基準超過状況を改善させるため、市町村における的確な対応措置の実施を指導し、また都道府県に関して市町村の定期調査結果の収集を徹底させるよう勧告を行なった。

ダイオキシンは発ガン性、催奇性の物質であり、長期に排出された場合、人間の健康を損することがあるとされている。ところが、現段階においてはその排出量が健康影響まで至っていないという専門家の報告から、厚生省の規定された定期検査の項目から外されていた。ダイオキシンの一種であるＴＣＤＤｓが東京都内の廃棄物処理工場の排煙から検出されたことから、総務庁は、この問題についてダイオキシンが将来の規制対象になるかどうかを検討するために、厚生省に対し、規制対象になっていない有毒物質のごみ処理や焼却場からの排出状況などを監視するよう勧告した。

このような科学データの必要な分野に関して、行政監察がどこまで指摘すべきかという問題は難しい。しかし住民の健康を守るという行政本来のありようからすれば、総務庁の指摘は重要性を持つ。実際に、この時の行政監察でダイオキシンの排出量が厳しく規制されていなかったため、今日になって住民の間で不安が広がり、社会問題にまで発展していったのである。(62) ＨＩＶエイズ訴訟にかかわる厚生行政の問題にも象徴されているように、とくに国民の生命に関連する問題に対し、国内の研究結果をただ待つのではなく、監視にとどまらず諸外国との比較などを通じて一歩進んだ評価や監察を行なうのも一つの方法であるだろう。

また、当該行政監察においては、廃棄物処理の最後段階である埋立跡地の管理について勧告が行なわれた。マイナス評価として二つの事例が取り上げられ、適正な管理が必要であると強調された。なお、ここではプラス評価と同様、行政機関の実名は伏され、記号によって市名が表現されている。

行政監察の執行の特徴と問題点

以上、廃棄物の処理・再利用についての総務庁行政監察を、一般廃棄物の場合を中心として考察してきた。たった一つのごみ行政の監察事例のみでは行政監察の全体像を描くまでには至らないが、行政監察の執行上の特徴・問題点をいくつか指摘しておきたい。

(1) 総務庁行政監察は、政府施策の推進を重点として行なわれている。監察テーマの選定過程やこの行政監察にもみられるように、廃棄物の収集運搬が廃棄物処理過程の第一段階であるが、当面の行政改革推進に関する閣議決定の推進を強調するため、地方公共団体における事務・事業の民間委託をこの行政監察の最初項目に取り上げ、これを重要視した。また、経済性・効率性の視点からの監察では、これを問題発見の突破口として行政上の問題点、発生原因および具体的な改善策を見つけだし、関係行政機関に勧告するようにしている。これは総務庁行政監察の価値判断であり、監察・評価の一つの基準となるものである。

(2) 合法性を重要基準に評価が行なわれている。行政監察の実施において、まず国の法令や関係省庁の通達および当該省庁の調査結果などから当該行政の実施過程における問題点を検証して、行政運営上の改善すべき点について具体的に勧告が行なわれている。また個々の合法性基準に反する問題については、実名を伏して事例として紹介され、それを糾弾するのではなく、主管官庁に勧告し行政運営全体の改善を図ろうとしている。さらに関係省庁の提示した資料を利用するが、主としてみずからの調査結果を基準に評価を行なっているという特徴がみられる。

(3) マイナス評価ばかりでなく、プラス評価も事例として取り上げられている。これによって望ましい経験を普及せしめ、もって行政全体の運営の改善に寄与するのである。これは、会計検査院のマイナス評価中心の検査運営の仕方とは異なる。地方自治体の政策立案能力・執行能力の向上に伴い、地方自治体のよい施策・方法の全国的普及と所管官庁へのフィードバックの観点から、プラス評価の公表などその具体化と活用をいっそう制度的に推進することが重要であろう。

(4) 行政監察の実施が、実地調査期間にもかかわらず、勧告・公表の直前に指摘すべき問題が発見された場合でも、行政監察の結果報告書に盛り込まれるようになっている。また、行政監察の設定した調査時期も固定しておらず、調査時期以前の問題点や事例なども監察の内容に加えられている。

(5) 行政監察は、本庁行政監察局を含む二〇前後の地方支分部局を動員するのが通常だとされている。[63]「廃棄物の処理・再利用に関する行政監察」の場合、本庁行政監察局、全管区局（七）、中国四国行政監察支局、一〇の行政監察事務所の調査体制で監察が行なわれた。他の行政監察も同時に実施されているので、一つの行政監察に全国すべての出先機関を集中させるのも負担が大きいためか、総務庁の全国的調査網を動員する形をとっていない。これでは完全に全国における行政全体の実情を把握したとはいえないであろう。

(6) ごみ行政もそうであるが、とくに最終処分場の確保問題は大きな社会問題であり、広範な住民の合意がないと進めにくい側面もあるし、また効果も出ない。行政としてどう取り組むべきか、どういった施策が有効なのかを見いだすことも重要であるが、もっとも基本となる一般住民の意見を、たとえば行政相談委員の活用や住民アンケートなどの新しい行政監察手法を活用・開発すれば、行政監察の結果に反映しうるし、新しい改善策も模索できる。またこれは行政監察の本来の主旨にも合致することである。

(7) 住民の健康を著しく害する恐れがあるダイオキシンなどの問題は住民にとって関心が高く、これらの規制基準を越えた実例を実名で公表することが今日の情報公開の流れにおいて重要であるばかりでなく、またこれによって住民による行政監視ももっと効果を持つようになると思われる。だが、こうした状況では、プラス評価においてもマイナス評価においても、具体的な市町村の名称は示されていない。総務庁監察行政は、行政運営全体の改善と事前防止を理念とするため、個別の不正・不当の摘発には乗り出さない。したがって実名公表もありえないこととなるのであろう。またこれらの情報は専門性が高いため、情報の公開を関係行政機関に求める方法も行政監察の一つの重要な評価視点として有効であると思われる。

第五節　行政監察における勧告後の展開

行政監察過程の最終段階は、勧告後の勧告効果を確保する過程であり、すなわち行政監察結果のフォローアップ段階である。本節では、この行政監察のフォローアップ段階について考察する。

1　行政監察結果のフォローアップの過程

前出の図2-2にも示されているように、勧告後二回にわたって対象省庁には回答報告が求められる。そのうち第一回目は勧告についての回答である。この回答は原則として勧告後の三カ月以降に求められるものだが、その内容は「具体的に指摘事項毎に予算措置や法律改正、政省令の改正、通達の改正等、どのような措置を講じた」[64]かに関するものである。第二回目は、勧告に基づいて対象省庁がとった改善措置の実施状況に関する照会であり、原則として前回回答の六カ月後となる。またこれらの回答を受けて、措置内容が不十分だと認められる場合、再び関係省庁と「調整し、すり合わせを行う」[65]ことになるのだが、また必要に応じて行政監察局においては改善推進のための推進監察を実施するようにもなってきている。

「総務庁設置法」の第五条第七項には、総務庁長官が「関係行政機関の長に対し勧告をしたときは、当該行政機関の長に対し、その勧告に基づいて執った措置について報告を求めることができる」と定められている。また、総務庁長官は行政運営の改善に必要な時、内閣総理大臣に対し、関係行政機関の長に所管事務の改善を指示するよう具申するなどの監察効果を確保するための権限が与えられている。しかし、この中で内閣総理大臣への要請のような総理大臣の行政権の行使は、総務庁の監察行政内部においてはほとんど考えられておらず[66]、監察対象省庁に改善報告を求めることなどが行政監察の効果確保の手段として一般に用いられている。

ただし、行政全体の改善を進めようとするという趣旨から「勧告の中で、多数の省庁に関係する事項が多い場合」または「全省庁に関係するテーマ」の場合、総務庁長官が閣議に報告することになっている[67]。これは長官の発言によって、改善を「後押し」して促すという見地から行なわれるもので、一九九〇年代以来「都市防災、震災対策の勧告」や「規制緩和のフォローアップ調査の結果」などについて一一件の閣議報告がなされている[68]。

「勧告実施要領」[69]においては、総務庁が、内閣総理大臣に対し、関係行政機関の長に所管行政の改善を指示するよう求めるのは、総務庁の「重要な勧告事項について関係行政機関の誠意ある改善措置の行なわれない場合」に限られている。しかし、同要領にも定められているように、「重要な法令、制度の改廃に関する事項については、原則として検討の必要を指摘するに止める」とされている。法令・制度の見直しは行政監察においてもっとも困難なことであり、しばしば総理大臣の出番が必要になるとも考えられるのだが、これによって事実上、関係省庁に対しては大きな迂回の余地が与えられ、総理大臣の改善指示の機会はみられなくなっていったのであろう。

勧告に対する回答については、その回答を分析してどの程度の改善が行なわれたかを、六つのランクからなる対照表で区分けしてチェックしている。あるいは改善の進行管理が行なわれている。たとえば、A1は「勧告どおり改善措置のとられたもの」、A2は「勧告の趣旨に沿って改善措置をとったが、その実効をあげるのに日時を要するもの」、A3は「改善措置をとることが予定されているもの」、Bは「一部の改善措置のとられたもの」、Cは「改善につき検討中のもの」、Dは「勧告の実現見込み薄のもの」といった順で、勧告の内容とそれについての回答を比較・整理して、勧告内容と監察効果の確保が進められているのである。[70] これもまた実際に勧告の内容がどの程度関係省庁に受け入れられているかを検証するものであり、それぞれの行政機関が示した「誠意」の度合いをみるためのものでもあろう。

改善報告を求める権限が法的に付与されたといっても、勧告してから三カ月後の勧告に基づく回答と、六カ月後の改善措置の状況についての回答期限はあくまでも「原則として」であり、目安であり、厳守せねばならない期限規定ではない。しかも実際にその期限規定はほとんど厳格に守られていない。すなわち、行政監察の対象機関に対する拘束性は乏しいといえよう。一九九〇年度の改善措置の回答状況（表2-8）にも現われているように、その回答についてはかなり消極的であり、回答期間は長期化の様相も呈している。

勧告に基づく回答は、勧告内容についての各省庁の意見表示である。本来の事実関係を確認して、勧告の内容を検討し、同意・反対の意思表示をするのがこの回答である。とくに総務庁行政監察が関係機関との事前の調整を重視するため、相手行政機関が勧告・公表を行なう前にすでに監察結果の内容を相当把握しているものと考えられる。こう

表2－8　1990年度における改善措置回答の状況

行政監察テーマ	勧告先	勧告の時期	勧告に基づく回答の時期	改善措置回答の時期
廃棄物の処理・再利用に関する行政監察	厚生省	87年6月25日	88年2月16日	90年7月19日
国民健康保険事業の運営に関する行政監察	厚生省	87年12月14日	89年2月28日	90年8月31日
農業協同組合の指導監督に関する行政監察	農林水産省	88年6月7日	89年7月11日	90年10月11日
留学生の受入対策，帰国子女教育の行政監察	外務省 文部省	88年6月14日	88年10月21日 89年1月18日	90年6月29日 91年2月20日
郵便貯金事業に関する行政監察	郵政省	88年6月20日	88年12月7日	90年4月9日
民活事業の実施状況に関する実態調査	国土庁 通産省等	88年6月27日	88年11月21日 88年10月18日	90年3月27日 90日4月26日
経済協力に関する行政監察（第1次）	外務省 大蔵省等	88年7月21日	89年1月31日 89年1月31日	90年5月15日 90年5月16日
食品衛生に関する行政監察	厚生省	88年7月30日	88年12月28日	90年7月20日
特殊法人に関する調査	大蔵省 通産省	88年8月25日	88年11月30日 90年2月6日	90年7月18日 90年7月31日
農業委員会等の運営に関する調査	農林水産省	89年1月17日	89年10月12日	90年12月7日
稲作に関する総合行政監察	農林水産省	89年2月9日	90年3月5日	91年3月22日
下水道に関する行政監察	建設省 厚生省等	89年8月7日	90年3月6日 89年12月20日	91年3月5日 91年2月18日
特殊法人に関する調査 ―科学技術関係法人―	科学技術庁	89年9月11日	89年12月11日	91年3月30日

出所：「その後の改善措置状況の回答」（総務庁行政監察局『行政上の諸問題――平成3年度版』1992年，618―854頁）により作成．

した状況の下で、この回答の期間が改善措置に関する回答より長期化するケースはあまり見られず、一応は遵守されているといえる状況にある。表2-8にもみられるように、一三の行政監察のうち、三カ月から半年程度までに回答する省庁がもっとも多い。延べ一八の監察対象とされた行政機関をみると、一三の省庁が半年程度で回答を行なっている。ところが、そうであっても残りの五省庁が一年あるいはそれ以上の時間をかけている。

改善措置の回答については、事情がもっと厳しい。その原因としては、勧告に基づく改善は、省庁内部の調整や他省庁との調整など困難な問題が多いことが予測できるが、とくに施策偏重といわれている行政機関にとって実際の見直しを行なうのは簡単なことではなかろう。表2-8にも現われたように、ほとんどの省庁は六カ月という回答期間の基準を大きく超過し、一年以上、なかには二年間もかかる省庁も存在する。こういった現状は行政監察の効果を確保するフォローアップ活動にとって、大きな課題といえる。

フォローアップの過程は、関係行政機関がいかに行政監察の結果に基づいて実際に行政運営上の問題を見直し、改善を行なったかを検証する段階である。本来「勧告は相手省庁に実行されなければ効果がない」[71]が、総務庁監察行政にとっては単なる監察のための監察、あるいはテーマ選定ばかりに目が奪われて監察行政の「企画偏重」ではないようにするために、この最終段階をいかに完成するかが重要な課題となる。

その改善状況によっては、ある意味で行政監察の効果や実績を見ることができる。ここでは便宜上、行政監察の執行過程を考察する際に取り上げた「廃棄物の処理・再利用に関する行政監察」に関する厚生省の回答と改善状況を参考にしながら[72]、行政監察のフォローアップの特徴を検討したい。「廃棄物の処理・再利用に関する行政監察」は、一九八六年一月~三月の三カ月間、一九八五年度第4四半期の中央計画監察として実地調査を行ない、翌一九八七年六月二五日に厚生省に対し勧告を実施した。厚生省はこの行政監察の結果に対し、翌一九八八年二月一六日に勧告に基づき回答を行ない、その後の改善状況についての最終回答は二年五カ月後の一九九〇年七月一九日に総務庁に提出した。もしこの最終回答を「廃棄物の処理・再利用に関する行政監察」の終了と考えれば、その全過程は五年半という長期間にわたったことになる。

2　行政監察フォローアップ過程の特徴と問題点

行政監察の実効性は、実証的な調査結果に基づく勧告内容や具体的な改善措置が実際の行政運営の改善・見直しにつながっているかどうかによって、判断することができる。行政監察のフォローアップ過程の特徴について考えてみるが、要約的に言えば次の五点が上げられよう。

(1)　行政監察における実証的調査の結果と勧告は、必然的に行政監察の効果を測定するための重要な要素となるものであるが、行政監察が行政府内の自省的な機能であるかぎり、まずは行政内部における自律的な改善を求めるほかはない。また、この観点から、行政監察は「監察業務運営要領」などにもみられるように、行政機関との関係が補完協力の関係だと強調されており、実際の勧告案をまとめる段階においても行政機関との調整が行政監察の実地調査以上に時間をかけて取り組まれている。そういう意味で、行政監察の勧告は関係行政機関自身が把握した問題、また彼らみずから見直そうとする改善措置にも配慮しているためか、相手機関に受け入れられる勧告を行なっているのではないかというようにも考えられる。実際に、結局、行政監察の勧告およびその問題指摘は、表面上は大概、相手機関から大きな抵抗なく受け入れられているといえる。

勧告が各行政機関に対し、強制的な行政改善の命令ではなく、拘束力を持たないという前提があると述べた。しかし、行政そのものに存在する問題を指摘する以上、またマスコミを通じて一般に公表されることを考えれば、けっして快く当該行政機関に受け入れられるものではないことはいうまでもない。実際の勧告案を取りまとめる、監察の最終仕上げの段階においては、改善策における言葉の表現だけに限っても、長時間にわたって議論され、さらに各省庁の利権に絡んだ場合には勧告案の作成段階ばかりでなく、勧告実施後も長期的の調整が必要なケースも存在しているのである。(73)

(2) 監察行政は第三者的機関によって行なわれているのだが、行政内部の監察専門家によるものでもある。これによって同じ行政専門家に共有されている困難性も理解されており、かえって根本改善策など厳しいことがいえない恐れがある。また「調整・すり合わせ」の過程を経たりすることによって、同じ調査材料でも異なる視点によって、評価も異なることもありうる。これは結局、最終的に改善・見直しのあり方が大きな幅を持ってくる要因ともなるものである。

たとえば、ダイオキシンに関する指摘は今後の規制対象にすべきかどうかを厚生省に任せたものであったが、厚生省もこの行政監察実施の一年前から同じく研究を進めていたため、実質上、厚生省には外の施策を検討する機会を促さなかったし、厚生省自身もそれ以上の措置を講じようとしなかった。しかし前述したように、その後住民の間に大きな不安が広がり、厚生省は一九九六年になって初めて全国ごみ焼却場でのダイオキシンの実態調査に乗り出し、「ダイオキシンの緊急低減対策」をまとめるに至る。(74) この時、総務庁の問題提示・問題意識が重要であったのだが、結果として厚生行政の軌道修正を迫るところまではいくことができなかったといえるのである。

(3) 勧告は、その効果を着実に上げるためにタイミングの把握も大切である。この廃棄物処理に関する行政監察においては、厚生省指導の社団法人全国都市清掃会議開催の二カ月ほど前に勧告を行なったために、総務庁の改善策が当会議による「厚生省監修・ごみ処理施設構造指針解説」の中に反映された。これについては関係省庁に配慮して、実施可能な問題指摘・改善策勧告を行なったという向きもあるかもしれない。だが、こうした手法もまた監察効果の確保に有益なものである。つまりは、行政監察にとって勧告時期の選定も課題となるといえるのである。

また、行政監察は、その効果を確保するために世論に訴える面もある。行政監察の勧告について、マスコミが取り上げて好意的に報道されるケースも多い。前にも述べたが、行政監察がそのテーマを選定する際、時々の話題性のあるものを選ぶというのがこれである。しかし監察期間が長期化し、一般に公表されても、実施した時点ほど世論の関心が寄せられないことも十分予測される。ここでは、早期の行政監察の完了と行政機関の改善措置の早期実施が重要な課題となるのである。

(4) この廃棄物に関する行政監察を見る限り、厚生省のとった改善措置の多くは都道府県に対し通知を行ない、これをもって行政監察の結果に反映し、その改善策を推進するよう指示するにとどまっている。「厚生省監修・ごみ処理施設構造指針解説」を除けば、「一般廃棄物処理基本計画策定指針」や最終処分場の閉鎖および埋立などに関する適正管理の方法策定などの廃棄物処理に関する根本的な、構造的な見直しは勧告後二年以上経過しても完成されておらず、難航中だとされているのである。根本的な行政の見直し・改善の実現を図るためには、行政監察において推進監察が実施されるようになっているのだが、しかし、行政監察制度・体制の状況からみれば、同じことの繰り返しになりかねない恐れもあるのである。

(5) 最後に、行政監察の活動とその結果についての関係行政機関や関係者の受けとめ方を考えてみたい。前述した「農協監察」は、強い個性を持った政治家、当時総務庁長官だった玉置和郎が、当時の農協による米価引き上げ政治運動に関連して、農協が「本来の仕事を忘れて政治的動きに狂奔する団体・組織」と化しており、農協は「本当に、真剣に農業のために活動」しなければならないと批判し、行政監察の実施を指示したことに端を発している。(75) 玉置の発言・決定は単なる一つのきっかけとなったにとどまらず、当時の日本の国内外情勢の変化という大きな背景を反映したものであった。

財政赤字に悩まされたアメリカは農業の市場開放を日本に迫り、日米貿易摩擦が惹起されたのだが、当時の中曽根政権は対米協調路線をとっていたために、農業・コメ市場開放問題でなんらかの妥協点を見つけだそうとしていた。

玉置はこうした背景に中曽根首相の支持を得て、農協監察を断行したといわれている。[76] 玉置は、アメリカへ研究者や総務庁職員からなる調査団を派遣し、アメリカの農業事情を調査させ、その結果アメリカの対日コメ市場開放の圧力活動を目の当たりにした。のみならず、能率性の高いアメリカの農業との競争に将来太刀打ちできないことを悟り、農協の現体質を変革しなければ日本の農業が危ういとの危機感を持つようになっていった。[77]

ところが玉置は、農協監察決定後に農協幹部との懇談の中で、農業の生産性向上、農協関連会社による放漫経営などの問題を指摘した。だが、「食管について根幹を揺るがすようなことは、今のところ考えていない」とまで約束したのである。[78] 日本の農業の現状を根本から改善するために、食管制度や農協を含む制度的な問題に触れなければ効果がないことは、今日では常識である。実際、農協関係者や一部のマスコミ、研究者からは農協監察の結果を見て、「細かい点まで調べあげたにしては農協の本質に迫っていない」であるとか、「勧告文自体はそれほどショッキングなものではな」く、かえって「より本質的な問題に迫り得なかった行政監察の限界」に対し、農協陣営としては「むしろ感謝するべきかもしれない」などといい、「政治的な行政監察[79]」であるとの批判を加えた。他方、「農協法」に定められている農協の本来の姿に照らして現実の農協とのギャップを指摘したのにとどまった農協監察を皮肉っぽく評価したものもあった。

この農協監察が「聖域」、「タブー」といわれた農協分野を監察したため、当時のマスコミに大いに報道され、そして世論の賞賛を受けた。その結果、監察行政の知名度が高められた。このことは事実だが、しかし「法令の趣旨に従った適切な運用を行うこと」や法令・規則などの徹底といった勧告のあり方は、結局「無理に現実を法令に合わさせようとする」ものであり、「見直すべきは法制度[80]」までの論理展開にまでは到達しなかったのである。

同行政監察は政治的な思惑が絡んでおり、ある意味で通常の行政監察と違って政治主導・長官指示によるものであった。そのため評価の視点も勧告の中身も政治的に左右されやすい性質を帯びていたのかもしれない。しかし農協監察そのものが従来の法運営面の、すなわち合法性評価中心の監察であったため、多くの世論を発動できても、また仮に政治的な思惑が監察行政の想定する方向に進んだとしても、どこまで制度面の変革に迫れるかという点では未知数であったといえよう。このような政策提言、制度面の見直し・評価は現制度ではどこまで実施できるか、など総務庁監察行政自身の限界を考慮することも必要であろう。また一種の諦めを持って合法性中心に徹底するならば、それでもいいかもしれない。なぜならば、制度的見直しなどは行政改革などのような大きな社会的、政治的気運がなければ、実現不可能なところが多いからである。

行政の改善を志す経常的行政監察の場合は、国民の信頼を確保するために仮に対象機関に改善措置をとるような勧告ができなくても、勧告と異なる別手段を講じて政策提言の形で世論の喚起や国民への「新しい評価チャンネル(81)」の提供などに取り組む必要がある。また、急な変化や行政機関の短期間の改善を期待せずに、長期的視野で行政課題に取り組む必要もあるのである。

(1) 行政管理研究センター『行政監察総覧 I』(一九七八年)三〇頁。
(2) 同右、二〇一頁。
(3) 同右、二〇二頁および、塩路耕次「行政監察の制度と実際」雄川一郎・塩野宏・園部逸夫編『現代行政法大系3 行政手続・行政監察』(有斐閣、一九八四年)所収、二二九頁。
(4) 行政管理庁史編集委員会編『行政管理庁史』(一九八四年)六二八頁。
(5) 同右、六二八、六四三頁。
(6) 行政審議会や行政管理局との連携のほかに、一九五六年度に実施された「国及び公社所有の不動産管理状況監察」において、行財政および特別会計管理の財産について言及したものには、管区監察局と大蔵省財務局との共同調査によるものもある。同年一一月、当時の行政管理庁長官河野一郎は、「行政監察局としては、基本的な大筋を正し、細部の事項は各省や会計検査院に任せてもよい」と検査、監査などの役割分担を言及した上で、監察の重点は、「内閣の反省に資するような重要な問題を取り上げるべき」だと発言した。これは、行政監察がもっと政策の基盤作りや政策の改善・形成へ反映されてしかるべきだとの主張である。同右、六二九―六三〇、六三五頁および、塩路、前掲、二二〇―二二一頁。

(7) 行政監理委員会『行政改革の現状と課題 昭和四二年』(一九六八年)六三頁。

(8) 行政管理庁史編集委員会、前掲書、六五三頁。

(9) 行政監察制度研究会編『新時代の行政監察』(ぎょうせい、一九九〇年)七〇―七一頁。

(10) 臨調と行革審への協力のほかに、「日本国有鉄道監督行政監察――緊急措置事項を中心として」(一九八四年)のような国鉄再建監理委員会の要請で実施された監察もある。同右、八五頁。

(11) 同運営方針は監察会議、管区局長会議での審議を経て、行政監理委員会に付議し、最終的に長官が決定する仕組みとなっている。行政管理研究センター『行政監察総覧 IV』(一九七八年)四頁。

(12) 具体的には、「政府の重要施策を中心とする主要な分野について、一貫した基本的な視点の下に、種々の問題点とその対策を、総合的な立場から有機に関連づけながら、一連の監察を実施しようとするもの」である。行政管理庁史編集委員会、前掲書、六五二―六五三頁。

(13) 塩路、前掲、二二二頁。

(14) 行政管理庁史編集委員会、前掲、六七六頁。また『事務事業の見直し制度の現状と課題』(行政管理研究センター、一九八六年)の中で、定期調査について詳しく論じられている。

(15) 行政監察制度研究会、前掲書、一三一頁。

(16) 笹岡俊夫「行政監察の実際と課題」行政管理研究センター『監察・監査の理念と実際』(一九九四年)所収、七一頁。

(17) 「地方監察の実施状況(平成元~四年度)」行政管理研究センター『データ・ブック 日本の行政 一九九四年』(一九九四年)所収、一一九頁。

(18) 同右。なお、一九五三年から二〇〇〇年までの地方監察の実施件数は、六〇八七件にのぼる。総務庁行政監察局行政監察史編集委員会編『行政監察史』(二〇〇〇年)二四七頁。

(19) 行政管理庁史編集委員会、前掲書、七一四―七一五頁。

(20) 同右、七一八頁、および「地方監察実施要領」(一九六三年一月二一日 行管乙第一〇号)行政管理庁行政監察局『監察業務関係法令通知集』(一九六六年)所収、五五頁。

(21) 行政監察制度研究会、前掲書、一四五―一四六頁。
(22) 同右、一三一、一三三頁。
(23) 同右、一三三頁。
(24) 同右。
(25) 同右。
(26) 同右、一三六―一五二頁。
(27) 熊谷敏「行政監察・監査セミナー講演」(一九九五年一月二六日) 四頁。
(28) 辻清明は早い時期に当時の汚職大量発生を抑止するために、「非違の糾弾に偏することは、これを避ける」べきだとの「監察業務運営要領」を疑問視して、「予防措置のみで、その監察効果を十分発揮し難い」として「非違の糾弾」に徹する必要があることを指摘している。辻清明「汚職を生む官僚政治――公職私有観のもたらすもの」『政治を考える指標』(岩波書店、一九六三年) 一三四―一三五頁。
(29) 総務庁編『行政の管理と総合調整』(平成七年版 総務庁年次報告書)(一九九五年) 一一二―一一四頁。これについてはしばしば批判されている。『日本経済新聞』の「綱紀点検は各省庁任せ」(一九九六年七月一六日) の中で、総務庁は各省庁が実施した綱紀粛正の点検結果を取りまとめて発表だけしたことを批判し、これは「各省庁任せの実態が浮き彫りになった」と指摘している。
(30) 行政管理研究センター『行政評価機能の実態とそのあり方』(一九八六年) 一〇頁。
(31) 増島俊之『行政管理の視点』(良書普及会、一九八一年) 二一二―二一六頁。
(32) 農協監察は、当時の農協による「強引な米価引き上げ運動に反発する形」で、玉置和郎長官の主導で実施されたといわれ、「政治的な行政監察」だとの批判もある。ODA監察は、社会党(現社民党)議員である野田哲の要請により、同じ玉置長官の強い決意で実現した監察である。政治的な側面があるにしろ、農協にしてもODAにしても、その後において重要な課題となったものであり、あえて政治的な介入によって「聖域」が監察できたということでは、その意味は大きい。行政監察制度研究会、前掲書、二五―四九頁および、増田佳昭「農協監察をどう考えたらよいか」(『農業と経済』五四巻一一号、一九八八年一〇月) 一四―一五頁。
(33) 増島俊之、前掲書、二一三頁。

(34) 監察官は全部で一〇名、当初リストアップされる監察テーマも二〇〇強となる。笹岡、前掲、六六頁。また行政監察局企画調整課長だった松田隆利は、各監察官の考えているテーマが一〇〜二〇ぐらいだという。松田隆利「行政監察の実際」総務庁行政監察局『第一四回監察・監査中央セミナー講演録』(一九九三年)所収、二九頁。
(35) 増島俊之、前掲書、二一三—二一四頁。
(36) 笹岡、前掲、六六頁。
(37) 松田、前掲、二九頁。
(38) 同右、二九、三四頁。実際に毎年行なわれているリストアップ段階では、すでに新しい必要なテーマが加えられ、さらに「検討の必要がないと判断するテーマを削除する」ようになっている。戸塚誠「行政監察のテーマ選定と評価視点」行政評価研究会『監察・監査の評価視点——行政監察結果からみた評価視点を中心として(論文集)』(一九九六年)所収、六五頁。
(39) 笹岡、前掲、六五—六六頁。
(40) 同右。
(41) 中央計画監察は、テーマの選定から実施まであくまでも各省庁の所管分野に対応して、それぞれの監察官によって行なわれる。そのため大きな監察分野が設定されても、結局各専門監察官の所管分野だけの問題として取り扱われる。「幅広い視野」の「包括的な観点」からの「テーマ設定をさらに開拓してゆくこと」が、現代行政の高度化・複雑化の現状を考えていく上でいっそう必要とされるのである。辻隆夫「高齢化社会と行政評価の視点」、前掲『監察・監査の評価視点——行政監察結果からみた評価視点を中心として(論文集)』、四三頁。
(42) 松田、前掲、三二頁。
(43) 笹岡、前掲、六七頁。
(44) 同右、および松田、前掲、二九頁。
(45) 笹岡、前掲、六七頁。
(46) 行政管理庁史編集委員会、前掲書、一一八一—一一八二頁。
(47) 総務庁行政監察局『行政上の諸問題——平成三年度版』(一九九二年)六一、二四三頁。
(48) 総務庁行政監察局『行政上の諸問題——平成八年度版』(一九九六年)一〇〇—一〇七頁。
(49) 東田親司「監察行政の課題」、前掲『監察・監査の評価視点——行政監察結果からみた評価視点を中心として(論文集)』、一頁。

(50) 森久「行政監察における定量的評価基準」、前掲『監察・監査の評価視点——行政監察結果からみた評価視点を中心として（論文集）』、一三、一五頁。

(51) 森久は「行政指標である定量的評価基準」を行政監察の「評価視点と合わせて示す」場合、以下のような三つの限界があることを指摘している。第一に、すべての評価視点に適当な評価基準が存在するわけではない、第二に、評価基準の検討により評価視点における問題が必ずしも明らかになるわけではない、第三に、たとえ問題の認識・明確化がなされたとしても、当該の評価視点の一部分の問題しか明らかにしていない可能性がある。森、前掲、一四—一五頁。

(52) この三次評価視点に関する考えは、当時総務庁官房審議官だった東田親司の発案によるものである。東田、前掲、五頁。

(53) 西尾隆「行政評価と対市民規律」、前掲『監察・監査の評価視点——行政監察結果からみた評価視点を中心として（論文集）』、四八頁。

(54) 中央計画監察に関する事前通知の資料がないが、地方監察の事前通知が入手できた。たとえば、東京都に対する「住宅に関する行政監察（調査）の実施について（通知）」（一九七〇年四月一七日）の中で監察の目的、担当監察官名、実施期間を通知したものがあるが、具体的な調査日程については、「別途連絡」する形で同時に知らされていなかった。またこの通知の中で、監察（調査）項目も「住宅需給計画について」、「政府施策住宅について」、「民間自力建設住宅について」、「宅地開発等について」、「関連公共施設等について」の五項目しか明示されなかった。東京都企画調整局調整部『行政考査資料集』（一九七一年）一五五頁。

(55) 「監察業務運営要領」の中には、関係行政機関自体の監察機関または監督機関とは補完協力の関係にあり、「緊密の連係」を保持することを重視する監察方針が明示されている。また監察される関係機関を監査・検査する権限のある機関とも「常時密接な連絡を保持し、相協力」することも監察運営の重要な方針となっている。

(56) その事例としては、一九八九年第1、第4四半期実施した「特殊法人に関する調査——業績評価」がある。第1四半期の後に当該行政監察の参考のため、学識経験者による「特殊法人業績評価制度研究会」を同年五月三一日と九月二七日二回にわたって開催された。この研究会を通して、第1四半期の調査結果が検証され、また行政部外の学識経験者から聴取された参考意見は、次期の第4四半期の調査に役立てるなどの利点があった。これも行政監察の一つの方法である。総務庁行政監察局『行政監察月報』（三五五号、一九八九年）一三頁および（三六一号）四頁。

(57) 行政監察に関して公表されている内部準則は、「監察業務運営要領」、年度ごとの「監察業務運営方針」などがある。これ以外にまた「中央計画監察実施要領」、「所見表示実施要領」、「監察実施基準」などが、行政監察の過程を実際に規定している。このうち、「監察実施基準」が公表されていない。

(58) ここでの考察は、総務庁行政監察局編『廃棄物の処理・再利用に関する現状と問題点』(一九八七年)を参照した。

(59) 一九六五年度第2四半期実施の行政監察から、監察の際発見した「他の模範となる推奨すべき事例」を推奨事例として、管区局などから具体的な報告に基づき勧告の際に、模範となる機関名および人名などを含む推奨事例報告を当該省庁に連絡するなり、公表するなりの措置をとっている。該当事例は、行政運営の合理化、能率化を促進したもの、経費の節減あるいは国庫収入の増加等に寄与したもの、国民に対するサービスの向上に寄与したもの、その他の行政運営の改善に関し、特別な成果を挙げた場合からなっている。「推奨事例報告要領」(一九六五年七月六日行管察第九一号)、前掲『監察業務関係法令通知集』、五〇頁。

(60) 勧告の際に総務庁は改善策を提示するのが普通であるが、地方支分部局に対しても調査結果報告書に問題点の指摘、監察結果の説明以外に「できれば具体的な改善案を付記する」ことも要求している。「中央計画監察実施要領」(一九六五年一〇月一日行管察第一三九号)、前掲『監察業務関係法令通知集』一九六六年、四六頁。

(61) 総務庁行政監察の実施においては、出先機関に対して中央が想定した問題点の検証を求めただけでなく、「監察項目ごとに『問題点』とこれに対する『説明』とに分けて」文書化することも求め、原因の解明に努めている。こうした実地検査および文書説明による原因追及によって初めて問題点が実質的に検証されるのであろう。同右。

(62) ごみ焼却施設から排出されたダイオキシンによる不安から、茨城県新利根村の住民が自主的に調査を行なった。行政側はダイオキシンの「排出が規制されてない」という理由で適当な処置を行なっていないが、住民がデータなどを採集して、専門家に依頼する動きもある。「住民が癌死を調査した――茨城・新利根村ゴミ焼却場に強い不安感」(『AERA』一七号、一九九六年四月)一一二―一一四頁。

(63) 行政監察制度研究会、前掲書、一八頁。

(64) 熊谷、前掲、一二頁。

(65) 同右。

(66) 総務庁官房審議官だった勝又博明は『行政監察月報』(三一四号、一九八五年、一頁)に寄稿した「無題」の中で、行政監察は相手省庁の理解・納得を得るのが現制度の条件下で主要な問題であり、「監察は弱いものである」が今後も「弱い監察に徹すべき」だと主張した。さらに、行政監察が行政内部の自律的、自浄的な機能であり、行政監察の効果を確保するために総理大臣に意見を申し入れ、助けを求めることは「友達との喧嘩に先生の助けを求める」ことと同一視している。

(67) 笹岡、前掲、七〇頁。閣議への報告に関しては大まかな基準があるようで、資料としては古いが、参考までに引用したい。「勧告実施要領」によれば、「業務運営に関する特に重大な是正並びに重要な法令、制度の改廃を勧告する場合」は閣議報告しなければならないが、この場合以外においても「適宜、閣議に報告する」ことが定められている。「勧告実施要領」（一九五六年二月一一日次長通達）、前掲『監察業務関係法令通知集』、五二頁。

(68) 笹岡、前掲、七〇頁、および熊谷、前掲、一二頁。

(69) 「勧告実施要領」は資料として古いが、参考までにここで記した。前掲「勧告実施要領」。

(70) この資料も極めて古いが、参考のために引用した。「勧告に対する回答の取扱について」、前掲『監察業務関係法令通知集』、五二―五三頁。ただし、実際に各担当監察官はフォローアップ段階において「監察事務の進行を示す表線」を用いて、改善状況を監視している。松田、前掲、三〇頁。

(71) 笹岡、前掲、七一頁。

(72) ここで引用した「廃棄物の処理・再利用に関する行政監察」に関する「回答要旨」および「その後の改善措置状況要旨」は前掲『行政上の諸問題――平成三年度版』、六一八―六二六頁を参照した。

(73) 行政監察の改善策が関係行政省庁において実施されずに、内閣官房の調整や内閣総理大臣の仲裁を受けて、ようやく決着がつけられるような勧告後の調整もある。行政監察制度研究会、前掲書、二八―二九頁、および行政管理庁史編集委員会、前掲書、六五五、六六九頁。

(74) 「ダイオキシン一斉調査――ゴミ焼却施設一八〇〇カ所」『日本経済新聞』一九九六年七月一一日。

(75) 樋口恒雄『玉置和郎の遺言』（飛鳥新社、一九八七年）五五頁。

(76) 同右、八二―八三頁。

(77) 同右、八三―九七頁。

(78) 同右、九六―九七頁。

(79) 増田、前掲、一四―一六頁。

(80) 山本修「見直すべきは法制度」（『農業と経済』五四巻一一号、一九八八年一〇月）三頁。

(81) 西尾、前掲、五四頁。

第三章　地方自治体の監査委員制度と行政監査

総務庁行政監察に類似する制度に関し、地方自治体においてはまず、すべての地方自治体に置かれている監査委員制度を挙げることができる。監査委員制度は、ほぼ戦後日本の本格的な地方自治の始動を象徴する「地方自治法」の制定とともに誕生した。その後いくたびかの「地方自治法」の改正によって、監査委員制度は変化してきた。また、一九九一年の「地方自治法」の改正によって、いわゆる行政監査が監査委員の権限として法的にも認められるようになった。本章では総務庁行政監察との関連から、地方自治体の監査委員による行政監査について考察を行なう。

第一節　監査委員制度の歴史的沿革とその制度構造

本節ではまず、行政監査の権限が監査委員制度の中に法的に加えられるまでの、地方自治体における監査委員制度の沿革を簡単に見ておきたい。その上にさらに監査委員制度の本質について考察してみたい。

1　地方制度改革からみる監査委員制度の沿革

地方自治体の監査委員制度は通説的にいえば、地方自治の維持・保障や自治体監査の確立および住民自治の保障といった観点から、地方議会の議員や学識経験者の中から一定数の人物を地方自治体の首長が選び、議会の承認を得て地方自治体の行財政にかかわる事務・事業などについての検証・監査を行なわせる、長などの執行機関から独立した独任制の機関を中心とするものである。とくに近年来、監査委員制度について、外部監査の導入と独立性の強化などによる地方自治体の監査体制の充実を求める声が高まっており、制度上の変革が起きている。(1) ここから監査委員制度の本質についての再確認も必要な作業となるだろう。

戦前の地方自治体の監査

戦後の「地方自治法」制定以前には、監査委員と称する制度こそなかったが、これに類似する監査的機能は存在していた。近代日本の政治体制の始動とともに、一八九九年の府県制と一九一一年の市制・町村制の改正が行なわれる。この際、府県の議決機関である府県会の間接選挙で選ばれた府県参事会による府県の出納検査と、市町村の議決機関である市町村会から選任された委員による市町村の事務管理、議決の執行および出納に関する検査ができるような制度が併設された。(2) 東京府(現在の東京都)の場合は、府参事会から選ばれる委員による実地出納検査のみならず、府「参事会による臨時出納検査と決算の検査」(3) も行なわれていた。

しかし全体的にいえば、当時の地方自治は、今日に比べまだ脆弱な状態にあり、そうした検査もほとんど機能していなかったようである。(4) 昭和に入ると、戦時体制が敷かれ、自治体は住民自治はおろか、議決機関による監査機能も「戦時体制」下に進められていた強い「中央集権化」によって、(5) いっそう衰退していくこととなったといわれている。具体的には、終戦前の一九四三年に府県制と市町村制が改正されて、府県参事会による出納検査の権限規定が削除される。ここに完全に内務省による「行政監査」が行なわれるようになった。またこのとき、市町村会の持っていた調査権限も書面検査権しか認められないようになっていったのである。

地方団体の議決機関による監査権限が廃止・削減される一方、この時点で従来の市レベルの行政の内部監査機能が法的に強化される。一九四三年三月の市制改正によって、勅令により指定する市（京都市、大阪市）と内務大臣の指定する六市（名古屋市、横浜市、神戸市、広島市、福岡市、川崎市）に「市長が市会にはかって」「有給の吏員」一名を考査役として選任し、他の市も同様に「考査役の職務を行う者」が置かれるようになった(6)。

考査役は市長の指揮監督下に置かれ、市政の管理経営や出納検査を中心に活動し、その検査結果を市長に報告するのだが、議決機関による外部監査とは性格上、異質なものである。また考査役の補助機関に関する規定もなく、住民との関係においては「たんに市会に諮って選任する点に止まり」、当然住民への公表など住民自治の確保が考慮されていなかったようである(7)。後の監査委員制度樹立の展開において、監査の独立性の問題、内部監査か外部監査かの問題がずっと尾を引くようになることを念頭に置けば、これらの問題に戦前・戦後の関連性を見ることもできるのである。

「地方自治法」制定までの地方自治体監査

監査委員制度は、新憲法と「地方自治法」の制定前に発足され、終戦直後の本格的な地方自治の始動、戦後民主化の流れの中で発生した。一九四六年一〇月、第一次地方制度改革が行なわれたが、これによって都道府県と市町村でほぼ同様に監査委員制度が創設された。この改革の中で、出納などの監査に携わる監査委員を、東京都（六名）、道府県や京都、大阪、名古屋、横浜、神戸五大市（四名）、それにその他の市と町村（二名）は、「条例で置くことができる」ようになり、また、その構成は「それぞれ議員と学識経験者を各同数(8)」とされていた。

これには住民の代表である議員と専門家である学識経験者双方による監査委員制度への参加が、地方自治体の経営管理や出納検査、決算審査などの監査業務を担当することによる、監査制度そのものの権威ないし監査の専門性を高める狙いがあった。

当時の監査委員は身分上、地方自治体の吏員であり、当該自治体の長の指揮監督を受けなければならない長の補助機関であった。しかもその補助機関は、従来の考査課または調査課のままとされていた。それにもかかわらず、監査結果は長や議会に報告する上に、当該自治体の長はそれを住民に公表し、また改善施策の実施方法などについてはそれぞれの自治体に任されるものとされていた。このようにして、地方自治の確保、住民との関係改善に大きく寄与するものだと考えられていたのである。

一九四六年の第一次地方制度改革の段階では、まだ「地方自治法」と新憲法が制定されておらず、改革は東京都制、府県制、市制および町村制の改正によって、従来の旧制度のもとで行なわれていた。当時知事の公選や地方議会の権限強化など地方自治の推進策が講じられたが、依然として内務大臣による都道府県への監督と「知事及び内務大臣」による市町村への監督が残存していた。(9) しかし、この時期における監査委員制度の創設によって、今日の監査委員制度の原型が形成されたのである。

「地方自治法」と監査委員制度

多くの課題が残された監査委員制度の次の変革は、一九四七年四月の第二次地方制度改革である。第二次地方制度改革の段階では「地方自治法」が制定され、その中では監査委員の身分について、「監査委員は長と対等の立場において監査を実施する特別の機関となり、その身分は当該地方公共団体の吏員ではなく」なった。(10) また同法においては、独任制の機関であること、監査の業務補助である書記の任免権限や監査結果の公表権限、議長の要請に応じて議場への出席義務、議会で採択した請願が監査委員に処理を求める時、監査委員が議会に対し処理結果の報告を行なうなどが規定された。

この「地方自治法」の制定によって、地方自治の確保および住民自治の保障を唱える戦後民主化改革の視点から、法制度面における監査委員制度の権限強化がなされることとなった。また監査委員の定数についても改正が行なわれ、都道府県必置の監査委員数は四名、市に関してはその規模と関係なく定数二名となって条例によって設けることができるようになった。「地方自治法」の施行後、東京都は同年七月に監査委員の補助機関として総務部監査課を設けたが、当該部署は知事の行政考査事務の補助も担当していた。[11] こうして「団体自治の保障である地方の自主的・自律的な監査制度」が確立され、「住民自治に資するための監査機関の独立性、公平性」[12] が色濃く反映されるようになった。

この時点では監査委員制度の根幹がほぼ確立されたが、監査委員の制度的展開は主にその後の「地方自治法」の改正によってなされたのである。

(1) 一九四八年の法改正による監査補助職員の任免権限の変化

一九四八年の法改正によって、監査委員の監査業務を補助する書記の任免権限が監査委員から地方自治体の長に移された。この変化は独立した外部統制を標榜する監査委員制度に対して大きな影響を与えた。他方、政令指定都市の監査委員の定数が四名まで増員され、さらに監査委員の権限は納税者訴訟制度の実施に伴い、「職員の違法または不当行為の矯正措置の請求に関する監査権限」が加えられ、監査委員体制の強化と監査内容の充実が図られた。これは、住民参加による地方自治制度の充実を図る改正であるが、同時に「監査委員の機能」が「相当重要視され」た結果であるといえる。[13]

(2) 一九五〇年、一九五二年の法改正による監査業務の拡大と自治体の合理化

一九五〇年の改正においては、地方自治体の財政援助団体の出納などの事務に関する監査権限、職員の賠償責任監査権限などが加えられ、監査委員の権限強化が図られた。一九五二年八月の改正時期は、ちょうど講和条約発効の直後にあたり、日本は占領中の行政制度に関する整理を行なった時期であった。一九五二年の改正においては、地方自治体の事務運営の能率化・合理化の観点からの監査機能が重視され、改善事項について意見表明ができると規定され、

監査委員機能の強化が講じられた。また監査委員は原則として非常勤であるとされたが、学識経験者の監査委員任命については常勤とすることが可能になった。(14)

(3) 一九五六年の法改正による監査委員の身分規定と監査の公正性確保

さらに後年の一九五六年の法改正によって、監査委員の任期が延長され、議員の場合は従来の二年から議員任期中に、学識経験者の場合は従来の二年から三年に変わった。また監査の公正性を確保するために監査委員の資格に関する欠格規定と除斥規定も定められた。さらに関係者の出頭、資料の提出などについての調査権限も新たに強化され、国の監査に対する協力や、長の要求による予算執行に関する監査なども規定された。(15)これらの新たな規定によって監査委員制度が補強された。

(4) 一九六三年の法改正による監査委員の必置制

従来の市町村の監査委員任意設置制に関しては、一九六三年の法改正によって必置とされるようになった。また「その職務権限を財務監査に限定した」ことも この回の法改正によるものだといわれている。(16)それから代表監査委員制度(補助職員の任免などの庶務事項などの処理)がこの時期に新設された。この法改正による全自治体の監査委員の必置制に伴い、地方自治体の実情などが考慮された形で、監査委員の定数や選任方法などが改正された。とくに学識経験者選出の監査委員を「知識経験者とし、資格の要件を定め、議会選出の監査委員との同数主義を改め(17)」るなど監査委員の資格と定数について、規定が柔軟なものに変更された。また監査委員事務局の法定化もこの回の法改正によるものである。

(5) 一九七四年、一九九一年の法改正による知識経験委員の任期変化と行政監査の規定

一九七四年の「地方自治法」改正によって、「知識経験を有する者」から選任の監査委員の任期は四年に延長されるようになった。一九九一年三月の改正で監査委員の監査対象が機関委任事務まで拡大され、監査委員による「行政

監査」が法的に認められるようになった。この「行政監査」の内容と実際については次節で検討する。また、この法改正によって、OB委員の選任も制限された。つまり、「知識経験」委員が二人以上の場合、少なくとも一人は選任前の五年間においてその地方自治体の職員ではないということである。

監査委員制度の意味

戦前のような中央集権体制の終結とともに、戦後日本の地方政府にとっては、地方自治に相応しい自主・自律的監査制度の確立も必要となった。その意味で、戦後地方自治体の監査委員制度は、真の地方自治を獲得するために創設された自治監査の制度であることが望まれた。

さらに、住民の代表者である議員による監査委員制度への参加も同制度の本質ないし理念を理解する点からいうと重要なポイントとなる。その上、自治体監査が実効的に行なわれるための、住民による直接参加や納税者による監査請求、監査委員による監査結果の公表といった住民自治の視点が加味されてきた点も重要である。

地方自治体の監査委員制度は、戦前・戦時を通じての議決機関による監査機能の弱体化という経緯から出発し、権限と対象を拡大させてきた。また、こうした監査機能の充実に伴い、監査制度の内容も複雑なものとなってきた。監査機能の重層化・複雑化については後述するが、監査委員制度の重要な特徴は、戦後住民自治を獲得するために制度として成立したことからも汲み取れるように、地方自治、住民自治の担保の役目を持っている点にあるといえる。二十世紀後半における本格的な地方分権の流れの中で、監査委員制度はその本来の役割が果たされたかどうかを検証する場合、この原点に立ち返ることが肝要だと思われる。

2　監査委員制度の制度的本質と「監査行政」

ここまで地方自治体における監査委員制度の成立の趣旨や背景、制度の沿革について、「地方自治法」の改正をたどりながら、簡単に見てきた。半世紀も歩んできた監査委員制度はその内容が複雑となり、「会計検査院をはじめ他の監査機関にその例をみない広範囲の監査機能を果たす」ようになっているといわれている[18]くらい、大きな変貌ぶりを見せている。ここでは、監査委員制度の構造とその運用の実際を考察する。

監査委員の構成、身分および制度の性格

国法レベルからすると監査委員制度は必置であり、すべての地方自治体に置かれている。ただし自治体の規模に応じて監査委員の定数が異なっていたり、実際の運用においてはそれぞれの自治体の実情によっていたりするなど、それぞれの監査委員制度は同一のものとは言いがたい。都道府県と政令で定める市では四名の監査委員が必置となっており、他の市においては条例の規定により三名または二名、町村の場合は条例の規定により二名または一名とされている[19]。

監査委員の人選は、議決機関による監査という創設理念から、議員の参加が基本条件となっている。すなわち、定数一名の場合でも議員から選出しなければならないということである[20]。またこの理念を保つために、自治体の長が監査委員を任命する時、議会の承認を必要とする。議員から選任する監査委員（以下、議選委員）のほかに、「財務管理又は事業の経営管理について専門の知識又は経験を有する者」から、「監査委員の定数が四人のときは二人又は一人、三人以内のときは一人とする」ように選任することが「地方自治法」第一九六条に定められている。

さらに監査委員に関しては、地方自治体の常勤職員による兼任が禁止されおり、「知識経験を有する」委員の場合は、二人が地方自治体のOB（元職員）の時、最低そのうちの一人が退職後五年以上経た者でないと監査委員になれない制限も設けられている。これも自治体監査の独立性・公正性を確保するために講じられた措置である。また議選委員の場合は議員活動もあり非常勤になっているが、「知識経験を有する」委員は常勤可能となっている。

そこで、監査委員制度に対する批判が集中しているのは、この「知識経験」委員の問題である。監査の能率性の向上といった観点から、当該自治体内部の行政運営に精通する「知識経験」委員の選任とその常勤制がとられたのだが、しかしこれらの委員の大半が当該地方自治体のOBとなり、監査委員の独立性・公正性の確保という点に照らすと問題を孕んでいる。たとえば、「知識経験」委員が二人定数の自治体では、「二人ともOBという自治体が四割もある」[21]が、東京都も公認会計者や弁護士といった専門的な資格を有する者の委員選任や民間人の登用は行なわれておらず、二人の「知識経験」委員がともに都のOBで通してきた。[22]全国の監査委員の選任状況は、表3-1の通りである。

近年、こうした問題に対する認識が高まり、八道府県と横浜市（政令指定都市では第一例となる）が行政外部の民間人を監査委員に加えるようになった。[23]これらの新しい動きは、監査委員制度の改革に対して一つの事例を提供し、監査委員制度改革の推進要因となったに違いない。

監査委員の身分を保証するための措置として、監査委員の選任に際しては議会の承認が必要とされ、さらに議選委員の任期は議員任期中とされ、「知識経験」委員の場合はその任期が四年と定められている。こうした制度的保障が与えられている一方、現実には「知識経験」委員が任期途中に交替するケースも見受けられる。[24]議選委員の場合は、事情がもっと深刻である。たとえば、東京都の場合は二名の議選委員がともに一年間で交替するようになっている。また、他の地方議会においても同様に議選委員の一年交代制は慣行になっているようである。[25]こうした問題は議選委員の名誉職化に付随するものであり、さらにその上に行政の専門化・高度化に伴う専門知識の要求が重なり、議選委員廃止論も行政側から出されてくるという構造があるのである。つまり議選委員の名誉職化問題と「知識経験」委員

表 3 - 1　監査委員の選任状況（平成 8 年 6 月 1 日現在）

	団体数（監査委員定数）	監査委員数（実員）	識見を有する者				議員
					非常勤の者の職業		
				OB	公認会計士等	その他	
都道府県	(47) 定数 4 名	187	93	61	14	20	94
指定都市	(12) 定数 4 名	48	24	13	6	5	24
市	(8) 定数 4 名	348	173	81	36	50	175
	(89) 定数 3 名	262	173	55	40	117	89
	(500) 定数 2 名	988	490	221	67	379	498
町　村	(2,559) 定数 2 名	5,047	2,493	624	75	2,414	2,554
	(7) 定数 1 名	7	0				7

＊　OB には退任後 5 年以上経ている者も含む。公認会計士等は，公認会計士，弁護士，税理士.
出所：成田頼明「外部監査制度導入の背景とその趣旨——新たに導入された地方公共団体の外部監査制度のあらまし」（『税理』41巻 5 号，1998年 5 月）43頁.（自治省作成資料による）

表 3 - 2　監査の種類

I　監査委員本来の権限によるもの
　1　一般監査
　　(1)　定例監査　　当該団体の財務事務の執行及び事業の管理
　　(2)　随時監査　　当該団体の財務事務の執行及び事業の管理，財政援助団体等の監査
　2　特別監査　　主務大臣等からの要求のあった場合，職員の賠償責任，議会の要求のあった場合，事務監査請求，住民監査請求
II　法律上とくに定められた権限によるもの
　　例月出納検査，請願の審査，決算の審査，職の賠償責任の免除の審査，主務大臣等の監査の代行または協力

出所：川名弘一「監査委員制度」川名弘一著『自治体の監査　改訂版——公営企業，特殊法人等を含めて』（ぎょうせい，1992年）所収，20頁.

のOB一辺倒の問題が、自治体監査委員制度の構造的問題であるといえるのであり、自治体の監査制度の本質と本来の創設理念が問われるところとなっているのである。

また監査委員は、長などの執行機関から独立し、複数の監査委員による独任制の執行機関として単独で執行・決定に当たるようになっている。この監査委員制度は監査の独立性の問題、すなわち外部監査の問題として設定されているところである。この監査委員制度についてはまだ多くの議論が見受けられる。たとえば、監査委員制度の本来の姿は、地方自治体の行政を監査し、議選委員の参加もあり、「不特定多数の住民に代わって、不特定多数の住民のために、長から独立した統制機関が監査を行ない、この監査機関は「執行機関と解することは妥当ではない」[26]といった見解などがそれである。また別の議論としては、確かに監査委員は自治体の長の他の執行機関から独立し、組織上の指揮監督を受けないのだが、しかし監査対象と同一の組織体の中にある。さらに前述した委員自体の運営上の構造的な問題もあることから、「結局、自治法監査は、内部監査と外部監査の双方の要素を持つヌエ的なもの」[27]ではないかという議論もある。こうした議論はいずれも監査委員制度の独立性をめぐる問題であるが、地方議会における総与党化の傾向や、すでに名誉職化された議選委員の問題がある以上、監査委員の監査は、形式的な監査にならないように重視されるべき問題ではないかと考える。これは、後述する監査委員事務局の問題にも重なるものであり、自治体の監査制度の存否にかかわる問題だといえるのである。

独任制の機関という法的規定は、住民監査請求や職員の賠償責任監査以外に原則となっているのだが、実際には委員協議会などを通じて合議制により重要な問題が決定されている。ただしこの監査委員の合議も多数決原理によっているわけではなく、「合議成立には委員全員の意見の一致を要すると解されており、あくまで独任制が貫かれている」[28]ものであるとされている。また、「知識経験」委員の中から全監査委員の互選によって選出される代表監査委員も存在しているが、監査委員の庶務や監査事務の調整を行なうのが普通である。東京都の場合は、この庶務担当の代表監査委員の外に、さらに「主査監査委員」も置いており、合議の取りまとめ、監査の公表、議会への監査結果の報告など、監査権限の執行に関する事務を担当している。[29] これも合議制の実態に適応させるための措置であろう。

監査委員事務局と「監査行政」

監査委員制度については強い独立性があると強調する議論がある一方で、「監査行政[30]」といわれているように、それを行政の一分野ととらえる批判もある。この議論のすれ違いはまた監査委員の補助機関である事務局に関連する問題であると思われる。少人数の監査委員が膨大な監査事務をこなすためには、実質上補助組織である事務局など補助職員に頼らざるをえないのである。

一九六三年の「地方自治法」改正により、都道府県の監査委員事務局は必置とされるようになった。市の場合は、監査委員事務局は任意設置であり、条例を定めてこれを設置できるが、町村の監査委員には事務局の設置が法的には認められていない。ただし監査委員事務局のない市町村では、監査の事務を補助するために書記または職員が置かれて、専任の職員か「長の部局の職員」による兼務[31]かのどちらかとなっている。とくに小規模の市町村の監査現場からは監査補助体制が不十分と言われている。

代表監査委員が監査委員事務局の局長、その他の職員、書記の任免をすることも法的には定められている。しかし、現実にこれらの補助人員の人事は「ほとんどの自治体で首長のおこなう職員人事異動においてなされていて」、二年くらいの期間で普通の地方自治体職員と同じように異動するようになるが、これは、「監査業務に対して、他の一般的な業務とは異なる特徴を認めていない自治体が多い[32]」ところからくるものであるといえよう。

実際に多くの監査事務は、こうした補助組織によって実施されている。公正で能率的な監査を達成するためには、監査委員事務局および監査補助職員の専門性を高め人員の充実を図ることが最重要課題である。つまり、「専任職員設置の義務化」、事務局職員の人事[33]など制度的な問題点が存在しているといえるのである。

事務局および監査委員補助職員の問題は、構造的なものとなっており、制度と現実の運用の間に大きなひずみとして横たわっている。これらの問題は前述した監査委員態勢そのもの、すなわち議選委員と「知識経験」委員双方に存在している問題であるとともに、監査委員制度の根本である公正性・独立性の確保に大きくかかわっている問題であるといえる。これこそ、「監査行政」といわれた所以である。

監査委員監査の種類とその内容

監査委員制度は、現実の運用との間に大きなズレを含むものであるのも事実だが、これは地方自治体の監査委員制度に対する見方、姿勢によるものである。こうした制度的矛盾は、また監査委員の監査活動の実効性に大きくかかわっている。ここでは、便宜上、表3-2（一三九頁）を参照しながら、自治体監査である監査委員監査の内容と職務権限について見てみたい。

まず一般監査だが、これは監査委員の職務権限として「地方自治法」（一九九条一項）に定められている、「監査委員が自らの職権により主導的に行うもの[34]」であり、監査委員監査の基本となるものである。すなわち、この一般監査は財務事務の執行と経営にかかる事業の管理の監査であるが、住民福祉の増進、行政運営の効率化・合理化の視点から監査を定例的または随時に実施することが法によって規定されている。「地方自治法」の第一九九条第一項に定例監査と随時監査が定められているが、随時監査の中には、「行政監査及び機関委任事務に関する監査」と「財政援助団体に対する監査、出資団体等に対する監査、土地信託の受託者に対する監査及び公の施設の管理の受託者に対する監査[35]」が含まれている。機関委任事務を含む行政の一般事務に関する監査は、一九九一年の「地方自治法」改正によって新しく加えられたものであり、従来の財務監査しか法的に認めなかった監査委員制度を改めたものである。この行政監査は、本書の中心である総務庁の行政監察に関連している。

他方、特別監査であるが、監査委員が自主的に実施する一般監査と異なり、たとえば職員の賠償責任の事実などに関して、長などからの監査請求という外部からの要請のもとに行なわれるものである。この特別監査は、具体的にはまず主務大臣、都道府県の知事、当該地方自治体の長から、当該地方自治体の長または委員会、委員の権限に属する事務の執行に関し監査の要求があった場合、監査することができるものである。またさらに、前出の監査とは別に議会からの要求があった場合、住民からの直接請求による事務監査と住民監査がある。

議会による監査要求は議決機関の監査機能の一つの現われといえるものである。しかし現状では、議会からの監査請求が極めて低調であるため、この制度が活発に活用されているとはいえない。住民による監査請求は、表3-3に現われているように、地方自治体の財政上の諸問題に対する住民監査請求の制度だけでなく、選挙権を有する市民による事務監査は「当該地方公共団体の事務すべてに及ぶものであって、機関委任事務についても含むものである」[36]ため、住民自治を保障するものとして重要であると位置づけうるものである。この住民意思に基づく事務監査制度は、能率的で公正な行政の執行が強く求められている今日において期待すべき制度であるということがいえるし、また総務庁監察行政の制度変革にとっても大きな参考となるものではないだろうか。

しかしこうしたいくつかの監査も、運営の実態からみればけっして楽観的に語るだけでは済まされない。一九九二年度から九五年度までの四年間における住民監査請求は四四二件があったが、そのうち八〇%以上が認められず、うち一二件についてだけ「請求が認められて勧告（一部を含む）が出た」[37]にとどまる。この住民監査請求制度は、大きな社会問題になっている地方自治体職員による「カラ出張」、「官官接待」など行政職員（監査事務局の職員も含む）の不正・違法・腐敗行為の防止・改善のために、住民による監視の強化において非常に有効な制度である。だが、結果としてこうした制度が機能しているとはいえないのである。

表3-3　事務監査請求と住民監査請求の比較概要

	事務監査請求	住民監査請求
1　根　拠	地方自治法第75条	地方自治法第242条
2　意　義	地方公共団体の事務並びに長等の権限に属する事務の執行を明らかにし，その責任を問うもの	地方公共団体の違法，不当な財務会計上の行為の是正，防止を求める制度
3　請求対象	事務の執行の全体に及ぶ ＊監査委員の職務の権限とされている「普通地方公共団体の財務に関する事務の執行及び普通地方公共団体の経営に係る事業の管理」（地方自治法第199条1項）よりはその範囲が広い.	財務会計上の行為に限られる.
4　手続・要件 (1) 主体	選権を有する者の50分の1の連署を以てその代表者が行う.	当該地方公共団体の住民であれば一人でも行い得る.
(2) 請求の期限	請求期限については制限がない.	原則として，当該行為のあった日から1年以内.
(3) その他	署名簿の添付を要するが，請求内容が客観的に明らかであることを証明する必要はない.	事実証明書の添付が要件である.
5　効　果 (1) 監査期限	受理後の監査期限については定めなし	60日間の法定期限
(2) その他	執行の事実についての当不当の判定 監査の結果を訴訟等で争うことはできない.	請求に理由があれば勧告の措置を行う. 監査の結果に不服がある場合は，住民訴訟の提起をなし得る.

出所：林銑太郎「事務監査請求」川名弘一編著『自治体の監査　改訂版――公営企業，特殊法人等を含めて』（ぎょうせい，1992年）所収，233頁.

反対に事務監査請求については、その請求件数が少ないのが特徴である。監査委員制度の創設当初の一九四七年以来、一九七九年までの三二年間にわたって、事務監査請求の件数はたったの四二七件、都道府県は一〇件だけの現状である。[38]今日の直接請求制度（一定数の有権者住民の連署が要求される）の中には、この事務監査請求のほかに、条例の制定・改廃請求、議会の解散請求、議会の議員と長の解職請求、主要公務員の解職請求などがあるが、比較的活発に行なわれている条例の請求改廃や解職請求と比べれば、事務監査請求制度の「内容が認識され、活用されていない」[39]ものといえるのである。

最後に、監査委員監査の中には、また例月出納検査、決算の審査、請願の審査など法律が定めている監査委員の業務なども存在する。これらの業務は、簡単にいえば普通「検査」、「審査」と称されているものであり、いずれも重要な自治体監査運営の一環をなすものである。

ここまで地方自治体監査委員の制度とその実態について触れてきた。戦後の監査委員制度は、戦後の民主化運動や地方自治、住民自治の確立といった流れの中で誕生していったものである。監査委員制度に関する検討から明らかなように、一方では制度の隅々までこういった理念が浸透し、流れているように窺える。すなわち、監査委員監査は、経常的な一般監査活動による行政の適正化を図ることにその狙いがあるだけでなく、監査委員監査を通じて監査活動が、有権者や一般住民の地方政治への関与・参加の手段になっているのである。この側面からみても、監査委員による監査に対しては、外部監査の性格が強く要求されているといえるのである。

しかし他方で、監査委員監査の権限・種類が複雑で広範にわたり、その業務量が膨大になったため、監査委員およびその補助機関の専門性、人員増強など体制の充実も強く求められている。その上に委員自身の問題や監査委員補助職員の人事など独立性の問題が重ね合わされると、こうした制度の理念が発揮されない事態となっているとも思われる。ゆえに、こうした事態が、現在の外部監査制度の導入、一部の自治体における独立性の強いオンブズマン制度の新設や、市民による市民オンブズマンの誕生の基底要因となっているのではないだろうか。

3　地方自治体における外部監査の導入

外部監査導入の背景と地方分権推進委員会

地方自治体の監査委員制度とその実質的運用が抱えてきた上述の諸問題は、一九九〇年代における地方自治体の情報公開制度の普及・拡大と市民による活用に伴い、さらにクローズアップされるようになった。市民オンブズマンなどの市民団体は、この情報公開制度を利用して、監査委員やその事務局を含む地方自治体の不正経理問題などを暴き、(40)監査委員監査の運用、さらにその制度まで厳しく追及するようになった。これは、地方自治体における、公認会計士、税理士など外部監査人による外部監査の導入を促進させる結果となった。

外部監査の導入は上述の社会的背景の産物といえるが、それを受けて、一九九〇年代になって次第に高まってきた地方分権の本格的推進の過程の中で、自治体における外部監査の導入問題は政府レベルで重要視されるようになった。結論から言えば、こうした背景のもとで、一九九七年六月、地方自治体への外部監査の導入を掲げる「地方自治法の一部を改正する法律」(法律第六七号、一九九七年五月二八日成立、一九九八年十月一日施行)が公布された。また、一九九九年四月一日以降、外部監査の中心的業務である、法律に義務づけられた都道府県、政令指定都市、中核都市の包括外部監査契約については、関係自治体のすべてが締結されるようになっており、(41)外部監査制度が始動しはじめた。さらに二〇〇〇年の段階では、第一回目の包括外部監査の結果も出揃うようになった。

ここではまず表3-4を参考に、同改正法成立までの地方制度改革・地方分権の動きを辿りながら、外部監査導入の背景についての考察を深めておきたい。

表3-4　外部監査制度に関する答申等

○第18次地方制度調査会「地方行財政に関する当面の措置等についての答申」
（昭和55年12月18日）　（抜粋）

基本的には外部，内部両面にわたる監査機能の整備が必要であるが，いわゆる外部監査については，引き続き，新たな第三者機関の創設等現行監査委員制度とは別途の制度を検討する．
○臨時行政改革推進審議会（第2次行革審）「国と地方の関係等に関する答申」
（平成元年12月20日）　（抜粋）

監査委員及びその事務局について，専門有識者の選任，専門職員の養成に努めるほか，第三者による調査・診断の積極的活用を進め，その機能の充実を図る．
○臨時行政改革推進審議会（第3次行革審）「最終報告」
（平成5年10月27日）　（抜粋）

監査機能の充実をより一層推進していかなければならない．
○地方六団体「地方分権の推進に関する意見書」
（平成6年9月26日）　（抜粋）

地方公共団体の公正かつ効率的な財政運営を確保するため，地方公共団体は，現行の監査委員による監査に加え，財務監査については，外部監査制度を導入するものとする．
○第24次地方制度調査会「地方分権の推進に関する答申」
（平成6年11月22日）　（抜粋）

地方公共団体の監査機能の充実を図るため，外部監査制度を検討する必要がある．
○地方分権推進委員会「中間報告─分権型社会の創造─」
（平成8年3月29日）　（抜粋）

地方公共団体の監査機能を外部監査機能の導入も含め充実強化する必要がある．
○第24次地方制度調査会「地方分権の推進に伴う地方行政体制の整備・確立についての専門小委員会報告」　（平成8年4月16日）　（抜粋）
現行の監査委員制度の充実強化と外部監査制度の導入の両面から検討すべき．

現行の監査委員制度の改善のみでは，監査機能の独立性・専門性を十分に確保するという点では限界があるという見方も多い．

これらのことから，新たに外部監査制度を導入する必要があり，外部監査制度の導入は，現行の監査委員制度の活性化ともあいまって監査機能の強化に果たす役割は大きいものと考えられる．
○地方分権推進委員会「第1次勧告─分権型社会の創造─」
（平成8年12月20日）　（抜粋）

外部監査機能の導入を含む監査機能の充実方策を検討しなければならない．
○第25次地方制度調査会「監査制度の改革に関する答申」（平成9年2月24日）　（抜粋）
地方公共団体の執行機関の一つとして位置付けられている現行の監査委員制度については，地方公共団体の監査機能の独立性・専門性の確保という観点からは自ずから限界があることも否定できないものと考える．

この際，地方公共団体の組織に属さない外部の専門的な知識を有する者による外部監査を導入することにより，地方公共団体の監査機能の独立性・専門性を一層充実すべきであると考える．

現行の監査委員制度も，地方公共団体の適正な運営を確保するための経常的なチェック機構として重要な意義を有していると考えられるが，監査を行う側と受ける側との緊張関係が薄くなりがちであり，従来の慣行にとらわれることのない監査が行われにくいのではないかという見方がある．

この際，地方公共団体の監査について，外部からの目による監査を導入することにより，地方公共団体の監査機能に対する住民の信頼感が一層向上することが期待される．

出所：稲垣寛「外部監査制度について」（『月刊自治フォーラム』481号，1999年10月）6頁．

外部監査の導入は中央・地方の政府を問わず、日本にとって初めての試みである。しかしいわゆる外部監査の導入に関する議論は、けっして目新しい話題ではない。第十八次地方制度調査会（「地方行財政に関する当面の措置等についての答申」一九八〇年十二月十八日）や、第二次行革審（「国と地方の関係等に関する答申」一九八九年十二月二〇日）、第三次行革審（「最終報告」一九九三年十月二七日）の答申などには、地方自治体の監査制度の充実強化についての記述があり、外部監査の導入も触れられていた。

一九九四年九月の地方六団体による「地方分権の推進に関する意見」の中で、地方自治体の財政監査を行なわせるための外部監査の導入が明確に打ち出された。これを受けて、第二四次地方制度調査会は同年一一月の「地方分権の推進に関する答申」の中で、外部監査の導入を検討する必要があると強調した。ただし、同調査会が外部監査に関する「立ち入った検討」を始めたのは、一九九六年六月に設置された次期第二五次地方制度調査会以降のことである[42]。

この外部監査導入の流れを本格化させたのは、地方分権推進委員会の中間報告である。地方分権推進委員会は「地方分権推進法」に基づき、一九九五年年七月に地方分権を推進するための諮問委員会として設置された。一九九六年三月に出された同委員会の中間報告の中に、機関委任事務の廃止など、明治以来の日本の中央集権的政府体系を転換しようとする重要な地方分権の推進方針・戦略が含まれていた。また、こうした地方分権の措置によってもたらされようとする地方自治体の権限と財源などの増強・拡大に対応し、同委員会は、地方自治体の行政体制の整備を図るために、自治体の監査機能の充実・強化策として外部監査機能の導入の必要性を強調したのである。

この中間報告が打ち出した外部監査機能導入の方針は、地方分権推進委員会の第一次勧告（一九九六年一二月）に反映されたばかりでなく、地方制度調査会での検討をも促進させる結果となった。第二五次地方制度調査会の専門小委員会での論議を経て、同調査会は一九九七年二月、「監査制度の改革に関する答申」を出した。この答申はさらに、外部監査制度の導入と監査委員制度の充実からなる地方自治体監査制度改革の「具体的な案を提示するかたちのものになってい」た。[43] さらにそれは、当時高まってきた監査委員監査への不信・批判によって後押しされた形で、異例の早さで、「地方分権推進計画を待たずに」、地方分権推進委員会の「勧告内容を前倒しして実施する[44]」同年六月の地方自治法の一部改正に結実していったのである。

外部監査制度の枠組み

ここでは、導入されたばかりの外部監査制度について見ておきたい。

この自治体監査制度の改革は、成田頼明によれば、第一に監査に対する住民の信頼の確保、第二に監査機能の専門性・独立性・客観性の強化、第三に監査制度とその運営の公正・透明性の確保という三つの「基本的視点」によって行なわれたという。[45]

この三つの視点は、互いに密接に関連し、自治監査の正当性とその存在意義を担保するものであると考えられる。この三つの視点に沿いつつ、外部監査人による外部監査の制度的枠組みを見る前に、一九九七年六月の地方自治法改正による監査委員に関する新たな変化を検討しておこう。

第一に、監査委員制度の充実を目的とした、この自治法改正による監査委員制度の変化としては、主として監査制度運営の公正性に絡む、「知識経験」委員になる自治体ＯＢの選任制限が挙げられる。すなわち、自治法第一九六条第二項に、「知識経験」委員になる自治体ＯＢの数は上限一人であると規定されたのである。

前述したように、半数近い地方自治体で「知識経験」委員の定数の全部が自治体ＯＢによって占められていることを考えれば、この法改正が自治体の監査委員の構成に与える影響は大きい。これによって、自治体ＯＢの監査委員選任が厳しく規制される結果となり、監査委員という制度装置には外部的要素をさらに加えるところとなった。これはまた、住民の信頼の確保や監査委員の公正性に結びついていくものである。

第二に、監査委員制度の充実という観点から、町村レベルの自治体の監査委員の増員と事務局の設置という措置がとられた。具体的には、同法第一九五条第二項において、従来町村の監査委員は二人ないし一人と規定されたのだが、今回の改正では二人とされた。これに関しては、前出した表3-1に示されているように、監査委員を一人と選任した町村はわずか七カ所であったので、実質的には大きな影響がない。しかし、この改正により町村レベルの監査体制が強化されることになるのである。

事務局の設置という充実策であるが、同法第二〇〇条第二項においては、従来町村の場合、監査委員事務局の設置が法的に規定されていないことが改められ、町村も「条例の定めるところにより、事務局を置くことができる」とされる。これは、町村における監査委員の増員に加え、町村レベルの監査体制の強化に寄与するものであると考えられる。

次に、外部監査制度の枠組みについて考察しておきたい。外部監査の導入は九七年の地方自治法改正の重点であり、「まったく新しい制度」の「創設」[46]として注目されているところである。当然、外部監査という名称からも窺われるように、その外部性や独立性、公正性、客観性が強調されている。さらに、公認会計士などの外部監査人による監査であるため、この監査制度の改革は専門性も視野に入れられていたものである。いうまでもなく、こうした改革は、最終的には、住民の信頼の確保につながるものであると考えられ、成田が指摘したこの改革における三つの「基本視点」はほぼ網羅されているようである。

では、具体的にこの外部監査制度の枠組みはどのようになっているのであろうか。簡単に言えば、外部監査制度とは、地方自治体との外部監査契約に基づく外部監査人による地方自治体の財務などの監査の制度である。

まず、外部監査の主体である外部監査人であるが、弁護士、公認会計士、税理士に加え、会計検査や監査、財務に従事した経験のある者がこれに従事しうる（地方自治法第二五二条の二八第一、二項）とされている。これらの外部監査人の選定に関する規定には、「従来の監査委員の専門性を超える専門性を『制度的に』確保すること[47]」であるとされているのである。これは、いわゆる自治監査の専門性の強化という課題に対処するものである。と同時に、外部監査人は地方自治体の職員ではない、外部の監査専門家であるという点も重要である。

この専門性の導入によって解消されるのは、従来の監査委員の場合における自治体のOB以外の監査専門家である「知識経験」委員の選任が少ない問題、監査委員事務局の職員が自治体の長の人事により二年程度で人事異動するための監査経験・知識が蓄積できないという問題などにとどまらない。議選の監査委員に関しては、名誉職の問題に加え、一年交代という問題のほかに、「監査の実務など知らない人が大半を占めている[48]」素人である監査委員の専門性に関する批判も根深く存在しているのである。外部監査人による外部監査の導入は、こうした批判に応えるための措置になるといえる。

次に、外部監査契約と外部監査の権限についてであるが、外部監査は、外部監査人が地方自治体と、会計年度毎に包括外部監査契約と個別監査契約からなる外部監査契約(同法二五二条の二七第一、二、三項)を結ぶことによって始まる。

前者の包括外部監査であるが、外部監査対象である地方自治体の「財務に関する事務の執行」と「経営に係る事業の管理」のうち、包括外部監査人が必要と認めるものに関して、契約期間中に少なくとも一回の監査を行なうとされている。これは財務監査に限定され、行政監査が外部監査の対象から除外されているとされているところである。しかしながら、外部監査人による外部監査も監査委員のと同じく、住民の福祉の増進や効率性、組織運営の合理性の向上を目的としているのである。そのため、後述するが、行政監査が認められていない時代の監査委員監査の運営にもみられていたように、この外部監査も「行政監査に踏み込むことも許される」ものとされる。ただしこうした外部監査も、地方自治体の「基本政策や重要政策の当否は監査の対象にならない[49]」と見られている。

後者の個別外部監査契約であるが、個別外部監査人は、事務監査請求、住民監査請求および議会や自治体の長などからの監査請求・要求に係る個別外部監査の請求があった場合、当該請求・要求に関して、自治体と個別外部監査契約を結び監査することとされている。都道府県、政令指定都市、中核都市に対して、包括外部監査契約が義務づけられているが、この個別外部監査契約に関しては、義務付け規定がない。個別外部監査は、自治体行政への住民の信頼を確保するために導入されたものである。監査委員に代わって個別外部監査人が行なうため、いわゆる大きな社会問題にまで発展してきた、自治体の不正経理事件への個別外部監査人による監視・発見、住民監査請求制度などの実効性の向上に寄与する制度として期待されている。(50)

このように設計された外部監査制度であるが、当面の監査委員制度への批判を乗り越えるために、あるいは、迅速にまたは実験的に導入した側面が拭い切れない。これまでの考察からも明らかなように、この外部監査制度は外部監査人と監査委員の役割の分担が強く意識されていたようである。また、この外部監査人と自治体の長や監査委員との関係が、外部監査制度の課題として指摘されているところである。

たとえば、法律では、包括外部監査契約も個別外部監査契約も、まず監査委員の意見を踏まえた上で議会での決議を経て、自治体の長が締結するべきものとされている。また外部監査人の選任権が議会ではなく、自治体の長に与えられている。さらに住民監査請求に係る個別外部監査請求に限って、監査委員の「相当である」かどうかの判断に委ねられていることなどもここに含まれる。(51)

外部監査制度は始動したばかりであり、初年度の包括外部監査の結果がすでに出揃ったけれども、同制度の実質的な検討のためには、今後の展開と実際の運用をさらに観察する必要がある。(52) 包括外部監査が有効に機能しているかどうかについては、全国市民オンブズマン連絡会は全国の八四自治体を対象に独自の調査を行なっていた。ここで、「よい監査」と評価されたのが宮城県と福岡・横浜両市だけという結果を二〇〇〇年八月に発表した。(53) 監査制度に対する市民の目は依然として厳しいようである。

監査委員制度と外部監査

地方自治体における外部監査制度の導入およびその導入後も、監査委員のあり方をめぐる議論は様々なレベルで展開されている。そもそも外部監査を導入する要因は、これまでたびたび指摘してきたように、まず監査委員の監査は期待されているように機能しておらず、馴れ合いになっていると批判されているところにある。また一部の市民団体による地方行政への監視活動の活発化に伴い、監査委員への社会的不信がさらに増幅されたのである。

こうした批判の中で、自治体の長による議員など監査委員の任命、自治体OBからの選任、監査委員事務局主導の監査とその人事問題など、監査委員による監査の独立性、公正性、専門性、客観性の問題がもっとも多く指摘されている。もはや今の制度のままでは住民の信頼が確保できず、自治体監査が成り立たないのではないかと危惧されているところである。この外部監査の制度づくりはまさにそのためである。

しかしながら、監査委員は、法律上、議会からもまた長からも独立した執行機関であり、またいわゆる行政外部の議員や「知識経験」者からなる監査委員主導の監査であると想定されている。さらに、その監査内容には事務監査請求や住民監査請求などが含まれ、監査委員の監査は「法律上、不特定多数の住民に代わって、不特定多数の住民のため」の監査であるといっても過言ではない[54]。このため、制度上の監査委員監査を公認会計士などによる外部監査と対置して、純粋に「内部監査」と解するには問題もある。

また自治体の外部監査導入をめぐる議論には、一般企業において行なわれている「会社の役員としての監査役」による「内部監査」と、「株主総会で選任された会計監査人（公認会計士又は監査法人）」による「外部監査」との関係に類比させる考えもある[55]。確かに、公認会計士などの外部監査人による自治体監査は、その身分や所属、契約という手続きなどからは外部性の強い外部監査であるに違いないが、本章での考察を通じて明らかなように、監査委員制度が創設されて以来、多くの外部要素が注入されてきている。もし監査委員制度が十分に機能していないからという理由で、それを長による行政機関の「内部監査」としてのみ位置づけるというのであれば、こうした外部性の議論の余地はたえず残されるのではないか。

こうした論点の背景には、第一に監査委員制度そのものの問題、第二にその実際の運用の問題、さらに第三に監査委員制度の研究においてこの外部性についてはまだ広く議論されていないという問題[56]、があるようである。これらの問題を抱えつつも、法律に規定されている監査委員における議選委員、「知識経験」委員という存在、長から独立した機関、およびその自治監査の監査業務内容などの制度的要素に着目しつつ、その外部性の重要性を強調する必要があると考える。

こうした外部性に注目する以上、最終的に監査委員の問題を解決するには、日本の地方政治の構造変動を待つしかない。住民の行政監視意識のさらなる向上、本当に行政監視機能を果たせる議員の誕生ないし議会運営は、その要となるものであろう。これによって長と議会との間で緊張が生じ、チェック・アンド・バランスの機能が働き、最終的には行政の適正な運営を確保することになるであろう。

また、外部監査人による外部監査の業務内容などからも明らかになったように、外部監査はあくまでも監査委員の「補助者」[57]であると位置づけられている。したがって、外部監査は、膨大かつ複雑な自治体監査事務の中で、その活動は監査委員の監査業務の一部を分担する、限られたものである。現段階では、広域的監査機構などさらなる監査制度の改革の具体的な動きがないため[58]、また地方自治・分権の確立という観点からも、監査委員制度の運営の健全化、同制度の根本的改善を志向する場合、自治体監査の本質、その外部性への回帰が求められてくるのではないだろうか。その意味で、この外部監査制度の導入は監査委員の監査にとっていい刺激となるのではないか、と期待されている。

第二節　監査委員制度による行政監査

本書の冒頭で示した通り、「行政監査」という用語は、行政学上と実務上において完全に一致して用いられているわけではない。たとえば、前掲の『行政監査』（文理書院、一九六九年）では、会計検査院の業務、また総務庁の行政監察業務、監査委員の業務、公営企業監査業務および、国・地方自治体の行政機関内部の監査業務を総称して、「行政監査」の問題として扱っている。これに対して、監査委員の監査に限定して、監査委員による「行政一般の運営[59]」についての監査を実務上「行政監査」と呼び慣わしているようである。さらには、「行政監査」という用語は、監査委員の新たな監査機能として一九九一年「地方自治法」が改正された時、取り入れられた。この新しい監査機能は、従来の財務監査に限定されていた監査概念を、拡大したものとして捉えることができよう。本節では、この地方自治体の監査委員による「行政監査」に焦点を当てて考察する。

1　事務事業監査と行政監査

前述したように、「行政監査」という用語は、一九九一年以前にすでに学問上、実務上広く使用されていたものである。一九九一年までは監査委員による「行政監査」が制限された。しかし、監査委員監査の基本は、地方自治体の経営・管理などの問題にかかわるものである。また、出納などの財務監査と法的に限定されていたとしても、財務監査を実施する場合、「財務事務の原因または結果となる行政上の諸問題について、その適法性、合法性を避けて通ることは、不自然であるばかりか、自治体監査のもつ指導型監査性にそぐわないもの[60]」となる。この「行政監査」の認否の論点については、同制度発足以来多くの議論が重ねられてきた。加えて、法的に財務監査に限定されたとしても、監査委員による「行政監査」は「事務事業監査」という形式で存在してきたのである。[61]

監査委員による事務事業監査

法解釈論議の時代、たとえば一九六一年の都道府県の監査委員制度に関する調査によると、二〇の団体が「出納及び出納に関連する事務に限って」監査を行なったが、他方「行政監査」についてもこれを実施した団体が二六もあったという。[62] 東京都の場合は、一九五九年度から一九七一年度までの一二年間、一一七件の事務事業監査が実施され、年平均一〇件前後行なわれるようになっていたのである。[63]

東京都の監査委員監査はこのように「古くから財務監査の中の一方式として」、事務事業の監査を実施していたが、具体的には、「ある事務事業の全体について一つのテーマを設定し、そのテーマに即して、当該事務が全体として適正に行われているかどうかを検証する」[64]という方法をとっていた。ここで興味深いことは、事務事業におけるテーマ監査の形式が総務庁行政監察の方法に類似していることである。またそれだけではなく、たとえば次に引用する事務事業監査の「効用」についての実務者の理解[65]も、総務庁監察行政に通じるところが多い。これは、監察行政を理解するのに参考となろう。

① 特定の執行部局だけでなく、複数の部局またはすべての部局について横断的なテーマに即してその適否を検証できる。

② 一つの事務事業について、初めから終わりまでを流れに沿ってその適否を検証できる。

③ 一つの事務事業について本庁部局から末端の事務所に至るまで系統的にフォローしてその適否を検証できる。

これらの事務事業監査のあり方に関する理解は、総務庁行政監察における「横断的監察」や「行政の全般についての監察」、「全国の調査網を活用した行政全体の把握」といった「効用」に類似あるいは一致しているものであるといえる。それでは、事務事業監査の実際の実施方法などはどうなっているのであろうか。まず表3－5で、東京都の「一九八一年度事務事業監査実施計画」をみておこう。事務事業監査の方針としては、地方自治体の事務事業が行政本来の目的通りに実施されているかどうか、さらに効率的、効果的に実施されているかどうかなどの視点から行政上の問題を見いだし、批判を加えるようになっている。この中で、総務庁行政監察と異なる点は、問題を究明し、さらに批判することである。すなわち、政府部内の総務庁監察行政と一線を画し、批判的な効用という監察委員監査の役割が強調されているところである。

また監査テーマ選定の要件としては、当面改善の必要な問題であるかどうかの適時性、当該事務事業が今後継続していくかどうかの経済性・将来性、都政において重要な位置を占めているかどうかの重要性を基準に[66]、従来の各種の監査委員監査から発見された問題点から改善の必要な分野を限定して監査される。これはまた、総務庁行政監察の実施方法に近いものだが、監査の着眼点などを、事前に準備・想定して検証する方式をとるものである。最後に、是正すべき問題点の具体的な指摘および監査委員の意見も結果報告書に加えられる。これは地方自治体行政の組織と運営の合理化の監査において、効果的な方式だといえるものである。

事務事業監査の結果は議会、行政の長に報告して公表されるが、監査委員の評価（講評）を経た報告は、通常、東京都総務局行政監察室によって、行政部内の立場から改善推進が行なわれる。この時、監査委員はあくまでも外部による改善指摘および批判の立場にとどまる。これは監査委員制度の性格から、他の執行機関との結果報告に関する調整が、総務庁監察行政ほど頻繁ではないのではないかと考えられるところである[67]。しかし、都政上の重要な課題を監査委員の事務事業監査業務として取り上げており、一定程度、都政全体の行政運営に配慮するようになっている。都の施策の推進面で協力する姿勢を見せている点がその一つの特徴である。これは事務事業監査の特徴というより、むしろ監査委員の指導型監査という監査委員監査の基本から現われたものだとみることができる。

表3-5　1981年度事務事業監査実施計画

1　方　針

監査基本計画に基づき，特定の事務事業を選定し，当該事務事業が行政目的に照らし，適切な内容，規模をもって，合理的に運営されその効果が十分発揮されているかどうか，問題点を具体的に究明，批判することとする．

2　監査項目及び監査期間

各種監査の実施結果から必要性が認められるもの，又は各種事務事業のうち，管理運営上問題があると考えられるテーマの中から，次の4項目について実施する．

監査期間は昭和56年4月1日（水）から同年8月12日まで（講評を含む）の間とするが，各項目別には次の期間において，別紙日程表（表は省略）により実施する．

担当課	項目	対象局	監査期間
第一課	固定資産税及び不動産取得税の賦課，徴収について	主税局	4月13日から 8月12日まで
第二課	精神薄弱者施設の管理運営について	福祉局ほか	4月1日から 8月11日まで
第三課	下水道事業の管理運営について	下水道局ほか	4月6日から 6月29日まで
第四課	都営住宅の管理運営について	住宅局ほか	4月2日から 7月22日まで

3　報告書様式

運営要綱に定める様式（様式は省略）による．

4　監査の通知及び結果の報告

監査の通知は，昭和56年3月23日（月）に行い，知事，議会等関係機関に対する結果の報告は，全項目の講評が終了後すみやかに行う．

5　特に留意する事項

(1)　事前準備の充実を期し，監査の着眼点，手続，方法等を十分検討し，効率的に監査に努めること

(2)　当該事務事業の目的を十分理解し，その基本的あり方に検討を加えるとともに，計画及び実施状況並びに執行体制など相互の関連等について総合的な観点にたって分析，吟味し，事業の効果の適否について積極的に意見を表明すること

(3)　指摘にあたっては，問題点をできる限り具体的に記述すること

出所：東京都監査実務研究会「監査制度の現状と課題——東京都における運用の実態から」（『地方財務』330号，1981年11月）31頁．

この事務事業監査は東京都において、「出納検査」と区別され、定期監査の一環である自治体の経営にかかる能率性・合理性の「能率監査」として行なわれていたものである。(68) その具体的な評価の方法と視点は、以下のようなものである。(69)

① 定められた事業の目標や財政再建の計画に基づき、営業成績を評価する。
② 経営悪化の原因を具体的に記述する。
③ 原価計算方法の説明やその問題点を指摘する。
④ 制度の改善や財政措置を国に要望するよう都に求める。
⑤ 各工事ごとに施行状況、進歩状況、遅れている場合はその原因を明記する。
⑥ 不適切な会計処理の問題点を指摘する。
⑦ 出納監査、工事監査で指摘された主な是正事項を末尾に再載する。
⑧ 地方公営企業に関する資料として、表・図を付け加える。

事務事業監査の指摘事項と件数の事例として表3-6を参照されたい。この表および右に引用した東京都の事務事業監査の視点・方法を参考に、総務庁行政監察と比較する場合、自治体の事務事業監査には以下のような特徴がみられる。

第一に、自治体の事務事業は国の規模ほど大きくないが、指摘した問題が自治体経営にかかわる財務、組織運営など各種行政機能に及び、その内容は多岐にわたる。

第二に、事務事業監査の基盤あるいは評価の基礎となるものは、従来の出納監査を含む日常的な監査の成果である。これらの個別の監査結果は事務事業監査に活用され、評価視点を多元化せしめていることは重要な特徴であり、総務庁の行政監察には見られない点である。すなわち、事務事業監査における財務監査の視点がこれである。本来行政活

表3-6　事務事業監査の指摘事項と件数（「水道施設の管理運営について」）

指摘事項	指摘件数
1　浄水施設について	
①電力及び計装設備に関する問題点	4
②発生土処分に関する問題点	3
③勤務体制に関する問題点	2
④浄水場の施設効率について検討すべきもの	1
2　送・配水施設について	
①配水調整に関する問題点	3
②工事施行上の問題点	3
③費用負担についての問題点	2
④震災対策上の給水施設の維持管理について検討すべきもの	1
3　給水措置について	
①給水措置の設置に関する問題点	4
②指定工事店に関する問題点	2
4　漏水防止対策について	
①漏水防止作業の延遅に関する問題点	3
②漏水防止作業の執行上の問題点	3
5　その他管理運営上の問題点	
(所管区域・支所機能のあり方について)	2
合計	33

資料：「昭和52年度事務事業監査報告書　水道施設の管理運営について――浄・配水施設及び給水装置を中心として」より作成.

出所：大坂健「地方公営企業の監査」(『地方財政』319号) 186頁.

動は、予算から始動し、財務面の視点を欠いてはその適正な運営が期待できない。まずはこの観点から、効率性・有効性の評価を行なうことが重要である。

第三に、地方自治体の行政は規模が国ほど大きくないこともあり、一方で縦割り行政という問題も存在するが、他方で監査委員事務局の補助職員が通常の人事異動などによりあらゆる行政分野を経験している利点もある。そのため監査の視点も縦割り行政の制限を相対的に強く受けず、より総合的・全体的に評価、監査できるのではないかと考えられる。

行政監査への対応

監査委員による事務事業監査はけっして上述した東京都のように、従来からすべての地方自治体で実施されているというわけではない。「地方自治法」の改正により行政監査が監査委員の権限として認められるようになり、そのため行政監査か財務監査かといった従来の法解釈の問題が消失してしまった。また行政監査が実施されなければならなくなった。とはいえ、多くの自治体では、監査補助人員や行政監査面の経験の不足などを原因として、試行錯誤を繰り返しているのが現状である(70)。行政監査が法的に監査委員の権限として規定されてからの短い期間で、すでに実施上多くの問題が噴出している。表3-7にみられるように、人員の不足や体制の脆弱などを含めて、評価の仕方、監査委員制度の独立性の問題など、現場での問題に対応を迫られている。これに関して、総務庁行政監察の経験も重要だが、従来の一部の地方自治体が実施してきた事務事業監査の経験はもっと重要である。

監査委員による行政監査については、次の考察で詳しく検討する。表3-7をみるかぎり、実施したばかりの行政監査には、まだ多くの根本的な課題が内包されていることが分かる。監査体制が弱いという問題は、人員の増強、補助職員の訓練などを通じて補うことができるかもしれない。だが、前述したような監査委員制度にかかわる構造的な

表3-7　行政監査の検討課題

項目	現状	検討課題
監査対象の選定	・行政事務の複雑化／膨大化 ・限られた時間 ・行政監査のノウハウ不足	【監査対象の選定】 ・テーマ選定の視点　住民ニーズ・社会的な課題 重要施策の実施状況 財務監査結果等の活用 行政監査としての実現可能性 事務量の問題 監査結果の取扱い ・行政監査の範囲 ・機関委任事務の取扱い
実施体制	・監査事務の増大 ・財務監査中心の監査 ・限られた人材	【行政監査に向けた体制づくり】 ・合理的な組織づくり　例①専担組織による対応 ②テーマに関連するスタッフによる対応 ③事務局全員による対応 ・効率的な実施方法　例①財務監査と独立 ②財務監査と並行 ・財務監査方法の改善　例①内部検査等との連携（出納検査，工事検査等） ②書面監査の活用 ・財務監査との連携　財務監査を行政監査と一体として実施
監査結果の評価	・評価のノウハウ不足 ・評価の困難性 ・行政効果の多面性	【評価のノウハウ確立】 ・行政効果の評価　例（評価尺度として） ①各種規則等の活用 ②県民意識等のニーズ ③類似施策との比較 ・客観的な評価方法　調査分析方法の研究
監査結果の取りまとめ	・監査の独立性の堅持 ・現状についての指摘	【報告書のまとめ方】 ・まとめ方のスタンス　例①現状指摘型 ②課題提起型 ③提言型 ・指摘事項の進行管理　例①定期的に報告 ②財務監査時にフォロー

出所：外園健一「監査委員監査（行政監査）の実際と課題」行政管理研究センター『監察・監査の理念と実際』（1994年）所収，124頁．

問題は依然として存在している。ひとまず、制度全体の見直しを行なわなければ、こうした構造的問題は改善できないであろう。

また評価ノウハウの不足、評価の困難性の問題などは、発足したばかりの監査委員の行政監査のみならず、会計検査院や、かなり経験蓄積がある総務庁の行政監察でも完全に解決していない課題である。ただ、東京都の事務事業監査などの実施経験から、またこの表3-7にも現われたように、行政監査が監査委員制度にとって必要な監査機能であるということができる。さらに、監査委員の従来の各種監査経験という利点を活かして、総合的な行政監査が可能となるであろうし、また従来の諸類似制度の枠外に監査ノウハウや評価の視点などを求めて、地方自治監査にふさわしい行政監査のあり方を確立することが重要である。それは時代の要求でもある。

2　監査委員による行政監査の展開

行政監査の構造とその実施状況

ここまで考察してきたように、東京都など一部の地方自治体においては、「地方自治法」を柔軟に解釈して事務事業監査の形で財務監査の補足業務として一種の行政監査が行なわれてきた。しかし、監査委員の一般監査としては、出納検査中心の財務監査だけが認められたのだが、「財務事務の執行については、事務自体が効率的に行われているかどうかという観点からの行政監査」が法的に定められてこなかった。(71) 監査委員による行政監査の可否についての議論は、監査委員制度展開の歴史過程の中に一貫して存在してきた問題であった。だが、長い間の議論の結果、一九九一年の「地方自治法」改正によって、「組織、人員、事務処理方法その他の行政運営」(72)といった一般行政事務について、また機関委任事務を含めて監査できるようになった。

これは、経済社会情勢の変化からの、自治体行政の公正かつ能率的な執行への強い要請によるともいえるが、また制度と現実のズレの是正、および長年の議論の積み重ねの結果であるともいえる。機関委任事務（現在の法定受託事務）の監査については、情報開示により国の安全や個人の秘密を侵害するおそれのある場合や、また地方労働委員会（「労働組合法」）や収用委員会（「土地収用法」）の権限に属する事務の場合が、「地方自治法施行令」によって行政監査の対象外とされている。これらの制限は、現今の地方自治の推進などの面においても引き続き実施上多くの課題となっている。

行政監査は、事務監査請求などのように受動的ではなく、監査委員がみずから発見した問題を「住民の行政に対する不平不満を未然に防止する」[73]観点から監査し、行政監視の役割を果たす制度である。また、行政監査の実施基準も「地方自治法施行令」に示され、第一に、最小の経費で最大の効果を挙げえているかどうかの効率性の基準、第二に、組織・運営の合理化に努めているかどうかの合理性の基準、第三に、事務執行が法の通りに適正に行なわれているかどうかの合法性の基準である。

こうした行政監査の実施に当たり、監査委員の素質・任用に対する要求も厳しくなる。ここから人格高潔で見識を有する者からの議選委員以外の委員選任条件もつけ加えられていった。こうした選任要件の変化は、やはり行政監査そのものが、従来の財務監査と異なり、地方自治体の長の行政施策・運営のあり方に立ち入る可能性が大きくなったためである。同時に、行政運営に関する優れた見識と監査の独立性がいっそう重要となる。すなわち、こうした監査委員の見識と監査の独立性が保証されるためには、「職業的、技術的専門性よりも、監査委員としての見識、大局的行政判断、世事に媚びない態度」[74]が必要だということができよう。

監査委員による行政監査が展開するにつれ、事務局の強化や補助人員の増加など監査体制面の変化も現われた。[75]もともと行政監査施行以前にも、前述したように、監査委員の補助体制の脆弱性がかなり深刻な状況となっている。仮に行政監査にかかる増員を計算に入れても、特殊事例である東京都の一〇二名を除けば、大多数の監査委員事務局の職員数は一〇〜二〇名である。これでは行政監査業務を加えなくても能力的に限界というべきであり、これも行政監査業務低調の要因になっているのではないかと考えられる。

実際に行政監査業務を実施していない、調査研究段階の県は依然として七県もある。これらの県の監査委員事務局の多くは人員の増加を求めており、行政監査の実施体制の困難な現状を反映している。[76] また行政監査の担当職員は行政監査専門ではなく、兼務の場合が多い。このような体制では、行政監査はもとより、その他の従来の多くの監査業務をスムーズにこなすことができるかどうかも難しい。加えて、繁多な監査業務から、監査委員監査全体への悪影響も避けられないであろう。[77]

監査委員による行政監査の実施は、試行錯誤の状態に置かれている。とはいえ、四一都道府県において行政監査は実施されている。東京都の場合は、事務事業監査を実施してきた従来の経験もあり、充実した監査体制を活かして一九九三年度において四件の行政監査を実施している。これとは対照的に、他の大多数の監査体制が弱い道府県では一件しか行政監査が行なわれなかった。また行政監査のテーマをみると、その内容は許認可事務、公の施設の管理および公益法人などの指導監督面の監査に集中している。これらのテーマの特徴は、住民と行政との関係の分野を扱っており、その上に財務監査などによるデータの蓄積もあることだろう。ここから、外部監査の性格が強い監査委員監査にとっては恰好の対象となっている。そのため財務監査と並行して行政監査を実施する事例も多い。これは監査委員による行政監査の利点・優勢であり、重要な特徴でもある。

行政監査のテーマ選定の視点については、実施して間もないという状況もあり、一概にすべての地方自治体が同様だとは結論できない。そのうち、埼玉県監査委員事務局の理解を引用すれば、以下のようになる。[78]

① 首長の施政方針とされた重要施策の実施状況
② 住民の要望、関心事への関係部局の対応状況

③ 議会の審議状況からみた課題

④ 事務事業の行政効果（プロジェクト事業、施設の管理運営）

すなわち、行政課題・方針の推進、住民の関心事の改善、議会への配慮および事務事業の評価・見直しである。これも総務庁の行政監察テーマの選定基準に通じるところが多い。これらの問題は行政監察であれ、行政監査であれ、重要な評価分野となるものである。他方、異なるのは評価の主体であり、いかに監査委員による行政監査の実効性を高めるかは、監査委員の評価視点、すなわち価値選択、市民感覚のある識見によって決定される。この市民的視角に関しては、監査委員制度においても十分期待できるものであるが、首長による委員の任命や補助体制の弱体化などの課題が山積している。二〇〇一年以降の総務省が所管するとされている政策評価の理念にどこまで接近することができるかについては、今後とも観察の必要がある。

行政監査は、ある事務事業を全体的かつ総合的にとらえ、その実施が適正かどうかを検証する監査である。行政監査のテーマ[79]にみられたように、行政監査は一定のテーマに即して行なわれるもので、総務庁の中央計画監察などと同様、テーマ監査の方式をとっている。テーマの選定は、行政監査にとっても第一段階となる。その選定においては前述した埼玉県の四つの視点以外に、たとえば池田昭義は、以下の視点を付け加えている。すなわち、「財務分析、財政診断等による問題点[80]」をテーマ選定視点とするものがこれである。この視点では、監査委員およびその補助職員が従来の、通常実施してきた一般監査（財務など）によって発掘された問題点を行政監査に反映させ、活用することが重要である。とくに監査委員の監査実施体制の問題点を考慮する時、財務監査と行政監査の並行実施や財務監査で発見した「課題を行政監査で取りあげる」、あるいは「財務監査の中身をより行政監査的な視点で行う[81]」といった財務監査から行政監査への移行などの方式の運用は、監査委員制度にとって現実的であり、また効果的であろう。これは総務庁の行政監察にない特徴である。

埼玉県の行政監査の事例

ここでは埼玉県の事例を参考にしながら、行政監査の実施について見てみたい。

埼玉県監査委員事務局は総職員数三〇名、うち三名が行政監査を担当している。一九九二年から行政監査を年に一件のペースで実施し始め、一九九四年度までに「基金に関する事務」、「公の施設の管理運営」(県営)と「公の施設の管理運営」(委託)[82]に関する行政監査が行なわれた。埼玉県の三名の行政監査担当職員は行政監査の専任職員ではなく、年に一件という規模はやむをえないことであろう。埼玉県では行政監査の体制を強化するために、一九九三年に三名の行政監査担当者の増員を必要とした。また、行政監査にかかる行政効果の調査・分析のための予算経費として、一九九四年度では、一〇〇〇万円を計上し、調査評価活動を実施した。[83]

行政監査はその対象が広範で、また従来の合規性中心の財務監査と異なり監査の基準が抽象的になる傾向がある。そのため行政監査の難易度が高くなり、実施前の周到な準備、監査の着眼点の絞り込みが必要となってくる。この過程に関して、総務庁行政監察の実施方法である「仮説検証方式」など具体的な方法が参考になる。またそれによって多くの監査実務上の無駄が省けると考えられる。埼玉県監査委員事務局の場合は、たとえば一九九四年度行政監査「公の施設の管理運営」(委託)を実施した際に、以下のような監査着眼点[84]を用意した。

① 委託方法は適正か。
② 施設は有効に利用されているか。
③ 利用しやすい施設運営を行っているか。
④ 施設の維持管理は適正か。
⑤ 事業効果と収支効率性はどうか。

またこれら五項目の着眼点の下に「さらにそれぞれ中項目、細項目を作り、それに従って実施するように[85]」した。

この方法は、総務庁の中央計画監察の実施計画に類似したものである。ただしこの着眼点については、その中項目と細項目を見ないと結論が出せないが、総務庁行政監察における実施計画の作成とテスト調査の施行などの手法が監査委員の行政監査にとっても参考になりうるのではないかと考えられる。

また埼玉県の場合は、行政監査・評価の効果を高めるために、当該行政監査において、「県外の他自治体の類似施設の管理運営状況を調査し、その結果と比較検討することによって監査結果」をまとめたり、「施設利用者である県民の声を直接聴くアンケート調査を実施し、事業効果等を評価する資料[86]」としたりしていた。住民の声を配慮するアンケートの方法は、監査委員制度本来の趣旨のあらわれであり、県外類似機関との比較という新しい手法の導入を含め住民の監査視点の導入、新しい評価チャンネルの確立のために重要な方法である。具体的な監査（調査）方法は以下のようになっている[87]。

(1) 事前調査　事前調査表を送付して各施設の実態調査を実施する。

(2) 現地調査（県内）

① 事前調査の結果に基づき、選定した施設について受託先が行なっている管理運営の実態等を現地調査する。

② 現地調査は、監査委員も実施するとともに職員も通常の財務監査の日程と調整しながら実施する。

(3) 類似施設調査（県外）

① 県外の類似施設（自治体直営、財団委託等）の調査を行なう。

② 調査先の選定は、施設内容、立地条件、人口規模等を勘案の上、行なう。

③ 調査は監査委員が実施するとともに、職員も行なう。

(4) アンケート調査

① 文化活動施設および労働福祉施設の利用者の意識や行動、ニーズ等を把握するため、アンケート調査を実施する。

② 調査は、施設の利用者を対象に直接調査用紙を配布して行なう。

行政監査の事前調査は監査実施の前段階となり、全体状況の把握や定められた監査テーマの対象機関による資料提供・説明聴取がその主要な内容となる。監査委員補助体制の現状からみると、監査委員や補助職員だけですべての調査対象機関をヒヤリングするのが困難な点が多いため、「事前調査表の送付」によって事前調査が実施された。また現地での実際調査段階においては、監査委員が直接参加することによって監査委員を中心にして県内および県外の実地調査を実施しており、その活動は補助職員による単純な調査というより、監査委員の監査活動と位置づけられている。

監査対象となる施設全体については、事前調査後の検討を経て、さらに絞り込みが行なわれ、最終的には一部の施設が現地調査対象として選定される。(88) すなわち、一部の施設しか現地調査を受けることができず、行政監査における評価(埼玉県の例であるが)も総務庁中央計画監察に近く、ある行政の事務事業の全体に及ぶものではないものとなっている。これも行政監査の実施体制と関係のある問題であろう。現地調査の場合、まず最終評価の材料となる県外の施設状況調査だが、関東、関西など多数の他の地方自治体の運営状況について大規模な調査が実施された。このような比較調査は当該行政監査結果の取りまとめ、効果的な評価の実施に役立てる効果があるばかりでなく、一種の行政情報として、他県からの先駆的事例の取り込みを可能とするものである。

それから、この行政監査のために事務局職員が直接実施したアンケートの対象は、これらの施設を実際に利用した住民・利用者である。集められたこれらの住民の声を、埼玉県監査委員事務局は「専門調査機関に委託して専門的に分析していただいた結果で、判断していくこと(89)」としている。専門調査機関にどこまで委託していたかについては不明である。弱い行政監査の実施体制といった現状などで、専門性の強い調査機関に委託するのも妥当であろうが、監査委員および補助職員にとってもアンケート分析作業は恰好な行政監査の訓練となろう。

最後に調査・評価の過程を経て、監査の結果が取りまとめられ、この行政監査の結果は議会や長へ報告され、公表されるようになっている。財務監査などの場合は定期監査という特徴もあるし、監査の結果については、「監査の対象とした事務は、おおむね適正に執行されているものと認められた」という決まり文句で終わるようになっている。またその公表の内容はこのような簡単な監査の結果のほかに、監査実施の根拠とする法律条文、監査委員名、監査の種類、監査の対象・範囲・期間なども記載されるようになっている。

これと対照的に行政監査の場合は、「何故監査をし、何故こういう問題を指摘したのか」[90]などの説明や改善要求も詳しく記されるようになっており、定期監査の結果報告とは重さが異なる。ただし行政監査の結果報告をどう取りまとめているのかについては、自治体によってそれぞれ異なっているが、都道府県と政令指定都市の行政監査の場合は以下のような状況となっている。[91]

① 総論的に監査結果をまとめている場合
② 監査基準に示された監査の視点ごとにまとめている場合
③ 監査結果の概要を述べて監査項目ごとに結果をまとめている場合
④ 問題点および改善事項という視点で求めている場合
⑤ 将来の課題および所見というような視点からまとめている場合

監査結果の取りまとめ方が地方自治体によって多種多様であるのは当然だが、このような行政監査における工夫と研究によって、低調である監査委員監査に活性化をもたらすことが、なによりも重要である。行政監査は全体として、あくまでも経験蓄積の段階に置かれているのであるが、今後の展開につれて行政監査のあり方も多様な変化を見せることになろう。

また監査委員による行政監査の場合は、本章で繰り返し述べてきた構造的な問題が存在しているため、適正な実施が強く求められるにちがいない。たとえば、行政監査にかかる人員・経験の不足の問題だけではなく、「監査事務局は独立機関とはいえ、知事部局から出向してきているため、やがて帰らなければならない。だからあまり突っ込んだ指摘などは言えない」のではないかといった厳しい指摘も存在しているのである。[92]

それ以外にまた、とくに従来一部の地方自治体においては、行政部内の監察・監査機関による「行政監査」の経験もあり、類似機関との関係をどう置くべきかの課題も存在している。しかしそれより現在においては、監査委員の持つ見識、権威をもとに、強く求められているその外部監査の性格を発揮し、本当に地域住民の立場に立って行政部内の監察・監査機関にはない独特の行政監査視点を確立することが求められている。またこの監査の外部性の確立のいかんに監査委員制度の命運もかかっているといって過言ではないであろう。

(1) 一九九五年七月三日に発足した中央政府の「地方分権推進委員会」は、一九九六年三月に中間報告を出した。その中ですでに、地方自治体の行政における「公正の確保と透明性の向上」を進めるために、「地方公共団体の監査機能を外部監査機能の導入も含め充実強化する必要がある」と指摘された。このため、「監査機能の充実強化策」が検討されるようになった。外部監査制度の導入については後述する。地方分権推進委員会『中間報告——分権型社会の創造』(一九九六年三月)四四—四六頁。

(2) 池田昭義『監査制度——仕方・受け方の実務』(学陽書房、一九九二年)五—六頁。

(3) 当時、東京市においては、市制の規定通りに、市会による市の事務に関する書面検査と出納検査が行なわれていた。東京都監査実務研究会「監査制度の現状と課題——東京都における運用の実態から」(『地方財務』三三〇号、一九八一年一一月)一〇—一一頁。

(4) 戦前においては、官治行政といわれていた府県は、国の総合出先機関的性格が濃厚で、知事も官選であった。また、市町村は自治行政と呼ばれていたけれども、府県地方課の後見的な監督を受けていた。その上に、住民自治の不充分と国による厳しい行財政統制の状況が加えられていたことなどにより、地方自治体の監査機能が「不十分なものであった」といわれている。山代義雄「監査制度」阿部照哉・佐藤幸治・園部逸夫ほか編『地方自治大系 2』(嵯峨野書院、一九九三年)所収、一二〇頁。

(5) 同右。

(6) この市制改正で、従来あった七市の内部監査を行なった調査課、考査課などが法的に定められるようになった。また考査役になった者の多くは「従来の考査課長または調査課長の職にあったもの」である。池田、前掲書、七頁、および「年表 地方議会・監査制度」地方自治研究資料センター『地方自治年鑑 一九八一』(第一法規、一九八一年)所収、五七頁。

(7) 戦時中に行なわれたこの一連の議決機関における監査権限の縮小などの改革は、結局「執行機関の自己監査」の強化を通じて、「戦時態勢の確立の要請に即応する能率的行政運営の見地から、強力な執行権を中心とする自治行政を」打ち立てようとするためのものであったろう。宮元義雄『新版 地方財政事務――理論と実際』(第一法規、一九六四年)五八三―五八五頁。

(8) 監査委員制度は従来の考査役制度とは異なり、議員がそこに取り入れられたことによって、もうすでに「考査役制度の延長線ではなく、監査制度と地方自治の関連の上に立つものとして」認識されるべきである。同右、五八七頁。

(9) 同右、五八六頁。

(10) 池田、前掲書、八―九頁。また池田は、地方自治法の成立に伴う監査委員制度の成立を従来の地方監査制度との違いを強調し、それを「議会からも独立し、長からも独立した特別執行機関」と位置づけていた。同「監査委員監査のあり方について」(『月刊自治フォーラム』四八一号、一九九九年一〇月)一一―一二頁。

(11) 一九四七年一〇月七日「東京都監査委員条例」が制定され、「名実ともに今日の都における監査委員制度の発足」だと言われるようになる。東京都監査実務研究会、前掲、一二頁。

(12) 山代、前掲、一二〇頁。

(13) 池田、前掲書、一〇―一一頁。

(14) 東京都の場合は、制度上学識経験者である監査委員の常勤制をとっていたが、特別の場合、一人が非常勤であることをも認めていた。東京都監査実務研究会、前掲、一二頁。

(15) 前掲「年表 地方議会・監査制度」、六一頁。

(16) 池田、前掲書、一二頁。

(17) 同上、一二頁、宮元、前掲書、五九三頁。

(18) 東京都監査実務研究会、前掲、一二頁。

(19) 政令指定都市以外の市に関しては、定数二名をとっている市が圧倒的に多い。また町村の場合は定数二名がほとんどだといわれている。豊島忠「監査委員の組織と機能」（『地方財務』三一七号、一九八〇年一〇月）一四七頁。

(20) 議員選任の委員については、東京都の場合、議会における「各会派のうち、多数派の二会派に属する都議として数期経験した議員が選任されてきている」という。これは議会の多数派を抱き込んで、地方自治体行政における一致性・能率性を図ることを目指しているようだが、監査の独立性、公正性を期するのが難しくなり、実際に名誉職化したのではないかとの批判も多い。東京都監査実務研究会、前掲、一三頁。

(21) 山代、前掲、二二六頁。ただし、「都道府県、指定都市、人口三五万以上の都市及び人口十万以上二五万未満の都市においてはOBから選任されている監査委員の数が多いが、特別区、人口十万未満の都市、町及び村についてはOBではない者から選任されている場合の方が多い傾向にある」。川名弘一「監査委員制度」川名弘一編著『自治体の監査　改訂版——公営企業、特殊法人等を含めて』（ぎょうせい、一九九二年）五頁。

(22) 東京都監査実務研究会、前掲、一三頁。東京都「知識経験」委員のポストは、「三〇年以上にわたって都OBと警視庁OBで占められている」とされ、これについては「三〇年来ずっと（構成が）変わらないのは異常では」ないかと批判されている。当時、食糧費不正支出などが全国的に問題になり、これに対し監査委員制度は機能しておらず、「外部監査の導入」など、監査委員制度のあり方がきびしく問われていた。「都・警視庁OBの天下り先？　三〇年以上指定席に」『朝日新聞』一九九五年一一月二二日。

(23) 「解説　情報公開拡大前提に——なれ合い是正へ外部監査」『日本経済新聞』一九九六年七月八日。

(24) 東京都監査実務研究会、前掲、一三頁。

(25) この短期交替の原因は、地方議会において「議長、副議長、監査委員を三役と称し、これら名誉ある地位に多くの議員が就けるよう毎年交替する」ようになっていると指摘されている。世論によってしばしば批判されている議選委員の名誉職化の問題である。同右、一四頁および、山代、前掲、二二六頁。

(26) 池田、前掲書、一三頁。

(27) 山代、前掲、二二一頁。なお、高部正男は、監査委員の業務内容という見地から、能率的行政運営や組織の合理化について意見表明ができるため、監査委員監査は「内部監査」であると同時に、他方「主務大臣等からの要求による監査や住民監査請求等」も行なわれるため、「これらは内部監査の範疇には含め難い」という。その上に、監査委員監査は「外部監査と内部監査の折衷的中間的な性格を有するもの」であると結論づけている。高部正男「監査委員と監査」鈴木正明・川村仁弘編『〔実務地方自治法講座　六巻〕執行機関』（ぎょうせい、一九九〇年）所収、六二頁。

(28)　これは、住民監査請求の結果がまとまらない原因の一つである。同右、山代、二二五頁。また、吉田寛によると、監査委員の独立性については、「監査委員監査の合議制の拡大（平成三年）によってむしろ弱められている」という。吉田寛「監査委員監査と外部監査――その役割と相違点」（『税理』四一巻五号、一九九八年五月）六三頁。

(29)　東京都の主査監査委員は、「都議会において最大多数の会派に属する監査委員」がなっている。東京都監査実務研究会、前掲、一五頁。

(30)　「岐路に立つ自治体監査」『日本経済新聞』一九九六年七月八日。

(31)　川名、前掲、一一頁。

(32)　また事務局職員の任期年数も、「首長部局との違いがあまりみられない」し、普通の人事システムの中に置かれて、一定期間を経てまた監査される側に廻されるようになっている。金倉忠之「監査委員事務局の組織と機能」（『地方財務』三一八号、一九八〇年一一月）一七六頁。

(33)　川名、前掲、一二一―一三頁。

(34)　同右、一九頁。

(35)　同右。

(36)　林銑太郎「事務監査請求」、前掲『自治体の監査　改訂版――公共企業、特殊法人等を含めて』、二三二頁。

(37)　「住民請求」『日本経済新聞』一九九六年七月八日。

(38)　市町村は都道府県と違って、住民の身近に存在し、住民監視の「目も届き易い」といった原因分析もある。ただ「事務監査の方が直接参政の要素」が強く、「旧制度にみられたような中央政府による自治体の後見的監督という上からの監査にかわる下からの監査機能」として、今日、市民の政策能力の成熟に伴って、一段と重要視されていくべきである。土岐寛「事務監査請求の制度と実態」（『地方財政』三二一号、一九八一年二月）一五一―一五二頁。

(39)　同右、一四八―一四九頁。

(40)　「目付け役果たせぬ監査委員」『朝日新聞』一九九五年三月一三日。そのため、さらにそれは後述する「定期監査である財務監査が、外部監査から除外されている」などの外部監査の業務内容の問題も加わり、この外部監査導入の制度設計は「事件対応的性格を持たされている」とも指摘されているところである。また、成田頼明は外部監査制度の導入の「異例な早さ」に着目し、「一連の地方分権推進のための制度改革に先立って監査制度の改革に関する部分の改正が先行的に整備されたのは、続発する地方公共団体の予算の不適正執行や不祥事によって住民の地方公共団体に対する不信感が高まっていること」など、「地方分権を推進する上で大きな障害になりかねない」ため、「とりあえずの対策として」それに取り組んだと指摘している。吉田、前掲、六一頁、および成田頼明「分権時代と自治監査制度の重要性」(『月刊自治フォーラム』四八一号、一九九九年)二頁。

(41) 稲垣寛「外部監査制度について」、前掲『月刊自治フォーラム』、五頁。著者は当時、自治省行政局行政課監査指導専門官の職にあった。

(42) 成田頼明「外部監査制度導入の背景とその趣旨――新たに導入された地方公共団体の外部監査制度のあらまし」、前掲『税理』、四四頁、および市村充章「地方公共団体の外部監査制度導入と国会論議」(『会計と監査』四八巻十号、一九九七年九月)二一頁。

(43) 成田、前掲、四四頁。

(44) 山崎重孝「地方公共団体の監査制度の改革等――外部監査制度の創設と監査委員制度の充実強化を中心として」(『時の法令』一五二八巻七号、一九九七年一二月)六頁。

(45) 成田(一九九九)、前掲、二頁。

(46) 岩崎美紀子「『地方自治法の一部を改正する法律』について――外部監査制度の創設」(『ジュリスト』一一一九号、一九九七年九月一五日)四六頁。

(47) 山崎、前掲、八頁。

(48) 前掲「目付け役果たせぬ監査委員」。

(49) 成田、前掲、四八頁。

(50) 市村、前掲、二四頁。

(51) 同右、二三―二五頁。

(52) 包括外部監査で「公社の会計に隠されていた多額の赤字が発覚」するなど、外部監査人が「かなり踏み込んだ監査を実施」してきて、と同時に自治体側にも「是正の動きが広がり始め」ており、「一定の成果が出た」と評価されている。他方、識者による外部監査人の監査執行体制の充実や外部監査のフォローアップなどの必要の指摘、および自治体側・自治省による「企業と自治体異なる『哲学』」や「政策にまで踏み込んだ」外部監査への批判の声もある。「外部監査　自治体を刺激　会計処理の改善を促す」『日本経済新聞』二〇〇〇年七月三日。

(53)「自治体の外部監査機能、青森県など『最低』評価」『朝日新聞』二〇〇〇年八月一七日。

(54) 池田昭義は監査委員制度を、現在の監査委員やその事務局または社会一般からも「内部監査」と誤解されているという。すなわち、「現状は都道府県、市町村に内部監査部門が存在していないため、多くの地方公共団体ではあたかも監査委員、監査委員事務局が内部監査担当者であるかのような解釈、運用がされているように思われる」との指摘である。さらに監査委員の監査と外部監査人の監査では、不正経理問題の解決には対応できないため、「長みずからによる内部監査」の強化は必要であると示唆している。池田昭義「地方公共団体の外部監査（その二）」（『地方財務』五一一号、一九九六年一二月）一三二―一三三頁および、池田（一九九九）、前掲、一五頁。

(55) 成田、前掲、四五―四六頁。ただし、成田頼明は、この「外部監査制度」についての税理士向けの簡単な論文の中では、監査委員監査が「内部監査」か「外部監査」かについての議論を展開することはできなかったようである。また成田は別の論文で、監査委員制度を「戦後半世紀の歴史を持つユニークなもの」と興味深い指摘をしている。成田（一九九九）、前掲、二頁。

(56) 岩崎美紀子による監査委員の外部性の「内部化」論も存在している。岩崎は、外部性を持つ監査委員の監査は、その制度の理念が実際の「運用において相殺され、内部性を強めた」結果となったと指摘し、外部監査制度に関しても、「内部化の抑制」と監査主体・客体の対等性の確保が必要と分析している。岩崎、前掲、四七、四九頁。

(57) 吉田、前掲、六一―六二頁。

(58) 地方分権推進委員会や地方制度調査会の活動に深く関わってきた成田頼明は、現在活動中の第二六次地方制度調査会の今後の地方制度改革の動向に関連して、「外部監査制度の導入を中核とする大きな改正がすでになされたので、当面これ以上に踏み込むことは考えられない」と述べた。成田（一九九九）、前掲、三頁。

(59) 池野武「行政考査」行政教育研究会編『行政監査』（文理書院、一九六九年）所収、二六五頁。

(60) 山代、前掲、二二九―二三〇頁。

(61) ただし、これについての批判もあった。すなわち、「行政監査」は財務監査を中心とする監査委員の権限から逸脱したものであり、本来の監査委員の監査範囲外の「行政監査あるいは行政考査に踏み込んでいるではないか」といった批判がそれである。これに対して「事務事業監査」は、「財務監査の範囲内でその方式に工夫をこらしたもの」だと法制度の解釈を試みたこともあった。川名弘一「行政考査とそれに類似する監査」、前掲『自治体の監査　改訂版——公営企業、特殊法人等を含めて』、一八五頁。

(62) 池野、前掲、二六五頁。

(63) 東京都企画調整局調整部『行政考査資料集』(一九七一年)一九五—一九八頁。

(64) 事務事業監査は「地方自治法」上の制限のため、「行政監査」を全面に打ち出したことこそなかったが、実際、東京都などにおいては「行政監査」とこれを位置づけていた。そういう意味で「行政監査」は監査委員にとってはけっして見知らぬ制度ではなかったといえる。川名、前掲、一八五頁。

(65) 同右。

(66) 東京都監査実務研究会、前掲、四〇、四二頁。

(67) 同右、三一頁。

(68) 大坂健「地方公営企業の監査」(『地方財政』三一九号、一九八〇年一二月)一八三頁。

(69) 同右、一八六頁。

(70) 市原昌三郎・塚元寿雄・高水間俊文・薄井忠正「パネル討議(監察・監査の現状と課題)」総務庁行政監察局『第一四回監察・監査中央セミナー講演録』(一九九三年)所収、一一〇頁および、外園健一「監査委員監査(行政監査)の実際と課題」行政管理研究センター『監察・監査の理念と実際』(一九九四年)一一七、一二四頁。

(71) 岩崎忠夫「地方自治法の一部を改正する法律について」(『自治研究』六七巻七号)一三頁。

(72) 同右、一四頁。

(73) 池田、前掲書、一七九頁。

(74) そのため、従来の「知識経験」委員のことを「識見」委員と読み替えるべきだとの意見もある。山代、前掲、二二五、二二七頁。

(75) ここでの考察は、「行政監査の実施体制」(香川県が平成五年一〇月に実施した調査結果をもとに作成)、外園、前掲、一三六—一三七頁を参照した。

(76) 監査委員事務局の職員が自治体の規模に応じて、どのくらいの体制を維持すればいいかについては定説がない。しかしその現状として、人的資源が充実していないということについては、地方自治体の長の監査業務への怠慢、無関心と関係ないとはいえないようだ。現状では、都道府県における財務監査従事職員は一〇〇〇名で、行政監査従事職員四〇名となる。これは、会計検査院と総務庁行政監察局の一二〇〇名前後の人数と対照的になっている。地方自治体が今後行政監査に力を入れるとなると、「総務庁の行政監査局の職員の数ぐらい必要ではないか」と監査委員事務局から苦情が呈されるのも、無理な話ではないようだ。外園、前掲、一一七頁。また、隅田一豊は、第二四次地方制度調査会第一一回専門小委員会の資料を引用し、「行政監査」の執行状況は、四七都道府県が年平均二・八件、一二指定都市が年平均二・三件であるのに対して、二五六二町村では年平均〇・六件」となり、「大半の自治体」ではほとんど行なわれていないと指摘した。隅田一豊「日本における今後の監査制度のあり方(『月刊自治フォーラム』四八一号、一九九九年一〇月)一八—一九頁。

(77) 池田昭義の試算では、人口一〇万規模の市の場合、二〜三名の担当職員で、一テーマにつき一カ月〜二カ月前後の時間を要するという。また池田によると、「このような行政監査を現有勢力で消化するとすれば、必然的に財務監査の試査範囲を従来の五〜八パーセント程度から、三パーセント程度にまで縮小せざるを得なくなる」という。さらに池田は改善方法としては、監査委員、補助職員の増員、シンクタンクへの調査委託などを提案している。池田、前掲書、一八二頁。また池田は多発していた地方自治体の不正経理事件に関連して、それは「都道府県の監査委員が、任意規定である行政監査をやって、必ず実施しなければならないとされている財務監査を手抜きする」ためであると指摘している。池田(一九九九)、前掲、一五頁。

(78) 外園、前掲、一三五頁。

(79) ここでの考案は、「行政監査のテーマ(都道府県別——平成五年度)」(香川県が平成五年一〇月に実施した調査結果をもとに作成)、同右、一三八—一三九頁を参照した。

(80) 池田、前掲書、一七九—一八〇頁。

(81) 外園、前掲、一二六、一二八頁。

(82) 同右、一一九頁。

(83) 同右。

(84) 同右、一四〇頁。

(85) 同右、一二〇頁。

(86) 同右、一四一頁。

(87) 同右。

(88) この行政監査においては、「監査対象機関とした自治文化課及び労政福祉課の所管」している施設が全部で三四カ所であるが、現地調査で調査を受けたのはそのうちの一六カ所で、半分程度となる。同右、一二〇頁。
(89) アンケート調査に関して、埼玉県は委託調査まで考えていたが、人件費などの事情で中止された。同右、一二一頁。
(90) 前掲「パネル討議(監察・監査の現状と課題)」、一二〇頁。
(91) 外園、前掲、一二九頁。
(92) 同右、一二五頁。

第四章　行政機関の内部監察・監査

総務庁の行政監察を論じる時、その比較の対象として常に引き合いに出されるのは、監査委員による行政監査のほか、いわゆる各個別省庁などの内部監察・監査機能である。これはそれぞれの行政機関内に存在する内部チェック部門の活動のことである。これらの内部チェック機能については監察、監査と称するほか、考査という概念が使われる場合、また官房部門に置かれて兼任の形をとっている場合もある。さらにその内容は一般行政業務のチェックにとどまらず、会計、服務規律さらに犯罪の摘発、事故処理などの分野にまで及んでいる。こうした内部チェック機能の特質から、総務庁の行政監察と異なり、全体的な研究、状況の把握が十分されていない状況がある。本章では総務庁監察行政との関連から、行政機関内部の監察・監査を国および地方自治体レベルに分けてみることにしたい。

第一節　中央政府各省庁の内部監察・監査

国レベルの内部監察・監査について、本節では、各省庁の内部監察・監査の歴史的沿革、日本の行政監察・監査体制におけるその位置づけおよび現状を見た上で、郵政監察を考察する。

1　各省庁の内部監察・監査の概観

総務庁行政監察局（当初、行政管理庁監察部）による監察行政が施行される前には、各省庁の行政全般に関する行政監察こそ存在しなかったが、直接行政を執行する責任のある各行政機関内部の監査組織が存在していた。表4－1は、行政管理庁監察部設置以前の国レベルの内部監察・監査組織の設置状況である。

表4－1　1947年までの国レベルの監察・監査機関一覧図

行政機関	監察・監査機関	設置時期
大蔵省	出納局　監査課	1885年12月22日
	監査局（銀行，保護会社等の会計監督）	1891年8月16日
	監督局　監査課	1897年4月28日
	専売局販売部　監査課	1907年10月1日
	預金部資金局　考査課	1937年5月4日
	総務局　考査課	1942年11月1日
	銀行局　考査課	1947年5月1日
逓信省	大臣官房　監察課	1886年2月27日
	総務局　監察課	同上
	経理局　監査課	1919年5月15日
	電気庁第一部　監査課	1939年4月1日
	総務局　監査課	1947年5月1日
内務省	地方局　監査課	1898年11月1日
	警保局　監察官室	1947年5月1日
文部省	総務局　考査課	1942年11月1日
運輸通信省	大臣官房　考査課	1943年11月1日
	通信院総裁官房　考査課	同上
軍需省	総動員局総務部　考査課	同上
商工省	石炭庁総務局　監査課	1945年12月14日
内閣など	逓信院総裁官房　考査課	1945年5月19日
	戦災復興院建築局　監査課	1946年3月22日
	戦災復興院特別建設局建設部　監査課	1946年11月14日
	総理庁官房　監査課	1947年3月3日
	経済安定本部　監査局	1947年5月1日

注：秦郁彦『戦前期日本官僚制の制度・組織・人事』（東京大学出版会，1981年）により作成.

図4-1　わが国における行政の監察・監査の体制

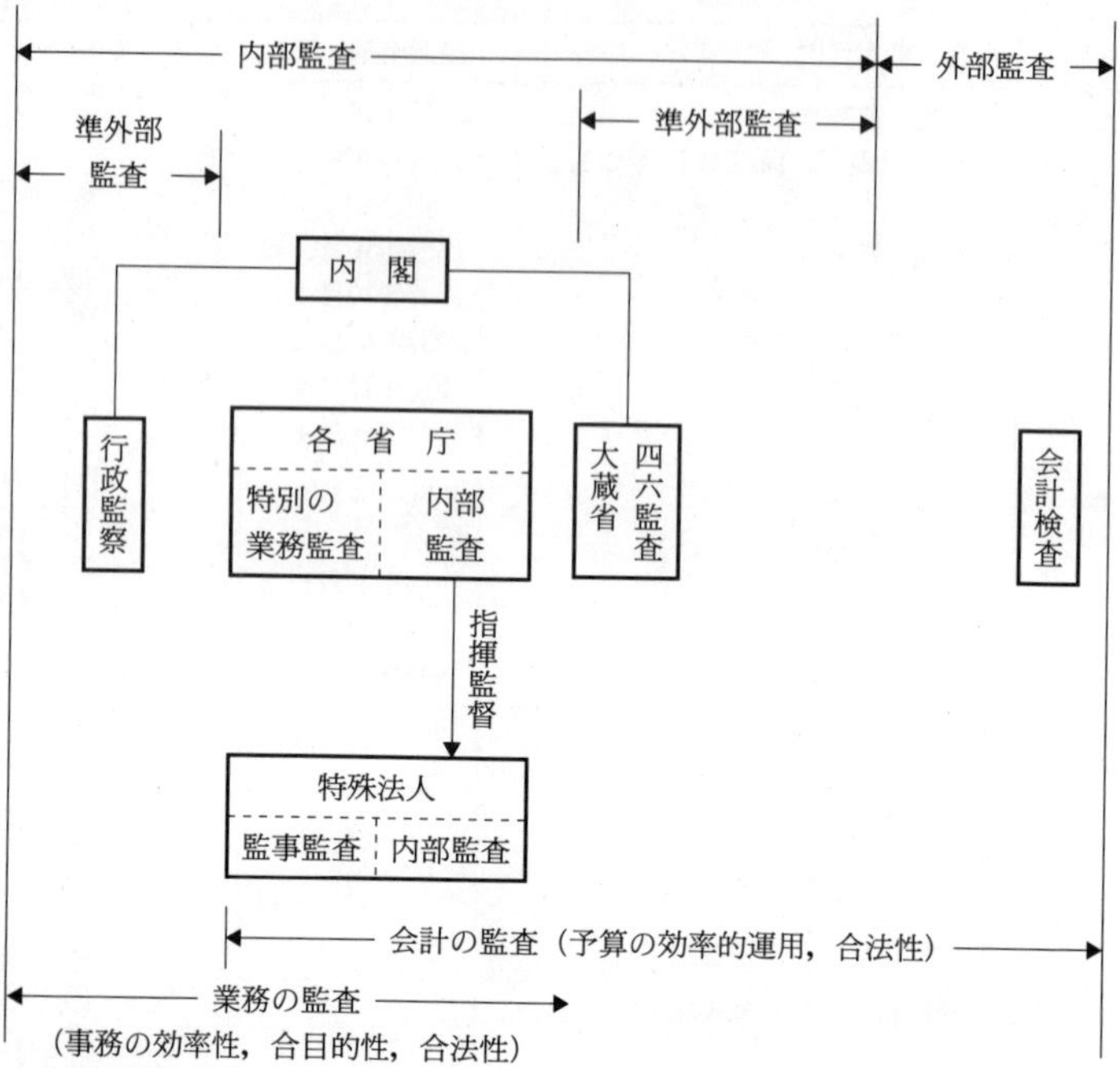

出所：行政管理研究センター『行政評価機能の実態とそのあり方』（1986年）29頁.

戦前および終戦直後の内部監察・監査組織の状況

まず各行政機関内部の監察・監査組織の設置時期であるが、明治期の内閣制度の発足と同時期であることが重要である。この頃は、会計監査中心の監査課の設置がもっとも多くみられた。各行政機関内部の監察・監査組織設置の第二期は、戦時中の非常時期である。戦時中、行政内部の統制を強化する観点から、官房・総務部門に考査担当の組織が多く置かれるようになったというのがそれである。これは、前述した地方自治体の考査役の設置や考査部局の法制化の時期と一致している点が重要である。さらに、第三の時期は戦後占領統治下であるが、統制経済の推進・強化の観点から資源、建設および統制部局に監査機関が設置された。この時期の監査機関は、従来のそれと違い、内閣などに設けられ、内閣における行政の指揮監督権の強化、中央集権的な統制による施策の推進の観点から、各省庁を監察・監査したのが特徴である。

表4－2　各省庁における内部監察・考査担当組織一覧

省庁名	内部監察，考査担当組織	省庁名	内部監察，考査担当組織
総理府（本府）	官房総務課	厚生省（本省）	官房総務課
公正取引委員会	官房総務課	社会保険庁	長官官房地方課
警察庁	警務局監察官	農林水産省（本省）	官房文書課
公害等調整委員会	総務課	食糧庁	経理部監査課
宮内庁	官房秘書課	林野庁	業務部監査課
行政管理庁(現総務庁)	官房秘書課	水産庁	漁政部漁政課
北海道開発庁	総務課	通商産業省（本省）	官房総務課
防衛庁	官房総務課	資源エネルギー庁	官房総務課
防衛施設庁	総務部監察官	中小企業庁	官房総務課
経済企画庁	官房秘書課	運輸省（本省）	官房人事課
科学技術庁	官房秘書課	海上保安庁	監察官
環境庁	官房秘書課	気象庁	総務部総務課
沖縄開発庁	総務局総務課	郵政省	官房主席監察官
国土庁	官房秘書課	労働省	官房総務課
法務省	官房秘書課	建設省	監察官
外務省	官房総務課	自治省（本省）	官房総務課
大蔵省（本省）	官房文書課	消防庁	総務課
国税庁	官房主席監督官		
文部省（本省）	官房総務課		
文化庁	官房庶務課		

出所：行政管理庁調べの「各省庁における内部監察・考査担当組織及び行政相談担当組織一覧」（行政管理研究センター『行政管理便覧　1983年版』1983年，149頁）により作成．

その後占領期が過ぎ去り、統制経済を終えて戦後施行された経済統制などの監察・監査担当機関が整理されるようになっていったが、各省庁内部の監査・監察機能、組織は残存した。

内部監察・監査の類型とその業務内容

総務庁行政監察局を含む国レベルの監察・監査体制は、図4－1によって概観できよう。

まず、憲法において内閣から独立した機関とされる会計検査院は、決算や国の収支会計検査、会計経理の監督を中心に行なう外部監査機関となった(1)。これに対して、ほかの監察・監査組織は政府内部のチェック機能となった。便宜上、総務庁の行政監察と、予算の適正な施行を監査する大蔵省主計局監査官による予算の執行監査(2)は、各省庁がそのチェック対象となるため準外部監査と呼ばれることとなった。

表4-3　内部監査の種類別にみた内部監査組織の現状

監査の種類	内部監査組織を設けている機関数			内部監査組織数					
				組織数			左のうち専任の職員が配置されているもの		
	本省庁	地方支分部局	全体	本省庁	地方支分部局	全体	本省庁	地方支分部局	全体
会計監査	32	36	68	37 (52.1%)	39 (36.1%)	76 (42.5%)	18	7	25
事務監査	11	20	31	16 (22.5%)	24 (22.2%)	40 (22.3%)	11	13	24
服務監査	8	25	33	9 (12.7%)	25 (23.2%)	34 (19.0%)	3	6	9
総合監査	9	20	29	9 (12.7%)	20 (18.5%)	29 (16.2%)	7	7	14
計	—	—	—	71 (100%)	108 (100%)	179 (100%)	39	33	72

注：①会計監査とは，会計経理制度の適正な運用を主たる目的として実施するもので，主に会計を所掌する組織が行なうもの．
②業務監査とは，行政（業務）の能率増進を主たる目的として実施するもの．
③服務監査とは，服務規律の保持，綱紀の保持を主たる目的として実施するもので，主に職員の服務・人事を所掌する組織が行なうもの．
④総合監査とは，①，②および③を総合的に行なうものをいう．

出所：近藤昭三「行政監察法総説」雄川一郎・塩野宏・園部逸夫編『現代行政法大系　3　行政手続・行政監察』（有斐閣，1984年）所収，178頁．

準外部監査は総務庁や大蔵省のような行政の総括管理・調整機関によって実施されているのだが、各省庁内部の監察・監査は、当該省庁の指揮監督権の発動によるものである。その内容は準外部監査ほど単純なものではなく、兼務などの方式をとったり、多様な類型の監査機能を担う場合もある。このため、省庁内部の監査制度の全貌を把握するのは難しい。各省庁における内部監察・監査担当組織および内部監査の種類別にみた内部監査組織の現状については、表4-2、表4-3に示した通りである。

「考査」あるいは「行政考査」という用語は、「考査役」、「考査課」などのように戦前より使われていたものであり、地方自治体や国の行政執行機関部内における服務紀律や事務能率などの面の自律的内部統制機能として位置づけられてきたものである。現在においては表4-2で明らかなように、国の内部監査組織には「考査」という機能があるが、地方自治体のように内部監査の専門組織名として使われることはほとんどみられない。[3] これは表4-1に示された終戦前の状態と対照をなしている。すなわち、いわゆる国レベルの「考査」機能は、終戦前は考査課によって実施されていたが、戦後は官房秘書課や官房総務課のような総括調整管理部門に移され、課が消滅してしまっている。これは現在の考査、すなわち内部監査機能の活動低調、規模縮小を意味するものと考えられる。

内部監察・監査制度にまつわる実務上の用語問題はさておき、ここでまず表4-3の分類に沿いつつその組織の実態を見ておきたい。さしあたり次の二点が指摘できる。

第一に、会計監査の占める割合が他の監査より圧倒的に大きいということである。ここから、国の行政機関の内部監察・監査は会計経理制度の適正な運用に関するチェックを中心に行なっていることが分かる。また会計監査担当の専任職員を置いた会計監査組織は、他の内部監察・監査と比べもっとも多いが、しかしそれでも七六の会計監査組織のうち、専任職員を有する組織はたったの二五である。このことは内部監察・監査の専任担当者の少なさを物語っている。

第二に、会計監査の場合は本省庁とその出先機関における監査組織数がほぼ同じであるが、他の監査の場合、出先機関に集中することが特徴である。すなわち、会計監査以外の監査は、本省庁中心に統一的に行なわれているのではなく、それぞれの出先機関によって独自に実施しているものである。だが、たとえば服務監査や総合監査の場合、専任の監査職員が極端に少ないなど、その実施体制面の問題がある。概括的には国の行政機関内部の監察・監査体制は強力であるとはいえない。この点についてはもちろん、会計検査院や総務庁監察行政の存在などの要因を看過しえないところである。

国の行政機関の内部監察・監査（または考査）担当組織についていえば、その現状を踏まえると、業務内容を中心に以下のように三つの側面を指摘しうる。

(1) 官房機関内部の総務課、文書課が行なう一般行政業務面の監査であるが、これについては考査機能と位置づけられる場合が多い。「各省庁による業務」、服務の自己チェックであるが、「従業職員の大半が兼任[4]」となっている。このため前述のような監査活動低調の実態があり、総務庁行政監察業務の連絡窓口として総務庁監察行政と関係するが、総務庁のような行政監察を実施する体制になっていないし、活発に経常的な事務事業の監察・監査も行なわれていない[5]。この一般業務面の内部監査の活性化が期待されている。

(2) 会計や経理手続き面中心の監査であるが、この機能は会計・経理部門に監査課などが設けられ、遂行されてきている。会計監査は、内部監察・監査機能の主体となっており、監査課や監査係という単位の部署が従来通り存在している。ただし、公安調査庁総務部総務課や北海道開発庁総務課などのように、考査と会計監査をいっしょに行なう場合もある[6]。

(3) 主に「強度な公権力の行使を伴う業務、金銭取扱事務・契約事務などの業務・会計・服務のチェック」を行なういわゆる「特別の業務監査[7]」であるが、表4-2にみられた警察庁の警務局監察官、防衛施設庁の総務局監察官、郵政省の官房主席監察官、建設省の監察官などがこれにあたる。この特別監査の場合は、「専担の部局の専任職員の従事」であり、「監査実施件数は比較的多い[8]」といわれている。またその担当業務は、所管行政における事故の調査や犯罪の摘発などが多いため、しばしば新聞紙上に登場するところとなる。

この三つの側面で、国レベルの内部監察・監査機能を完全に説明することは、前述の考察からも明らかなように困難がある。本書は総務庁の行政監察を中心に考察するものであり、内部監察・監査機能については資料の制限もあり、総務庁監察行政と関連性の強い事例以外は概観するにとどめたい。以上の内部監察・監査組織を「服務監察型」、「経理監査型」、「総合考査型[9]」と分類するのも妥当だが、中央省庁の複雑な組織構成・業務内容に完全にそれぞれ当てはめること自体に、そもそも無理がある。それは官房機関に多くの管理機能が内包されているため生じた問題である。

この実情については次に考察の対象となる郵政省の郵政監察に関しても当てはまる。またとくに郵政省の事例では、こうした構造的問題をいっそう顕著に示すことができると考える。

2　郵政省の郵政監察制度と郵政監察による考査

郵政省は、総務庁の監察行政とほぼ同規模の全国的な組織を持つ郵政監察の専門機関を持っている。郵政監察について一般に知られているものを挙げると、郵政上の犯罪の摘発や事故の処理などである。その対象は郵政省関係職員にとどまらず、民間人による郵政犯罪の摘発も含まれる。とくに犯罪の摘発については逮捕の権限などもあり、「監察」という用語にふさわしい権力的なイメージが強く、しばしば新聞の社会面に登場する。

しかし、一般にはあまり知られていないが、郵政監察では、これらの郵政犯罪の摘発、処理という特別の業務監査のほかに、郵政省内部の郵政行政に関する総合的な点検・評価も行なわれている。すなわち、郵政監察機関は郵政大臣官房に直属し、トップ・マネジメントの補佐機能を果たしているのである。とくに郵政省の場合は業務上、他の省庁との違いから、監察においてその規模が大きく、内容も比較的多岐にわたっている。

ただし、郵政監察自体が行政内部の監察・監査機関であり、またその特殊な業務関係から、積極的かつ自主的に公表されていないため、この分野での研究はけっして充実しているとはいえない。換言すれば、郵政監察は国民の生活と密接な関係があるにもかかわらず、一般には知られていない側面も持っているのである。ここでは、郵政監察制度に関する分析を中心に、総務庁の監察行政との関連という視点から内部監察・監査の特徴を検討しておきたい。

郵政監察の歴史

広義の郵政監察は、ほぼ明治日本の開始とともに始まった。最初に出現したのは、一八七三年に駅逓寮に監察掛を設置したものである。この時点から「監察」という言葉が使われはじめ[10]、今日に至っている。

戦前の郵政監察は、規模が小さく、数回にわたって廃止されたり、あるいは他の部署と併合されたりしたこともあり、安定した体制であるとはいいがたいものであった。その上、当時の郵政監察は、郵政犯罪は取り扱っておらず、郵便局や特定局などを点検し、業務上の停滞などの問題を発見し、その改善指導を中心に行なっていた。つまり、初期の郵政監察は、いわゆる「行政監査」の性格が強かったということができる。また地方においては、独立した郵政監察機関ではなく、あくまでも当該郵便局長の直轄の下、逓信局監察課がその指揮・統括を行なっていたのである。

今日的な郵政監察体制の確立およびその本格的な始動は、戦後になってからのことである。一九四七年一〇月、郵政事業の本省（当時、逓信省）監察課が監察部に昇格し、その下に第一課（郵便担当）、第二課（電気通信担当）、第三課（貯金保険と郵政行政全体の考査および後の通信相談所である逓信相談所を担当）が設置された。さらに地方逓信局（現在の地方郵政局）に監察部も新設され、その下には第一課と第二課が設けられた。第一課は普通局と逓信相談所担当であったが、第二課は特定局の郵政事務を監察していた。二万カ所近くの特定局に対する監察・監査は、郵政監察が今日まで存在してきた重要な理由であるとさえいわれている[11]。すなわち、戦前・戦後における特定局や委託業務などの郵政行政の特殊事情から、郵政業務への全般的な監察が要請されるようになり、今日に至っているわけである。

戦後における郵政監察業務の拡大は、アメリカの占領政策と密接な関係があった。戦後の占領期に日本は、アメリカから郵政監察制度の経験を取り入れた。それゆえ、その機能・制度面では両国に共通するところも多い[12]。

当時、郵政監察の業務拡大の要因としては、まず終戦直後の日本国内の混乱による郵政事業の犯罪・悪質事故の頻発という事情が挙げられる。これに対し郵政監察の強化が求められ、とくに外部からは占領当局の働きかけも加えられた。一九四七年一二月、GHQは日本政府に対し独立機関としての監察機構の設立と郵便物事故申告制度の実施を勧告した[13]。これによって、一九四八年に郵便物事故申告制度が実施された。これに伴い、郵政監察の担当機関として大臣官房監察部に郵便調査室、地方逓信局監察部に郵便調査室分室が設けられ、郵便物の事故に関する調査が実施されるようになった。郵政行政における事故・犯罪の処理権限は監察部に移され、結果として郵政監察業務が拡大していったのである。

同年九月一六日、GHQは、さらに郵政監察機構の独立などに関する「郵便業務の機構改正について」の覚書を発した。この覚書の中では、まず現行監察制度について「郵政部外・内による犯罪が摘発できない」、「人事行政に対する効果的統制が行えない」、「下部組織の問題が上層部に反映できない」といった問題点が指摘され、大臣に直属する独立した「監察庁」の設立を要請していた。[14]

これを受けて郵政省誕生後、郵政監察制度の改正が行なわれた。一九四九年六月一日、「郵政省設置法」の施行によって、逓信省が郵政省と電気通信省とに分離し、郵政省が誕生した。この機構改革に際し、郵政省の内部部局として監察局が設置され、六課体制となった。さらに地方支分部局として一〇の地方郵政監察局が設けられ、これらの出先機関では、本省のそれに対応して三部六課体制が敷かれた。地方郵政監察局は地方郵政局(それまでの逓信局)から独立し別組織となった。郵政監察制度の新たな発足で郵政監察官は二八六名任命され、また地方郵政監察局の下部組織として郵政監察官の勤務地が指定され、監察官事務所が設けられた。「郵政省設置法」に郵政監察の権限などが明確に記され、同時に権限も拡充されて今日に至るのである。

今日の郵政監察機構は、一九六八年六月一五日の機構改革によって最終的に決着した。すなわち、本省監察局が廃止され、郵政監察業務は大臣官房に移行し、大臣官房に「主席監察官」を置くようになったのである。[15] 現在の郵政省本省の郵政監察組織構成は、図4-2の通りである。[16] 一九九四年七月一日現在の本省の職員数は五四名である。この定員は総務庁本庁行政監察局の一五九名の約三分の一にあたる。またブロック機関である地方郵政監察局は一〇局あり、次の通りである。

図4-2　郵政省本省郵政監察組織図

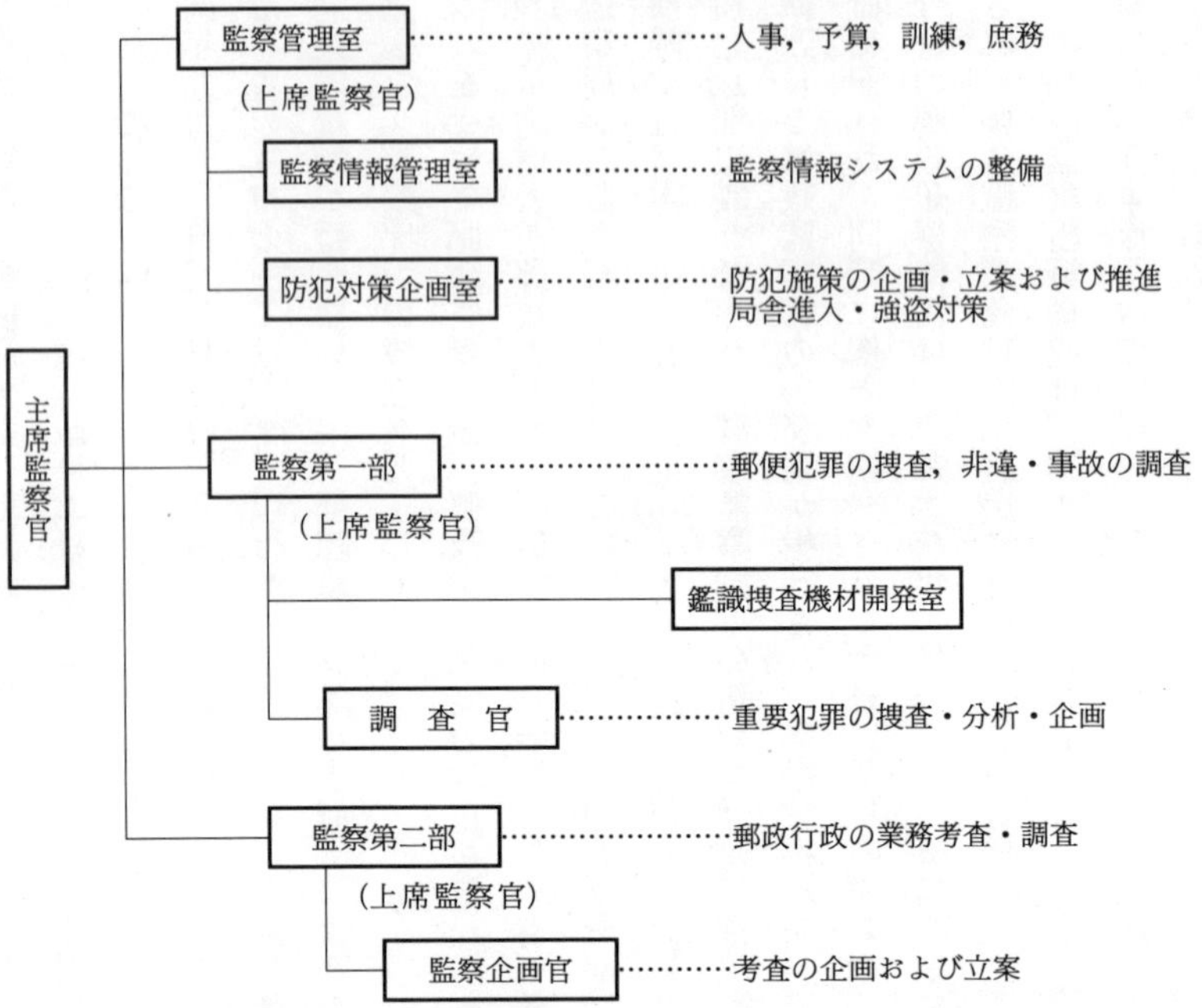

北海道郵政監察局、東北郵政監察局、関東郵政監察局、信越郵政監察局、北陸郵政監察局、東海郵政監察局、近畿郵政監察局、中国郵政監察局、四国郵政監察局、九州郵政監察局沖縄の場合は、沖縄郵政管理事務所内に監察事務室が設けられている。

さらに各都道府県に最低一室の地区郵政監察室が設けられ、全国で合計四八室ある。地区郵政監察室の場合は、政府の行政簡素化・行政改革施策に従って、郵政監察局所在県の監察室が郵政監察局といっしょになったのだが、同時に地区郵政監察室としても存在するため、これを入れると六〇室になる。地方支分部局の職員は一一六四名である。すなわち、郵政監察職員は本省・地方出先機関を含む全部で約一二〇〇名となり、そのうち郵政監察官は七〇〇名、その他郵政監察官補、事務職員は約五〇〇名の態勢となる。この人員配置からも分かるように、郵政監察は出先機関の郵政監察局と地区郵政監察室を中心に展開されている。

総務庁行政監察局の場合は、中央計画監察を中心に行なっており、本省における調査と結果の取りまとめ、勧告などを実施する。このため、本庁行政監察局の定員が一五九名で出先機関が九八二名となるのと対照的である。[17] いずれにせよ、郵政監察の規模は、ほかの内部監察・監査機関に類を見ないほど大規模な存在である。郵政監察はこのような大きな組織によって行なわれており、またその機能・監察業務内容も多様なものとなっているのである。

「郵政省設置法」と郵政監察

郵政監察の法的根拠は「郵政省設置法」（以下、設置法と略す）である。設置法には郵政監察の権限などが定められている。また、設置法を具体化するものとして「郵政省組織令」（以下、組織令と略す）と「郵政省組織規程」（以下、組織規程と略す）が存在する。ここでは、この三つの法令に基づいて郵政監察の権限などを検討したい。

郵政監察は郵政監察官を中心に行なわれる。大臣官房に主席監察官が一名置かれ、郵政監察業務を司る。郵政監察官の定員は設置法上七〇〇人以内と定められている。設置法においては、郵政監察の権限は主として郵政上の犯罪、事故に関する調査処理、郵政業務に生じた損害の賠償関係の権限、郵政業務の考査からなるが、具体的には次のように定められている。

① 「所掌事務に関する犯罪、非違及び事故を調査し、及び処理すること」（設置法四条九号）

② 「前号の犯罪、非違及び事故により発生した損害を賠償し、及び損害の賠償を受けること」（設置法四条一〇号）

③ 「所掌事務の考査をし、及び調査をすること」（設置法四条一一号）

④ 「所掌事務に関する世論を収集し、及び調査し、または公衆の不服の申し出について調査し及び回答すること」（設置法四条一二号）

また組織令においては、「総務庁の行う郵政省に対する行政監察に関する連絡事務を処理する」（四条一項一七号）ことが加えられている。総じて郵政監察の業務は上述の五つといってよい。とくに、郵政監察官は「刑事訴訟法に規定する司法警察の職務」（設置法一〇条一号）に当たるため、郵政事業における犯罪の捜査などの権限を持っている。ただ、現行犯以外の場合は、警察官に「これを逮捕させなければならない」（設置法一〇条二号）し、また現行犯またはそれ以外の犯人の留置の場合は、「最寄りの警察署に留置することができる」（設置法一〇条四号）など警察官の協力を要することが多い。日本の郵政監察はアメリカのように武器の携帯が認められているわけではないが、犯罪の捜査についてはかなりの権限を持っているのである。警察官と異なり、その捜査・調査の範囲は郵政犯罪に限られている。一般の郵政行政における犯罪だけでなく、部内者による犯罪も捜査・摘発の対象になる。

捜査に当たっては、警察官との連携が密接で、事件の捜査、逮捕、所在調査、参考人取調、検証など警察官に嘱託できる。それから、捜査、鑑識などの専門知識が必要のため、監察職員の研修も警察学校に委託するようになっている。また独自の犯罪摘発体制としては前出した郵政省本省郵政監察組織図にも出たように、強盗対策などのための防犯対策企画室や犯罪の捜査・分析を行なう調査官、特別の鑑識組織も存在している。捜査後は検察官に送致するが、司法職員権限を持つ郵政監察官の捜査結果は、ほとんど検察官に受け入れられる。郵便物事故申告制度（一〇一申告ともいう）により、一九九二年度の申告件数は九万二六九一件あったが、そのうち三万九五九一件（四三％）が解決済みとされている。これらの事故・犯罪の捜査・調査業務は、郵政行政の適正化の問題ばかりでなく、国民の通信の安全、自由を保障するものであり、国民生活と密接な関係がある。

郵政監察の戦後からの新たなスタートは、前述したように終戦直後の郵便事業で多発した犯罪とアメリカからの制度導入に起因している。郵政監察の規模や業務内容の変化などもその後、郵政事業におけるその時点での犯罪・事故の発生状況によって変動してきた。これは、犯罪の防止・処理と事故の調査・防犯などが、郵政監察の全体業務の中で大きなウエイトを占めていることを物語っている。とくに近年来この傾向がだんだん強くなっているようである。

郵政監察において、「考査」は犯罪の防止・捜査および事故の調査などに次いで、重要な業務の一つである。「郵政省の所掌事務の考査」および「調査」（組織令四条一項一五号）と定められているように、郵政監察の考査機能は、郵政省のすべての事務を対象として行なわれているものである。「考査」は「郵便局等における業務が、法令等に定められたとおりに、かつ、能率的に行われているかどうかを判断し、是正、改善を求める」活動である。(18)

換言すれば、「考査」は郵政監察機関が、郵政省内部の一機関でありながら、事業部門から独立して第三者的な立場に立って郵政業務の運営を合法性・効率性の観点から点検・評価する活動だといえる。この郵政省内部の業務監査活動の性格は、総務庁の行政監察に通じるところもあろう。また、「郵政監察官は、郵政業務の運行に関するすべての事項の調査にあたり、その実情及び改善すべき事項についての意見を郵政大臣に提出」することができるとされている（設置法九条二号）。この規定によって、考査の実効性が保障され、考査の意見が郵政行政全体の改善に反映できるようになっているのである。

郵政職員および部外者による郵政業務以外の犯罪は郵政犯罪に入らないため、その対象とはならない。その意味において、郵政監察はその所掌事務の範囲が限定され、一般にいわれる「服務監察」とも異なっている。ただ、郵政犯罪の捜査に当たって、郵政監察官は事業部局から独立した第三者的存在でありながら、考査など部内の状況を把握しているという利点を有するので、郵政業務の部内運営などの業務監査を通じて、とくに部内者による犯罪の摘発に利用することがある。この意味で、考査、調査などは、捜査と一体になっているものであるということができる。これは郵政監察の最大の特徴であるが、同時にきわめて特別な存在でもある。

郵政監察における考査

郵政監察担当機関が考査[19]を実施する際には、「郵政省考査規程」に基づいて業務が行なわれている。考査の対象機関というのは、同規程によれば、郵政省の所掌事務を取り扱うすべての機関と施設などとされている。また考査の目的は「業務運行の実情を調査し、違則又は不当な取扱を是正又は改善し、業務の正常の運行を維持するとともに、併せて郵政省の所掌事務全般の能率的経済的運営に資すること」となっている。

この規程に定められているように、郵政監察機関が行なっている考査には二つの意味合いが内包されている。第一に、郵政業務の正常な運営を確保するための違則・不当の是正・改善であり、第二に、郵政省全体の能率的かつ経済的運営に寄与する考査である。これは前述の内部監査機関である郵政監察の特徴から、郵政省の所管する業務における不当、違法の発見が考査の中心となっていることを示す。つまり、犯罪の摘発、事故の処理といった合規性の監査が重要視されているということができる。実際、考査を実施する際に、郵政施設への立ち入りや金庫などの開披、現金、切手類、証券などの提示、さらに封緘した郵袋や郵便私信箱の開披まで求める権限があり、実際に不正・犯罪の摘発ではなくても、これらの問題の防止から実施していることが明らかである。[20]こうした考査は内部監査だからこそ実施できたものであるし、またこれも特別司法警察職員という郵政監察官の特別な職務によっていたからこそ可能となったということができる。

前述した特定郵便局という特別な存在により、これらの郵便局への指導・管理も考査上重要な分野となっている。考査上法令などの違反を発見した場合、指揮監督の立場から是正・改善の指示を行なう権限も与えられており、これは総務庁監察行政のようないわゆる準外部監査にはない特徴であるといえる。またそれ以外に「業務運営の合理化・能率化のため」の改善が必要な場合、対象局やその上級の機関に勧告するものとされている点も大きな特徴である。[21]指示、勧告に対する回答も、三週間という短い時間で関係部門がこれを行ない、改善措置が不十分な場合、改善推進のための考査も実施できるなど強力的な側面もある。

通常の考査には二種類あり、「事務取扱状況を全般的に調査する総合考査」と「特定のテーマで業務の一部のみを対象として行う特別考査」[22]である。前者はたとえば二年というペースで、全国のすべての郵便局を定期に監査するようになっているものであるが、後者は随時に実施されているものである。また総合考査の場合は考査結果に基づいて、地方郵政監察局が主体となって成績評価も行なっており、この成績評価は被考査局の業務改善の指針となるのである。

また本省郵政監察機関は、地方郵政局（原則として二年に一回）および地方電気通信管理局、施設（三〜四年に一回）などの機関に対して定期的な総合考査を行なう。本省による総合考査の方針は、「地方郵政局の各種施策が本省の方針に沿い、かつ、管内事情に適するように計画され指導されているか、また、その施策が郵便局において的確に実施され効果を挙げているかどうか」となっており、また地方郵政局の経営目標、重点施策などがその所管郵便局に浸透しているかどうかなども調査するのである。[23]この総合考査の方針は、経営性の強い郵政行政の特徴も反映されているものであり、その着眼点は総務庁の行政監察のように、本省（総務庁の場合は内閣の）の方針推進に重点を置くことである。とはいえ、こうした総合考査方針はそれぞれの地方郵政局の計画・指導にも配慮しているものなのである。

考査は、独立した郵政監察機関によって実施されているけれども、是正改善事項について被考査局などとも協議を行なっている。協議の対象となる事項は、地方郵政監察局の場合、「考査結果の通知及び措置推進の事案」となっているが、「事案の性質上直ちに勧告することが適当でない」と認める場合、勧告の実施を差し控えて「協議の場に最善の方策を検討し、措置推進の実効を図る」[24]ように配慮されている。考査における地方レベルでのこうした協議や解決策の模索は、現地での問題改善、あるいはその是正を指向するものである。これに対し本省レベルの協議は実施されていない。ある意味で郵政監察による考査は、中間の地方郵政監察局段階を中心に行なっているともいえる。

こうした考査活動を通じて、地方郵政監察局などが郵便局などに行なった指示・勧告事項は年間四万件に達しており、しかもこれらの指示・勧告の内容は「例年あまり差が見られない」し、毎年減少していない[25]とされている。毎年同じような指示・勧告が出されるのは、単一の郵政行政の領域で同じ考査対象を監査するためやむをえない場合もある。業務考査に関してもこうした傾向があるのだが、問題の根本的な解決を図るためには合規性の考査、すなわち犯罪・事故の防止ばかりでなく、施策などの見直しや、方針転換を迫る本省主席郵政監察官主導の考査なども必要とされるべきであろう。すなわち、ここでは本省レベルの考査業務の活性化が求められるべきではないかということを提起しておきたい。

こうした郵政監察機関による業務監査の特徴は、考査上の調査実施にも影響している。調査上最初に着手するのは、「犯罪の危険があり、証拠が隠され、又は作為が加えられるおそれのあるもの」とされており、また現地調査では郵便物の保管、戸締まり、防犯措置、金庫などの状況を点検するのが中心となる。[26]いわゆる防犯体制面の調査が重要視されているのである。

考査の重点は社会経済情勢の変化に応じて変化しないわけでもないが、しかし郵政犯罪事故の防止は、考査活動において終始共通の調査の第一項目として挙げられている。ここから郵政の考査は、不正・不当の発見または犯罪防止のためのものであるといっても過言ではない面がある。また実際に考査を実施する際、郵政犯罪・事故の気配を感じた場合、特別司法警察職員である郵政監察官がただちに捜査に切り替える体制となっている。こうしたことから、内部事情に通じているため犯罪・事故の処理の迅速化に寄与できるという面があることも否定できない。

郵政監察については、事件の捜査、事故の処理および事務考査といわれる事務監査がある。しかしこれまで考察してきたように、この三者が密接に関連しており、それぞれ単独で語ることができない面もある。またこれまで言及しなかったが、郵政省および地方郵政局などに経理部監査課もある。郵政監察機関は考査を実施する際、会計監査と連携して並行して行なったケースもある。[27]また現在は減少したが、事業の企画・立案のための調査が要請される場合、郵政局が独自に実地調査したり、あるいは郵政局関係部門の専門担当官と共同調査したりして、企画資料を提供する業務調査も実施したりしているのである。(28)

郵政省内部の会計監査機関との連携および業務調査も、同一指揮系統下において可能となる。これは内部監察・監査機関の持つ利点ともいえる。郵政省の郵政監察制度は、その規模や業務考査などの実施内容において総務庁の監察行政に類似する点がある。またこれがあるからこそ、総務庁の行政監察が郵政監察にとって参考となる側面もある。制度上、相互補完関係も重要であるが、さらにいっそうの連携を期待するのも至当であろう。

第二節　地方自治体の内部監察・監査と行政考査

地方自治体における内部監察・監査について考察する場合は、用語上の問題で国レベルのそれと比べいっそうの困難が伴う。自治体の場合は「監察」、「監査」、「考査」のほかに、内部監察・監査機能を有するにもかかわらず、それらの名称を用いなかったり、あるいは専門組織が存在していないケースも多く見受けられるからである。さらにその内容をみると、服務監察、財務監査、業務監査などが存在しており、また互いに交錯する例もあるため、それらの関係は複雑なものとなっている。基本的には、行政部外の強い独立性を持つ監査委員による財務監査や行政監査に対して、これらの内部監査機能が、地方自治体の内部における長の内部的統制手段として、行政考査と位置づけられる傾向が強いといえよう。

本節では、まず行政考査の概念について検討し、さらに地方自治体の内部監察・監査制度における戦後の歴史的変遷を踏まえ、最後に東京都の事例を考察し、自治体の内部監察・監査制度の本質と存在意義を考えてみたい。

1　地方自治体の内部監察・監査

「行政考査」の意味

まずここで区別しておく必要があるのは、用法上、「行政考査」に広義・狭義の二つの意味合いがあることである。池野武によると、行政考査の概念は以下のように一般化されるという。[29]

行政考査とは行政権の内部にあって、行政運営の状態を調査評価し、その結果に基づいて必要な措置あるいは責任の追求を行い、行政運営の改善をはかるために行政権の主体がみずからおこなう、統制的管理機能である。

池野自身もこの定義については、「このような一般的な表現では、行政考査の機能を完全にいいあらわしているものではない」という前提を置いて、考査の機能、方法、組織および実際の内容を検討した後、前述した「服務監察型」、「経理監査型」、「総合考査型」[30]の「行政考査」に細分化することによって、行政における内部監査である「行政考査」の全体像を描いている。ここで強調されたのは、考査の主体が行政権内部にあるという点である。これはすなわち、地方自治体の長による統制的管理機能という側面である。この側面は、既述の国レベルの内部監察・監査においても同様である。

狭義の「行政考査」は、いわゆる業務考査、内部業務監査といわれる「総合考査型」に限定して使用される。たとえば、東京都の場合は「東京都行政考査規則」を定めて服務監察型の「行政考査」と分離して、行政考査を長の内部的統制手段として、「もっぱら能率性の視点を中心にして行政諸機関の事務事業の見直しを図り、改善すべき点を改善することで行政の効率的で適正な運営を確保しようとするもの」と定義している。[31]この概念は、地方自治体の内部監察・監査制度の実情に即して、監査委員による行政（業務）監査に対置して下したものと思われる。また国レベルの内部監察・監査機関にも狭義の「行政考査」に近い「（事務）考査」などの事例があるばかりでなく、ここでの「行政考査」は、総務庁行政監察局の行政監察活動にも類似している。これは、「行政監査」が行政における監察・監査制度全体を包含する用語であると同時に、監査委員による定期的事務事業の監査の意味も含まれるのと同様である。その意味で概念上の区別を明らかにするためにも、こうした地方自治体の内部監察・監査制度の状況を考察する必要がある。

地方自治体の内部監察・監査の歴史的展開

一九七一年、当時東京都の行政考査を担当した東京都企画調整局調整部が、狭義の行政考査を中心に都道府県における行政考査事務を調査した。[32]このなかで、内部の財務監査を担当する経理会計部門については触れられていないが、「服務監察型」の考査を担当する人事部門の活動には言及されている。これは、行政考査事務の全体像の把握に努めたものだといえよう。また表4-4は、市における内部監査制度の一九七〇年代中期の実態である。本節では、本書の中心である総務庁監察行政に関連を持つ狭義の行政考査を中心に、地方自治体の内部監察・監査制度を見ておきたい。

この東京都の調査では、地方自治体および国の内部監察・監査制度を「行政監査」ととらえている。[33]当時の用語法では、今日のような監査委員の専担業務である「行政監査」に限って用いられる概念とは異なっていた。ただし「監査」という場合、地方自治体の監査委員制度と混同するのを避けるためか、実際の調査においてあくまでも実務的な用語である「行政考査」を用いている。この調査は一九七一年三月に各都道府県、市に照会して得た回答をもとに作成されたものである。資料としては三〇年近く古いものだが、地方自治体の内部監察・監査制度の歴史などを理解するのに有用であろう。

同調査のなかで、「行政考査」を実施した三五都道府県のうち、「行政考査」(二四都道府県)、行政監察(六県)、

表4-4　各市の根拠規定と組織

市名	根拠規定（制定年）	担当組織
札幌	内部監査規定（1956）	総務局事務管理課
仙台	なし（1971・廃止）	総務局事務管理課
新潟	行政考査規則（1966）	総務部行政考査課
千葉	行政調査規定（1969）	総務部総務課
長野	行政事務考査実施要領（1960）	総務部職員課
神戸	行政調査規則（1960）	総務局調査課
岡山	行政調査規則（1961）	総務局調査課
広島	行政考査制度要綱（1967）	総務局事務管理課
福岡	行政監察規程（1956）	総務局行政監察班
唐津	行政考査規程（1968）	行政考査員
東京	服務監察規程（1955）	服務監察員
〃	行政考査規則（1964）	企画調整局行政管理部
横浜	行政監察規程（1958）	総務局総務課
北九州	行政考査規則（1963）	企画局

注：①大阪，浜松，東大阪，西宮の各市については不明．
②行政考査（監察）主管者会議1974，75年度分より作成．
③東京，横浜，北九州については，1966年東京都調査による．
出所：蓮池穣「都市における内部監査の課題」（『都市問題』68巻12号）22頁．

「考査相談」（一県）と「行政観察」（一県）など多様な名称が使用されている。[34]またそのうちの七府県が一九七〇年度に実施の実績がみられていない。人員定数は五名以下が大半で、またさまざまの名称が使用されている。さらに人事課や企画行政管理部門内の専門担当係として設置する場合も多かったようである。大多数の都道府県では行政考査規程（規則）などを制定したにもかかわらず、その実施体制が弱いという側面も見受けられる。これが前述した低調な実施ぶりにも反映されているのであろう。

考査規程・規則を制定する時期は一九五〇年代中ごろから六〇年代中ごろまでの間に集中しているが、これは監査委員制度の整備、強化に大きくかかわっている。前述したように、地方自治体においては、当初終戦前から存在した内部考査制度が監査委員制度の創設とともに、監査委員の事務局として補助機関の役割を果たすようになっていったという経緯がある。監査委員制度を強化するため、たとえば後述する東京都の場合は、一九五九年一〇月に従来の監査委員の補助業務と「知事の行う行政考査」を同時に実施してきた総務部考査課を廃止し、いわゆる行政内部の行政考査業務を総務局総務部企画課に移したのである。[35] その意味で、当初戦時中の「考査役」の設置、内部監査制度の法制化過程は、当時の「議会の監査機能」の縮小に対応した措置でもあったのであるが、[36] 一九五〇年代中ごろからあらわれた「行政考査」制度の整備は監査委員制度の強化に対応する形になったのであろう。今日もそうだが、監査委員の監査と「行政考査」との関係は非常に密接にかかわっていたのである。

しかしこの「行政考査」制度の成立過程は、戦時中における「考査役」などの設置のように単純ではなかった。一つは戦後の地方自治の向上によって、地方自治体が独自に制度上の模索を始めたことにかかわっている。そのため各地方自治体はそれぞれにさまざまな形式、内容の「行政考査」を実施していた。もう一つは、監査委員制度の整備・強化に伴い、地方自治体自身が監査委員に任せる惰性も出てきたことではなかろうか。これは「行政考査」業務の低調、体制の弱体化につながったといえよう。また実際に東京都の調査にみられたように、「監査委員監査のアフターケア」がその中心業務となっているケースは、長の内部統制機能である「行政考査」の能動性、積極性を破壊することになったと思われる。こうした「行政考査」制度の機能分散化と担当組織の多様化は地方自治体の試行錯誤を意味するものであるが、その実施にも大きな影響を及ぼす原因となったのである。

後述する東京都の場合は、その後、考査規程などの制定をはじめ制度上の整備が図られたが、いくたびかの担当組織の変化ののち、企画調整局調整部にたどりついたのは一九六九年八月である。[37] 一九五〇年代中ごろから現われた監査委員の監査に伴う「行政考査」への関心は、東京都の調査にみられたように、一九六〇年代後半から行政監査機関の「事務管理課」、人事課などへの吸収・統合、「内部監査の休止」、「制度の廃止」[38] を通じて、「行政考査」活動も活力が失せていった。とくに一九七〇年代中期前後になるとこの事態がさらに進み、服務監察以外のほとんどの部内監査が行政事務管理課などによって行なわれるようになっていった。結果として、「考査専門の職制を置くものはきわめて稀である」[39] という事態に至ったのである。

高度成長期を終えた日本では、一九七〇年代前半から地方財政の悪化も大きな問題となっていった。総務庁の行政監察と同様、内部監査機関が地方行財政改革、とくに当時の「事務事業見なおし運動」の事務局として運動の推進役を担った。しかし、この活動は「対市民キャンペーンの側面をもつ」ため、かえって地方自治体の「日常的な内部監査をいっそう目だたない存在にしてしまった」[40]といわれているように、結局、内部監査制度の活性化をもたらしえないという結果となった。

八〇年代以降になると、すでに事務管理部門に吸収された内部監査担当機関が、さらに人事課に統合されるケースが増加した。これは総務庁の設置に伴って人事局が総務庁に統合されたことに通じるところがあった。すなわち、内部監査の人事、行政管理部門との統合によって、監査機能を強化するという発想が出てくることになるのである。[41]しかし前述した監査委員の監査を補完するという地方自治体の内部考査制度の実態、実施体制の弱体化、実施ぶりの低調、また関心の低さなどの状況から、仮に行政管理および人事管理部門と一体になっても、その結果にどのくらいの効果が期待できるか疑問も多い。[42]こうしたいわゆる強化策を講じる前に、内部監査制度の本質・意義などを改めて再確認しておく必要があろう。そうでなければ、自治体の内部監察・監査制度は、人事管理、行政管理部門に埋没・吸収されてしまい、すでに影の薄い内部監査制度の存在をいっそう目立たないものとなってしまうだろう。また総務庁の監察行政などのようなすでに一定の規模を持つ、公表や評価手法などの制度が、それなりに充実してきた内部監察・監査と簡単に関連づけられるのも、大いに問題があるといえよう。

2　東京都総務局行政監察室の行政考査

ここまでは地方自治体の内部監察・監査制度について、概況的に見てきた。制度の名称や機関の規模、制度の内容、実施状況などによって、自治体の内部監察・監査制度は、国レベルの内部監察・監査制度以上に把握が困難なものとなっている。ここでは日本最大の地方自治体である東京都を事例として、その制度的な展開、組織構成およびその活動から具体的に地方自治体の内部監察・監査制度を考察しておきたい。

東京都の内部監察・監査は、総務局行政監察室を中心に行なわれている。行政監察室は「東京都服務監察規程」と「東京都行政考査規則」の規定に基づき、服務監察と行政考査を同時に実施している。東京都総務局行政監察室は、一方で官房系の総務局に属し、また職員の服務規律と業務監査を行なっている。前述した他の地方自治体にもよくみられるケースである。他方、行政監察という用語を用いて「服務監察型」、「総合考査型」の内部監査を行ない、しかも行政管理課の一係のような小規模な組織ではない点は、今日においてきわめて珍しいケースであろう。これは、東京都の規模と関係があるし、戦前からのいくたびかの制度的変遷を経た内部監察・監査制度の整備という歴史的要因によるものでもある。(43)

東京都の内部監察・監査の歴史

一九二一年、当時東京市であった東京都は、初めて市に監査課を設置した。監査課の設置は、一九二〇年一一月に発生した市職員、さらに市会議員にまで及ぶ東京市の汚職事件を背景にしていた。(44) また当時における人口の急増など都市問題の噴出、およびそれに伴う行政需要の増大などのため、行政機構の整備および管理機能の強化も求められるようになっていった。その後、監査課は一九三三年に考査局となり、その中に監察課、区政課、統計課、都市計画課を設けて、監察、調査、企画機能が一体になったが、一九三八年にまた監査部（監察課、区政課）に縮小されるようになった。(45) 区政に対する監督機能として、区政課を監査部に加えたのがその理由である。その後、終戦までの変化としては、翌一九三九年に総務局監査部（市務監察課と区務監察課）、一九四二年に市長室監査部（考査課と検査課）、一九四三年七月東京都制の施行に伴い、監査部はさらに長官房考査課と縮小されることになった。(46)

表4-5　戦後東京都における行政監察・監査機構の変遷

年代	機構名，所掌業務などの変遷
1947年7月	総務部に監査課を設置．監査委員の補助と行政考査を行なう．
1952年11月	総務部監査課を総務局監査部に改める．監査部の中に考査課を設置．
1955年6月	総務局監査部に監察員3名を配置，同月「東京都服務監察規程」制定．
1956年5月	同監査部に副監察員3名を配置．
1959年4月	同監査部に主査3名を配置，現在の班体制が確立．
1959年10月	監査委員事務局の設置に伴い，総務局監査部が廃止．行政考査は総務局総務部企画課が，服務監察は独立とした監察員室が担当．
1960年4月	企画室の設置に伴い，考査担当は企画室に変わる．
1963年7月	監察員室は総務局監察室として発足．
1964年8月	企画室の行政考査業務は企画調整局行政管理部行政考査課が担当．企画室～考査課設置の間は，行政考査が事実上中断した状態にあった．
1964年10月	「東京都行政考査規則」制定．
1969年7月	行政管理部廃止，企画調整局調整部が行政考査を担当．
1971年6月	総務局総務部組織管理課として復活，行政考査を担当．
1985年4月	組織管理課と情報システム開発室と統合し，行政管理室になる．また監察室は総務局行政監察室となる．
1985年8月	「東京都行政考査規則」を改正，行政監察室は行政考査を開始．

出所：東京都『東京都職制沿革』（1986年）により作成．

一九四三年は、既述の考査役制度や内部監査制度の法制化など執行機関の権限が強化された時期である。このため、考査という用語を使用したのであろう。東京都長官官房考査課は、考査部と東京府知事官房会計課検査係との統合であり、旧「東京都行政考査規程」に基づき「総合考査」、「一部考査」、「出納考査」、「補助事業検査」[47]など都政全般に関しての内部監査を所管していた。この体制は終戦直前の一九四五年六月まで続いた。一九四五年六月には、「戦争遂行のために不要不急と考えられ」[48]、人事課考査係に縮小された。背景が異なるにせよ、東京都における終戦までの内部監査制度の変化は、今日の地方自治体の内部監察・監査制度の現状に通じるところがあろう。

戦後における東京都の内部監査体制の変化は、終戦までの変化以上にめまぐるしいものがあった。戦後は、服務監察と業務監査業務の分担・統合などに鑑み、いっそう複雑になっている。ここでは表4-5のように、総務局行政監察室の設立に至る過程を簡単にまとめてみた。

前にも簡単に触れたが、戦後東京都が本格的な内部監察・監査活動を開始させたのは、監査委員制度の始動に伴って監査委員の補助部局として総務部監査課が設置されたからである。一九五二年一一月から総務局監査部に代わり、監査部にさらに考査課を設けて内部監察・監査を本格的に実施したのである。表4-5に記されているように、「東京都服務監察規程」が制定され、服務監察も監査部の内部監査の一環として同時に実施された。東京都の内部監察・監査が独立の組織による実施は、一九五九年一〇月の監査委員事務局の設置に伴う監査委員監査からの分離から始まった。従来の監査委員の補助機関ではなくなった総務局監査部が廃止され、考査課の業務は総務局総務部企画課に移されたのである。これによって、服務監察業務も独立の機関である監察員室によって行なわれるようになった。

しかし、行政考査は一九六四年一〇月の新しい「東京都行政考査規則」の制定まで、事実上中断されていた[49]。同規則の制定直前、企画調整局行政管理部行政考査課が設置され、企画室の行政考査業務を担当するようになった。新しい「東京都行政考査規則」の制定、とりわけ企画調整局の誕生までの行政考査の「開店休業」状態は、監査委員による事務事業監査の実施の関係で、「これまでの考査に対する考え方も薄く」なったからであろう[50]。

なぜならば、監査委員事務局は、知事部局から独立してからも従来の総務局監査部の業務であった監査委員業務と行政考査業務を「実質的に継承した」形となり、そのため東京都の監査委員によって「他の府県に例を見ない事務事業監査が行われて」いた[51]からである。この状況に対して東京都は大きな危機感を抱くようになり、内部監査体制の整備に取り組んだ。内部監査強化の理由として、第一に挙げられたのは監査委員による事務事業監査が合法かどうかの問題、第二に「知事の自己統制機能」の強化であるが[52]、業務監査は知事部局によって実施されるべきだというのが結論であった。監査委員事務局も事務事業監査のあり方を検討して、経営に関わる事業および財務に関する事務の監査を実施すべきだとの調査結果が出た[53]。しかしながら、この見解は既述のようにあまり東京都の事務事業監査に影響しなかったようである。

新しい「東京都行政考査規則」の制定はその一つの現われであった。この規則の中には考査の対象が各種委員会、地方公営企業、消防庁、警視庁なども加えられていた。これらの機関は、旧「東京都行政考査規程」が制定当時の制度関係でなかった考査対象である。しかし行政考査を担当する職員は五名程度で、これは当時の監査委員事務局の九七名と、服務監察を実施している総務局監察室の三二名と比べ、あまりにも少人数である。企画調整部自身もこの体制で規則に規定している通常の「行政考査を行うこと自体に無理」があると嘆いたという。[54] しかしこの体制整備の課題は今日に至っても、解決されていない。

企画調整局の行政考査業務は、その後一九七一年九月に総務局総務部組織管理課が担当するようになった。この行政考査業務に関する機構改革までの間、一七件の行政考査と実態調査が行なわれた。[55] この実態調査は状況把握のための「行政考査の前段階」と運用上位置づけられており、個々のケースによって、「まず、事務事業運営の現状の把握に努めたのち、その結果によって以後の考査手続に移行する」[56]ようになっていた。七年近くの間に行政考査五件、実態調査一二件が実施されたが、なお、この実態調査のうち、行政管理庁の行政監察業務および他府県市の行政考査制度に関する調査もあり、都政とは直接関係がないものである。実施期間は最長の一年八カ月の一件と、それ以外は二～四カ月がもっとも多かった。年間実施件数は、新たな行政考査組織が一九六四年八月に発足したため、その年が一件だけであるが、これを除けば毎年三件程度となっている。もし考査制度などについての調査を除けば、実際に実施した行政考査と実態調査の全体数は一五件となり、年間二件程度となる。

さらに他の部局と共同で、または住民監査請求や事務事業監査を発端に実施された実態調査の三件をこの統計から外すと、考査機関独自に問題点を発掘して実施した件数は一〇件となる。この実施件数の少なさは当然専門職員五名という当時の体制に関係する。行政考査の規則を制定する当初、あれほど監査委員の事務事業監査と対置したにもかかわらず、脆弱な行政考査体制であったため、監査委員監査結果の追跡調査などといった監査委員監査との調整中心の考査に終わったようである。

一九七〇年代に入り、組織管理課や行政管理室が行政考査の業務を担うようになってくると、都の行政考査体制も前述のこの時期における他の地方自治体と同じ様相を呈するようになる。最終的には一九八五年八月に、従来服務監察を実施してきた総務局行政監察室が行政考査を開始するようになってくる。これによって、内部監査機関は企画、行政の事務管理部署から分離し、官房系の総務局の中に、総務部（現在同部には行政管理課がまだ存在しているが）や人事部、財務部などから独立する形で、これらの部と並列に位置づけられるようになっていったのである。これは長年の試行錯誤の結果、たどりついた組織形態であった。また内部監査制度に対しての再認識の上に成り立ったものであったと思われる。それでは、現在の総務局行政監察室の権限、所掌業務と組織体制は、いったいどうなっているのであろうか。

「東京都組織規程」によれば、行政監察室は服務監察、行政考査、職員の賠償責任の調査のほかに、また監査委員および国の行政監察機関との連絡などの業務を行なっている。東京都の場合、職員が特別警察職員の身分ではないということ以外、前で考察した郵政省の内部監査制度である郵政監察に類似している。ある意味でこれも内部監査制度の一つの類型といえよう。これらの所掌業務のうち、とくに服務監察と行政考査については、それぞれ「東京都服務監察規程」と「東京都行政考査規則」によって根拠づけられ、行政監察室の主要な業務となっている。

行政監察室の服務監察業務

まず、職員の非違と事故を防ぐために東京都が設けた服務監察制度についてであるが、これは主として予防監察と事故監察からなっている。「東京都服務監察規程」では、予防監察は「職員の服務状況及び服務に関連する事務事業の内容を監察すること」であり、事故監察は「服務に関する法令等の諸規定に違反し、又は違反する疑いがあると認められる職員及びその関係者並びにこれらに関連する諸資料等を監察すること」とされている。すなわち、職員の非違、事故の防止・処理が同制度の目的であるというのである。

服務監察の内容は機密とされており、普通は一般に知られているものではない。ここでは職員の非違、事故および職員の信用失墜行為が発生する場合、知事に知らせるようになっている。また、知事が総務局長を通じて監察員に事故監察の実施を命ずることができることになっている。また予防監察の結果および事故監察に関する事項も知事に報告することが義務づけられているため、服務監察を通じて長の統制が図られている。こうした服務監察の業務上の特徴から、東京都の服務監察制度が創設されて以来、専門職員も行政考査より多く配置されており、他の知事部局からは基本的に独立した立場に置かれていることになっている。

前記の表4-5にもあるように、一九五五年「東京都服務監察規程」が制定された当時、監察員は三名しかいなかった。その後、その時々の汚職事件の続発などに伴って、一九七四年に四四名の服務監察職員が配置されるようになった。予防監察の場合は、「汚職等防止の手引き」、「服務指導の手引き」を作成したり、行政監察室の職員を講師として「汚職等防止研修」へ派遣したりして[57]、事前防止活動が行なわれている。また防止策の一つとしては出勤や在席の調査という随時監察が実施され、日常の職員服務状況およびそれに関連する事業運営が監察されている[58]。

事故監察の場合は、知事および職務上命令権者からの要請がある場合のみ監察を実施することになっているが、その活動は限定されている。一九九二年度の事故監察処理件数は六四件であり、そのうち自動車事故が四八件と[59]、半数以上を占めている。事故監察の結果処理は事情聴取、事実確認の上、人事部に処分意見が提出されるが、最終的に人事部によって処分決定が行なわれる。行政監察室は、「監察」という名称を使用していることからも分かるように、長年の経験蓄積もある服務監察業務が同室内で大きなウエイトを占めている。

行政考査の執行過程、業務内容と組織体制

行政考査は「東京都行政考査規則」に基づいて行なわれている。既述の制度沿革における監査委員の監査と大きな関連を持つなどの原因で、行政監察室に統合されるまで断続的に実施されてきた。新しい体制で出発した行政考査は、図4-3のような構成で実施されている。

新たに改正された「東京都行政考査規則」によれば、行政考査の対象は、知事の権限に属するすべての事務事業であるが、行政考査の実施は、都政の公正性、能率性の確保および運営の積極的な改善を目的としている。考査対象に対し、合目的性、効率性、合法性などの視点から問題点を指摘し、その上に改善案の作成、措置状況のフォローなどが行なわれることを通して考査の目的を達成するという手続きになっている。

行政考査は総務庁の行政監察と異なり、東京都の長である都知事が行政考査に大きくかかわる体制である。たとえば、考査に関する基本計画は知事の承認が必要であるし、また総務局長は考査の経過と結果を「適宜知事に報告」したり、改善案も知事へ報告をしたりしなければならないと同規則に定められている。東京都の行政考査は、その主体が都知事であり、「長のために、長が自らの手で、またその補助機関をして行わしめる統制の手段である」、「行政体内部の行政管理プロセスの一環」(60)と位置づけられているのである。また、こうした位置づけは、東京都の行政考査制度を反映しているものである。そのため行政考査の公表については、同規則で規定されていない。

図4-3のように、行政考査業務は主に中央考査と部門考査に分かれている。前者は総務局長、すなわち行政監察室の主導となるが、後者は各局長が実施するものである。後者に関して、総務局長はあくまでも必要な調整と助言を行なう立場にあり、具体的には各局長が部門考査の実施計画を作成する際、総務局長との協議が義務づけられている。また各局長が作成した部門考査の結果に基づく改善案は、総務局を経て知事に報告されるようになっている。部門考査の場合は、終始各局内の問題を中心に、各局の能動的で自主的な改善が前提とされており、総務局とりわけ行政監

図4-3　東京都総務局行政監察室における行政考査業務

- 中央考査
  - 特別考査：行政監察室　行政考査班（特別考査担当）
  - 一般考査：行政監察室　行政考査班（一般考査担当）（共通テーマ）
  - 一般考査：行政監察室　局別担当班（局別テーマ）
- 部門考査（各局）

出所：東京都総務局行政監察室資料「行政考査の概要」1994年4月1日.

察室は、総括、調整の役割を果たしているといえよう。

他方、中央考査は、その名称からも分かるように、総務局長の取りまとめの下で行政監察室が知事の立場、すなわち都政全体の立場から一元的に実施しているものである。この場合、現地調査や関係職員から関係資料の提出および説明を求める権限が付与されている。図4-3のように、中央考査はさらに、特別考査と一般考査に分けられている。前者は監査委員の監査および住民の苦情などを契機に必要に応じて実施されたものである。一般考査は、共通テーマによる考査と局別テーマによる考査からなっている。特別考査と一般考査は、定めたテーマによって実施されるが、ただ後者は年度計画によってあらかじめテーマの選定が行なわれている。行政監察室が行政考査を実施してからの考査実施状況は、表4-6に示されている。

表4-6から明らかなように、部門考査は各局選定テーマで毎年実施されている。特別考査の場合は必要に応じて実施されるようになっているが、平均毎年一件のペースで行なわれている。また各局テーマ考査と共通テーマ考査からなる一般考査は近年、増加傾向となっている。

ここで特別考査に関する問題点、とくに特別考査の長期化問題を考えてみたいが、その要因は次の二点に要約される。第一に、特別考査の場合は監査委員の指摘事項などが含まれ、条例の見直しなど改革が要求されていることが多いので、短期に解決できるものが少ないということである。この特別考査は中期・長期で目標を定めて、たとえば一～二年は短期考査、二～三年は中期考査、五年以上は長期考査という方式で取り組まれている。[61] ま

表4－6　東京都行政考査の実施事項

	特別考査	一般考査	部門考査
1985年度	公舎・職員住宅の管理運営	OA化の推進状況	窓口業務のあり方
1986年度	都営住宅の建設と管理運営	OA化推進と効率運営	各局選定のテーマ
1987年度	清掃事業の管理運営	事務事業の執行とそのあり方	各局選定のテーマ
1988年度	(1) 都立病産院の管理運営 (2) 建設事業の執行	事務事業の執行とそのあり方	各局選定のテーマ
1989年度		(1) OAシステムの効果的運営 (2) 新都庁舎の移転に向けての事務事業の改善	各局選定のテーマ
1990年度	用品制度の改善	(1) 都民利用施設等の運営 (2) 事務事業の効率的執行	各局選定のテーマ
1991年度		4共通テーマ/各局テーマ	各局選定のテーマ
1992年度	――――――	2共通テーマ/各局テーマ	各局選定のテーマ
1993年度	消費者行政の運営	3共通テーマ/各局テーマ	各局選定のテーマ

出所：東京都総務局行政監察室資料「行政考査の概要」1994年4月1日.

た第二に、前出したこととも関連するが、すなわち行政考査専門職員体制の問題である。行政監察室(62)には監察員一二名、副監察員一四名、監察主査一一名および服務監察と行政考査を総括する首席監察員一名など、四〇名に近い職員が配置されている。そのうち、特別考査と共通テーマ考査を担当する職員は七名、局別テーマ担当は二二名となっている。ここで局別考査の場合は二二名ということで体制が整っているように思われるかもしれないが、局別の場合には、行政考査と服務監察を同時に担当するとなっているので、けっして多いとはいえないのである。こうしたところも行政考査を長期化させる要因となっている。行政考査の効果的かつ効率的な実施を図るためには、これらの行政考査体制自体の構造的問題も看過できない。

東京都による行政考査の事例

「用品制度の改善」という行政考査があるが、これは一九九〇年度の特別考査として実施されたものである。それから二年後の一九九二年三月に結果報告書がとりまとめられた。さらにその一年後の一九九三年には、改善通知が行なわれ、また改善措置計画を担当部局に提出してもらうようになった。一九九四年に改善状況をチェックするためのフォローアップが行なわれ、同年六月に項目別の検証が行なわれている。こうした遅滞の原因としては、用品制度に関しては出納長が担当するため、これとの調整・連携が必要となり、多くの時間がかかったことが挙げられる。また二年に一回の人事異動で考査担当者も変化するなど、制度上の要因も指摘できる。さらに改善案の実施は難しいため、時間が長くならざるをえないのであろう。

特別考査は、監査委員の指摘事項および住民の苦情を発端として実施開始されたものであるため、原則として公表することとなっている。ただし、たとえば「用品制度の改善」の実施結果報告書の場合、実施の契機、期間、手順、対象部局など明確に記されていないため、ここで行政考査の実施過程に関して詳しく考察しようとしても難しい。同報告書をみると、この特別考査では、現状の分析と問題点の指摘は当然調査に基づいて行なわれ、全部で三二頁のその三分の一の内容は、「改善の方向」と「改善の実施と効果」からなっている。

同報告書ではまず用品供給体制の非効率性、用品制度自体の役割低下という制度のミスマッチ、需要に即応していない供給の硬直化、手続きの煩雑さ、および大量一括購入の非経済性などの問題指摘がなされた(63)。この行政考査ではこれらの問題指摘を踏まえた、関係部局の自主的な改善に任せるような、具体的な改善策の提示を避ける手法はとっていない。「東京都にあった効果的な物品の供給システムを実現する」ために、「用品サービスセンターの設置」、「用品サービス課の設置」、「物品調達基金の設置」など制度全般の見直しも試みている。また、改善案によって見込まれる経済効果の算出も行なわれており、改善の必要性が主張されている。

行政監察室が想定した改善案を実施するために、同室ではさらに改善案の段階的な実施計画が提示され、また最終的な改善を達成するまでの実施手法についても、選択肢であるA、B、Cといった三つの代替案が具体的に示されている。これらの代替案には具体的な実施時間、実施の順序まで記されており、制度上の問題はあるものの、総務庁中央計画監察の勧告内容と比べ大きな違いがある。この点は内部監察・監査の一つの重要な特徴であり、また内部の監察・監査制度だからこそ実現できたものと思われる。「用品制度の改善」の名に相応しい制度そのものの変化に迫る提言である。

他の一般考査もそうであるが、この特別考査においては、内部監察・監査であることから、関係局との調整が図られた上での報告書である。このため、関係局の意思も反映されていることだろう。とはいえ、このことは、行政監察室の行政考査機能の役割を軽視することに直結するものではない。

一九八五年七月東京都は、行政考査部会、オフィス・オートメーション推進部会、財務会計システム開発検討部会を含む行政管理委員会が設置され[64]、行政制度の見直し、都政の効率化の推進に取りかかった。行政監察室は行政考査部会を担当し、直接都政の改革に関係した。この行政部会で検討された改善措置計画は行政管理委員会に報告され、また同委員会での立案・調整を経て、都の「活力ある都政推進本部」で決定、推進されるようになっている[65]。これらの煩雑な手続きを経過して改善計画が決定されるため、時間を要するものとなっている。

だが、制度的な見直し・評価は、総務庁行政監察局も同様だが、その本格的な達成は日常的な行政改善活動ではない行政改革に手を借りるしかないように思われる。それにしても、制度の見直しの難しさから、同考査における最終結果にたどりつくまで長年の歳月がかかり、行政考査、とりわけ特別考査の重みを物語っていることもまた見落されてはならない。

こうした東京都の内部監査制度については、とりわけその行政評価機能の視点や効果について一定の評価を加える声がある一方[66]、内部監査制度のあり方に疑問を持つ批判も存在している。たとえば、ある批判で問題となったのは、行政考査などの地方自治体の内部監査機能は「行財政改革の中に吸収」され、地方自治体の「首長を中心とした計画や目標という大前提の下で機能している」ため、行政考査の結果報告については「内部管理の問題として公表」せず、さらに「システムとして市民相談や公聴担当部門との連携はほとんどなく、考査や監察のテーマ設定にどの程度住民の意向が反映されているかという点については首長の判断にかかっている」という疑問である。(67)

この問題提起は、市民によるコントロールという視点、とくに地方自治体の内部監査機能と市民との関係を意識するものである。この問題は、これまで述べてきた東京都の行政監察室の活動にもかかわっているものである。

東京都の内部にも、行政考査機能は、「厳密な意味において住民の立場に立脚して執行機関に対して批判するという機能」ではない、あくまでも「問題点を行政体内部で発見・摘出し、みずからこれを提示することで自己反省の契機を得、この是正を行う」ことを指向すべきだとの議論がある。(68) この議論の主旨は、行政考査といった制度は、あくまでも長の内部チェック機関が長のために行なう自己改善機能であるという、いわゆる「内部管理の問題」を提起しているものであるが、市民の評価視点、批判の導入には及び腰のように思われる。

しかし、現実の制度としては、監査委員や住民の苦情などをきっかけに実施した特別考査の事例もあるように、また既述の一九六〇年後半において、企画調整局のもとで監査委員監査に関する追跡調査が実施されたという経緯があるように、簡単に行政考査機能を行政内部の管理問題と言い切ることができない側面が見受けられる。

また今日実施されている制度の見直し・改善活動では、今後の高齢化社会の進行や規制緩和の展開、本格的な地方自治の推進などの新しい経済社会状況に直面しているため、住民の批判に耳を傾け、新しい住民の行政への批判意見・評価視点を取り入れなければ、本当の行政の適正化・改善を指向する行政考査は不可能であるし、またその効果も期待できないであろう。これらの問題については、内部監査制度に対する認識の再確認が必要とされるところである。

真の内部監査制度の実効性、効果を保証するものは、地域に生活している住民との対話、住民の行政への評価を、積極的にその血肉としていくことなのではなかろうか。

（1）会計検査院は行政の外部に置かれており、その独立性は検査官の身分保証や独自の予算、人事権によって保証されている。基本的には、地方自治体の監査委員制度にみられた実施体制上の問題が存在しない。違法不当経理、法令などの改善意見などについての意見表示、処置要求を行なうことができる。一九七五年度から決算検査報告には特記事項を設けて、事業効果や事業運営の見地から問題を提起するようになっている。近年、経済性、効率性、有効性の検査に重点を移す動きがある。行政管理研究センター『行政評価機能の実態とそのあり方』（一九八六年）三三—四一頁。

（2）大蔵省による予算執行の監査権限は、「会計法」の四六条の規定によるため、「四六監査」とも呼ばれている。「四六監査」の実施においては、各省庁から収支の実績または見込みについて報告を求めて、予算の実施状況について実地監査を行なうこともできる。現在、主計局の二名の監査官によって担当しているが、「その活動の実態は明らかではない」といわれている。「四六監査」は総務庁の行政監察と違い、「事務事業の内容それ自体の見直しではなく、既に決定された予算の執行状況に対する監査という手続的色彩が強い」という。行政管理研究センター『事務事業の見直し制度の現状と課題』（一九八三年）一〇一頁。

（3）「行政考査」を一つの行政学上の概念として次のように規定した例もある。「行政考査とは行政権の内部にあって、行政運営の状態を調査評価し、その結果に基づいて必要な是正措置あるいは責任の追求を行い、行政運営の改善をはかるために行政権の主体がみずから行う統制的管理機能である」。池野武「行政監査」行政教育研究会『行政監査』（文理書院、一九六九年）所収、二六六—二六七頁。

（4）前掲『行政評価機能の実態とそのあり方』、三〇頁。

（5）所管行政の事務運営評価を行なっている組織は、総務課以外に、政策・計画担当部課もある。行政管理研究センター『行政機構図　一九九二年版』（一九九二年）、二七八、二八七頁。

（6）これらの行政機関では、総務課が組織、人事、会計などの機能を一括して担うため、会計監査もその担当業務となったのである。同右、二五九、二七四頁。

（7）前掲『行政評価機能の実態とそのあり方』、三〇頁。

（8）同右。

（9）池野武は、主に人事部門担当で「服務上規律維持、不法、不正事実の調査処分など」を主な目的に、「総合考査型にまで至らない」服務監察型、「会計経理全般にわたる適法、適正な執行を維持指導する」「会計検査院の外部監査に対応した内部統制方式として確立した」経理監査型、それから服務監察型と経理監査型を含む「広い業務考査型」、業務監査だけの「業務考査型」からなる「総合考査型」に分類している。池野、前掲、二八九―二三〇頁。

(10) ここで取り上げた郵政監察の歴史に関しては、郵政監察研究会編『改訂・郵政監察概要』(ぎょうせい、一九八八年)二五三―二八四頁を参照した。

(11) 特定局は「特定郵便局」のことで、局長の選任は選考による任用がとられており、このような特定郵便局長を長とする郵便局のことである。特定郵便局の原型は、明治期郵政草創の時期に、地方資産家に委託して郵便取扱役として郵政事務の窓口の役割を果たしたことから始まったとされる。それが今日になると定着し、特定郵便局になった。郵政省監修『郵政百科事典』(ぎょうせい、一九九〇年)三三九、四六一―四六二頁。

(12) たとえば、日米両国の郵政監察は、完全に郵政事業部門と分離し、犯罪の捜査や防犯、業務考査の基本機能を有している。郵政監察研究会、前掲書、二二八―二三二頁。

(13) GHQからの勧告に先立って、前述したような郵政監察の強化を日本政府がみずから行なった経緯があるが、しかし、当時混沌とした社会情勢のもとで、外国からの小包の内容滅失などの事故が多発し、苦情が絶えなかった。この状況がGHQの勧告を促したようである。郵便物事故申告制度は、郵便物に関する事故が発生した時、利用者からの申告を受けて、郵政監察機関がこれについて調査・究明し、損害賠償などを講じる制度である。前掲『郵政百科事典』、五〇〇―五〇一頁。

(14) 郵政監察研究会、前掲書、一七―一八頁。新しく改正された郵政監察の機構はその権限などGHQが期待したようにできなかった。とくに人事管理の権限は結局持てなかった。

(15) 同右、二一頁。郵政監察だけでなく、ほかの内部監察・監査機関も常に政府の行政改革・行政機構簡素化施策の槍玉にあげられる。それはみずからが行政の点検・改善を目的とする機関であるため、みずからの組織編成を縮小すれば、他の行政機関の組織の変化、縮小もスムーズになるという考えからである。しかし、郵政監察の特徴からでもあるが、数度にわたる統合などを経験したのだが、組織・規模などはそれほど変化していない。監察局から大臣官房主席監察官への変化もその一例だといえる。

(16) 図4-2は一九九四年七月一日現在の本省組織構成であり、郵政大臣官房主席監察官室が提供した資料によって作成したものである。

(17) 笹岡俊夫「行政監察の実際と課題」行政管理研究センター『監察・監査の理念と実際』(一九九四年)所収、七四頁。

(18) 郵政省『日本の郵政 平成六年版』(一九九四年)三一九頁。

(19) 一九四九年六月から郵政省では「考査」という用語を使用し始めたが、それまでの「業務監察」がこれに当たる。

(20) 考査の実施に留意すべき事項の中で、「事故犯罪が潜在していないかどうかについて細心の注意を払わなければならない」ことが強調された。郵政監察研究会、前掲書、一七四頁。
(21) 同右、一八五頁。
(22) 前掲『日本の郵政 平成六年版』、三二一頁。
(23) 郵政監察研究会、前掲書、一九二頁。
(24) ただ本省レベルになると、協議の経験もあったが、最近では考査責任者の上席監察官による文書通知、説明などの方法がとられており、協議関係の会議は開かれていない。これは、主として地方出先機関段階で問題の解決を図るためであろう。同右、一九七―一九九頁。
(25) 同右、二〇二頁。
(26) 同右、一八一―一八二頁。
(27) 北海道郵政局『北海道郵政三〇年史』(一九七九年)一七〇頁。
(28) 北海道郵政監察局の場合は郵政局の要請により、郵便集配事務開始の適否、特定局長候補者選考調査など重要な調査を実施した。これらの業務調査は、企画立案への参考資料の提供を通して、郵政監察が政策決定に寄与しているものである。同右、一七三―一七五頁。
(29) 池野、前掲、二六七頁。
(30) 同右、二六七、二八九頁。
(31) 川名弘一「行政考査とそれに類似する監査」川名弘一編著『自治体の監査――公営企業、特殊法人等を含めて』(ぎょうせい、一九九二年)所収、一八一頁。
(32) ここでの考察は、東京都企画調整局調整部『行政考査資料集』(一九七一年)一六四―一七一頁を参照した。なお、東京都の調査および表4-4には、沖縄県と那覇市が本土に返還されていないため、その記録はない。アメリカ統治下の琉球政府においては、総務局行政部の下に行政監察課が設けられ、監察官七名を含む九名の体制で総務庁の行政監察に極めて近い形式の内部監査制度があった。当時監査委員制度こそ存在しなかったが、独立性の強い会計検査院が置かれていた。また、行政管理課と分離した行政監察課では、不正・不当の防止、陳情要望の処理、業務運営状況の行政監察が実施された。琉球政府総務局行政部行政監察課編『行政監察業務概況』(一九七〇年)一一七頁。

(33) ただし、内部監査であるこの「行政監査」概念をここでは用いたにもかかわらず、実務上、国は「行政監察」、地方自治体は「行政考査あるいは行政監察の名称で実施されている」という説明をつけ加えた。総務庁の監察行政と地方自治体内部の行政考査・行政監察制度と同一視するところが興味深い。ここでの「行政監査」の用語法は、前述の池野武による広義の「行政考査」概念と一致していると見るべきであろう。前掲『行政考査資料集』、一三五頁。

(34) ここでは、考査などの名称は用いられていないが、実際に行政考査を実施している例として三県ある。ここで参考にした調査結果の算出データについては、同調査結果を参照した。同右、一六三頁。

(35) 小島義一「行政考査制度の現状と問題点」東京都企画調整局調整部『行政考査論集』(一九七一年)所収、三七頁。

(36) 戦後の、とくに監査委員制度の強化に伴う「行政考査」制度の確立は、監査委員の「監査に対応する自律機能」を意図したものでもある。池野、前掲、二六六頁。

(37) 小島、前掲、三八頁。

(38) 蓮池穣「都市における内部監査の課題」『都市問題』(六八巻一二号)所収、二六—二七頁。

(39) 同右、二二頁。

(40) 蓮池穣は、「事務事業の見なおし運動」の「定着化、日常化」を達成するためには、「内部監査の再認識」が必要だと指摘している。同右、二七頁。

(41) 八〇年代の都道府県および指定都市における内部監察・監査機関の状況については、前掲『行政評価機能の実態とそのあり方』、一五二—一五八、一六四—一六五頁に記されている。ただしこうした統合には、地方自治体の行政改革の動きに関連するものだと指摘する声もある。すなわち行政管理、内部監査を担当する機関は、みずからの「行政管理課を廃止することによって他の部局の廃止統合をより円滑に行う」ことになるという「自らの骨を切らして肉を切る寸法」の発想がこれである。これは内部監察・監査および行政管理機関についてまわる宿命のようなものだろう。前掲『行政評価機能の実態とそのあり方』、一五一頁。

(42) 蓮池穣は、内部監査を「ラインの中の一係」に行なわせる問題の原因は、大部分の地方自治体が「スタッフ組織の重要性」を十分認識していないからだと批判した上で、「実際の監査は原部局に委ね、内部監査係はその事例を集めて整理し、若干のコメントをつけて印刷配布し、事務改善の参考に供する」にすぎないなど、内部監査制度の意義を厳しく問うている。蓮池、前掲、二二五—二二六頁。

(43)「監察」という用語は、東京都の場合も部署によって頻繁に使われている。服務監察を所管して監察という用語を用いたのは、行政監察室以外にまた水道局労働部監察指導課と教育庁総務部法務監察課がある。このほかに建設局道路管理部監察指導課も監察という用語を使用しているが、道路の不法占用などを中心に、主に民間人を対象に行なう道路使用の管理業務である。
(44)鍛治智也「東京の市政改革——後藤市政における行政管理」東京都行政調査会編『大都市行政の改革と理念——その歴史的展開』(日本評論社、一九九三年)所収、三七—五六頁。
(45)前掲『行政評価機能の実態とそのあり方』、一六〇頁。
(46)同右。
(47)東京都監査実務研究会「監査制度の現状と課題——東京都における運用の実態から」(『地方財務』三三〇号)一一頁。
(48)前掲『行政評価機能の実態とそのあり方』、一六〇頁。
(49)小島、前掲、三七—三八頁。一九六〇年四月、行政考査業務は企画室が担当するようになり、一九六四年さらに企画調整局行政管理部行政考査課の担当に代わった。企画調整局設置までは企画室のもとで、たとえば一九六〇年度に「住民の税外負担の軽減問題(PTA負担経費の軽減)に関する調査」や「国費支弁職員に関する調査(地方事務官制度の状況と問題点)」などの「広義の行政考査に類する諸調査」も実施された。前掲『行政考査資料集』、二三頁。
(50)貫洞哲夫「行政考査」、前掲『行政考査論集』、四四・七頁。
(51)「内部監査体制の整備について(四三・八企画調整局部内検討資料)」、前掲『行政考査論集』、九〇—九一頁。
(52)財務に関する事務のみが監査委員の監査対象であり、事務自体の効率性評価である行政監査は、監査委員の権限ではないと東京都が主張していた。同右、八九—九〇頁。また行政考査体制を強化する背景には、高度成長期にみられた地方自治体の行政組織・規模の拡大などが挙げられる。行政需要を解決するために次々と新しい施策、業務が誕生していったが、しかし国にもみられた「企画偏重」の弊害が表面化して、施策などの効果が「末端にまで浸透するまでに至らないことが多かった」事情により、総合管理、行政効率の向上のための内部統制の強化、すなわち「内部考査への関心が向けられ」、行政考査の体制整備が図られていったのである。「〈参考〉『週刊とちょう』から　行政考査規則を改定」、前掲『行政考査論集』、四四・六—四四・八頁。
(53)「事務事業監査の今後のあり方について(四三・八監査事務局部内検討資料)」、『行政考査論集』、九七—九八頁。
(54)前掲「内部監査体制の整備について(四三・八企画調整局部内検討資料)」、九一頁。
(55)この実施状況に関する考察は、前掲『行政考査資料集』、二五—二七頁を参照した。

(56)　小島、前掲、三九頁。
(57)　また「汚職等防止委員会」や「服務情報連絡会」、「服務指導連絡会議」などの事務運営を担当している。東京都総務局『事業概要』(一九八四年版)、五五―五六頁および、同(一九九三年版)五二頁。
(58)　前掲『事業概要』(一九九三年版)、五一頁。
(59)　服務監察を実施する際、関係局長などに関係資料の提出、立ち会い、説明を求めたり、事故の当該職員からの事情聴取を行なう権限がある。同右、五二頁。
(60)　川名弘一「行政考査とそれに類似する監査」川名弘一編著『自治体の監査――公営企業、特殊法人等を含めて』(ぎょうせい、一九九二年)所収、一八一頁。川名は同書を執筆する時、都立大学事務局長の職にあった。
(61)　ここでの行政考査の実施に関する紹介は、一九九四年八月一〇日、東京都総務局行政監察室での調査によるものである。
(62)　予防監察を担当するのは庶務企画担当といって、計七名となる。このほか、行政考査担当(各局共通テーマの考査)と局別担当(局別テーマ考査)のように大きく分けられている。ここで紹介した行政監察室の職員の業務分担状況は、東京都総務局行政監察室資料「行政監察分担表」を参照した。
(63)　この特別考査についての考察は、東京都総務局行政監察室『用品制度の改善』(一九九二年)を参照した。
(64)　前掲『行政評価機能の実態とそのあり方』、一六一―一六二頁。
(65)　同右。
(66)　同右、一六九頁および、川名、前掲、一八二頁。
(67)　今川晃『自治行政統制論への序曲――住民は何を統制できるか』(近代文芸社、一九九三年)一七頁。
(68)　川名、前掲、一八〇―一八一頁。

結語

本書では、日本の行政監察・監査制度の特質と構造について考察してきた。すなわち、総務庁監察行政のほかに、地方自治体の監査委員監査、国と地方自治体内部の監察・監査についても、総務庁監察行政との類似性に注目しつつ検討してきた。各章毎に、簡単なまとめと分析を加えておいたが、ここでは総務庁監察行政を中心に、日本の行政監察・監査制度をめぐる条件、環境の変化と、それに伴って生じる課題または今後の展望について考えてみたい。そのために、日本の行政監察・監査制度の存在意義をまず再確認しておこう。

行政監察・監査の独立性問題と外部監査の導入

第一章では、総務庁行政監察制度の構造と組織体制について、また第二章では、総務庁行政監察の執行過程を中心に、同制度の本質を解明しようと努めた。これらの考察を通して、同制度の本質に深く関連する「独立性」の問題についても若干ではあるが触れてきた。また第三章と第四章においても、この「独立性」の問題を意識しながら、他の類似制度について検討してきた。

行政の内部統制機能としての総務庁監察行政は、行政権自体から発するものである。それと同時に、行政施策を執行している各省庁において、特定の企画・執行機関から独立して総務庁の監察行政は、一つの行政管理の専門機関としての準外部的行政監査の性格をも合わせ持っている。これは、会計検査院および各省庁の内部監察・監査組織との比較から導かれた特徴である。しかし、総務庁監察行政または行政監察・監査制度をめぐって議論する場合、行政監察の持つ「客観性」と「中立性」、すなわち広義の「独立性」については常に議論の的とされている。

これは行政監察・監査のあり方、その本質に対する認識に由来する問題であると、すでにこれまでの考察の中で論じてきた。また行政の実施機関と監察・監査機関の分離を基軸とする総務庁監察行政は、その監察対象・監察業務内容から見れば、ある意味で行政に関する総合評価であるといえよう。すなわち、総務庁行政監察局を主体に行政全般について、全国に配置されているその地方支分部局を動員して、計画的に各行政機関の行政運営を監察することが中心となるからである。その具体的権限は、実地調査、勧告、回答指示および行政運営の改善に必要な内閣総理大臣への意見提示、閣議への報告などである。しかし、これらの権限規定から想定されるような「外部性」を伴う強い監察行政にもかかわらず、監察対象省庁に対する拘束性が希薄であるのが実態である。とくに第二章で考察したように、運用に際して、こうした特徴は明確になる。たとえば改善措置に関する回答を求める場合、対象省庁は回答期限を守ることが希だというのが現状である。これは、総務庁監察行政における構造的な問題であり、行政監察ないし行政活動への信頼を損うものであるといっても過言ではない。

また、行政監察を実施する側は、各省庁から独立した行政監察の専門機関が監察を行なうという理由から、第三者として公正な評価が行なわれていることを強調している。ところが、それはあくまでも行政内部の行政管理、「総合調整部門」である総務庁の業務の一環として行なわれているのである。こうした側面もまた、看過されてはならない。とくに、行政監察の執行過程において、行政監察の効果を確保するという観点からいえば、各行政機関との協調・補完関係を重視するという側面が出てくる。すなわち、行政運営上のありのままの問題点を行政監察が指摘しその改善を推進するというよりも、むしろ監察対象機関の自主改善を促すという行政内部の自己反省作用ないし自己改善作用として機能し、位置づけられるという側面が監察行政にはあるのである。

これは具体的に、勧告案作成における関係行政機関との長期間の調整などにもあらわれている。その結果、大多数の勧告が行政機関に受け入れられて、一定の改善措置が講じられるに至る。これは、ある意味で行政監察主体と客体の「協力」によるものであるといえる。そしてこの組織間の「協力」こそが、日本の行政監察を効率的かつ実効性の高いものとしているということもできる。しかし、今日の行政の専門化・複雑化などの現状に鑑みるとき、「関係省庁との調整がつかなかった勧告案の部分は、改善どころか、勧告さえされずに葬られる[1]」可能性も存在する。各省庁の利益に偏することがなくても、勧告の客観性、公正性という観点からは、今後の大きな課題となってくるものと思われる。

行政監察機関の内部においても、この問題に関して、行政監察に基づく勧告には法的な拘束力がない、したがって所管官庁が勧告の具体的な改善措置を実施するか否かは、その官庁固有の権限内の問題であるという議論がある。「監察は弱いものである[2]」べきだという主張である。つまるところこうした議論は、行政監察を実施する際の実効性を確保するためには、スリアワセを通じて相手省庁の理解・納得を優先させるべきである、あるいは今後も弱い監察に徹すべきだとの消極的な意見に通じていくのである。

この行政監察運営上の姿勢は、行政内部の問題はあくまでも行政の内側、内輪でまとめるという論理によるところが大きい。そのため、総理大臣への意見陳述など内閣総理大臣の命令・指導権限の発動を極端に避ける傾向となる。しかし、こうした現象は、第一章の考察で明らかにした、戦時中および終戦後に議論されていた本制度創設の目的である、内閣、とくに総理大臣による各省庁への統制力の強化や、内閣における総理大臣の発言権の増大などを達成することとの整合性を持っていないのである。

今日における日本の経済社会の構造的な変動の中で、行政監察は、行政全体の適法、適正の運営を確保するための行政統制機能としてその重要性を増しており、そして行政監察がいかに行政における根本的な改善に寄与しうるかがますます問われている、とこれまで論じてきた。この日本の経済社会状況の変動とともに、総務庁の監察行政もまた、変化を見せている。近年の行政監察は、各行政機関の業務の実施状況を中心に監察することはもとより、制度・施策など高度な政治課題に取り組む傾向をも有している。たとえば、臨時行政調査会などの行政改革機関に協力することにより、行政「監察は、単に評価機能を通じて各分野の行政意思決定の改善に資するのみならず、本質的には行政における『改革の道具』」であるという評価がある。(3) そうしたところからすれば、政府の重大施策にかかわる行政の課題を取り上げ、制度・施策の見直しを推進するいわゆる「政策指向の行政監察」(4)がその今日的な特徴といえよう。

こうした行政監察は、内閣や行政改革推進機構など政治サイドからの要請で行なわれることが多く、また社会的な反響・関心も高い。ゆえに、行政監察による制度・施策の見直し、行政の根本的な改善に寄与する場合もある。ただし、ここで留意されなければならないのは、監察テーマまたはその勧告内容などが「政策指向」であるとしても、その内容は、いったいどこまで政策の変更、根本的な見直し、新しい政策的な選択肢の提供に踏み込みうるのか、という行政監察制度および監察体制の本質と限界にかかわる課題である。

一般的にいえば、日本における立法と行政の関係は、議会で決定された法律を行政機関がそれを実行するという「法律による行政」の理念に支配されているといわれているのだが、現代行政の技術的複雑化と量的膨大化の進行によって、議会の統制による政策方針などの見直し作業は追いつかないのが実情である。このため、各行政執行機関の内部監察とは別に、専門の行政内部の統制機関である行政監察機関による政策とその執行および制度の検査・見直しが期待されるところとなっている。

総務庁行政監察局は、新規行政施策の定期調査を実施しており、一定期間を経過した法律や新規予算について定期的な見直し・実績評価を行なっている。これは新規施策の効果的な実施に寄与する新たな行政監察の方式となろう。ただし、この定期調査については、その内容・手法が中央計画監察と比較した場合、変化に乏しく、どちらかといえば行政運営面の評価にこだわっており、施策についての全体的評価が少ないなどの指摘もなされている。とくに、行政監察としては、施策・法律についてどの程度まで踏み込んで批判し、評価すればいいかという問題は、総務庁監察行政の制度および運営上の限界が存在するために、大きな課題と考えられるべきものとなろう(5)。

実際に第二章で検討したように、普通の一般中央計画監察においても、行政本来の目的という場合、常に法の規定を参照し、これを監察の基軸としている。しかし、行政自身の自己規定そのものがすでに時代遅れとなっている場合、当該法規が今日の社会経済の現状に適合しているかどうか、あるいはそれが今日の行政目的でありうるのか否かに目を向けることは難しい。また、こうした行政の自己規定を前提とする監察行政によって、この問題を考える機会さえ奪われる恐れがあるのではないかとも思われる。しかしこれについては、制度の根本的変革を迫ることは行政の内部統制である総務庁監察行政に求めること自体にそもそも無理があり、そのため議会による行政監察の強化、すなわち監察行政を議会の専門調査機関として再設定するべきであるとの反駁もありえよう。これらの議論が現実となる前に、総務庁の監察行政はみずからの見直し、行政の根本改善に寄与しうる、いわゆる「政策評価」に接近する方法を探ることを求められているのである。

ここでは「政策評価」の問題を提起したが、それはけっして総務庁監察行政の従来の活動を否定するものではありえない。なぜならば、行政監察における合法性の評価視点は、行政の適法、適正な運営を確保するために極めて重要なことであり、これが行政監察の現在および今後の活動にとっても、ひきつづき重要な一環となるからである。ただし、合法性の評価を考える前提として、制度ないし政策そのものが、今日、究極的に国民の立場に立っているのかどうか、あるいは時代遅れになっているかどうかといった監察視点を加える必要がある。こうした制度・政策の妥当性を考えないまま、直ちに合法性評価を行なうと、既述の「農協監察」の如き結果となる。またこれによって、行政の根本的な改善どころか、監察対象機関との間に保つべき緊張関係が緩められ、さらに関係者、国民から行政監察活動への不信を招きかねない結果となる。これは総務庁監察行政だけでなく、行政監察・監査全体が抱える大きな課題である。

松下圭一は、政策評価の基本的な位置づけは本来、「市民自体あるいはその代表の議会による行政外部型政治評価」であると指摘したが、この観点からいえば、現代の行政監察・監査の制度・運用の限界により、政治評価が行なえないため、行政監察・監査は政策評価どころか、行政業務の実施状況を調査しての問題のある事例の発見にとどまり、「行政革新ないし政策・制度開発への衝撃力は期待しえない」(6)状態にならざるをえないといえる。こうした行政監察・監査の独立性の課題、政策評価の必要性に鑑み、行政監察・監査のあり方の見直し、新しい行政監察・監査制度の確立も要請されている時期に来ているのではないだろうか。

本書で論じてきたように、地方自治体の監査委員制度を考察すると、本来、高い独立性を要求されている監査委員による監査でさえ多くの問題を抱え、適正な運営が達成されていない状況がある。こうした状況に対して、「外部監査」の導入または「監査委員の公選」(7)を求める声が高まっており、すでに外部監査制度の導入など地方自治体監査委員制度の変化をもたらしているところもある。また近年、川崎市など多くの地方自治体が「オンブズマン制度」などを導入し、(8)さらに市民団体などによる市民オンブズマン組織が次々と誕生するようになっている状況もある。こうした動向も先の情勢を反映しているもので、いずれも行政監察・監査制度の独立性問題に大きくかかわっているといえるのである。

国の場合は、一九八〇年から総務庁行政監察局内に「オンブズマン制度研究会」を設け、国レベルにおけるオンブズマン制度の導入について検討してきた。同研究会は、「行政府型オンブズマン制度」を構想したが、引き続き検討する必要があるなどの理由で設置する気配はみられない。同研究会におけるオンブズマン制度の構想について言えば、苦情救済制度の活性化に重点が置かれ、政府部外の行政監察の位置づけから、政策・制度の見直しのような現在の行政監察制度が実施しにくい業務については、深く検討されていないのが現状である。(9) そのため、このオンブズマン制度の設置構想には、総務庁監察行政の限界をいかに乗り越えるかという見地からの議論の余地が課題として残されている。

総務庁監察行政の変革を求める世論は、現実に地方自治体の監査委員制度の改革に関する要請ほど高まっていない。地方自治体では、「オンブズマン制度」の設置や外部監査制度の導入が活発化している。それは地方自治体における内部管理部門への機能吸収などの内部監察・監査制度の不備や、その活動の低調さ、あるいは監査委員制度の問題によるものなどが含まれるが、しかしこれも総務庁行政監察制度の今後の展望に大きな示唆を与える契機となるものである。すなわち今後、総務庁行政監察制度の独自性、あるいはその存在価値というものがどう確保さるべきかという問題に、この自治体の監査の問題が絡んでいるのである。また構造的な変革に直面している今日の日本の経済社会情勢から考えれば、監察行政自体の変革も求められているのである。

行政の適正な施行、社会の発展・変化に適する行政の改善、是正を保障するための「担保措置の究極にあるものは、もとより主権者たる国民の行政への参加と監視」であると、総務庁の行政監察担当者も認識するようになってきている。(10) そうであるならば、行政内部の自律・自浄機能としての総務庁監察行政の中には国民に代わって、国民のための、国民の視点からの行政監察という要素を大きく組み込むことが要請されることになろう。

総務庁行政監察局は、行政相談による国民の意見の収集、地方監察による地域問題の解決、公表を通じて、情報公開や国民への監察情報の提供などの業務のほかに、政府の行政改革活動にも深くかかわっている。総務庁監察行政は政府内部の管理・統制機能の一部でありながら、国民からの問題提起、国民の価値・意志を行政監察活動に反映していないとはいえないのである。第二章で見たような、行政監察における評価の体系図からも分かるように、ここには社会情勢の変化と一般の行政改革の理念が色濃く反映されているといえよう。

しかし行政内部の自主的な改善を推進する立場からは、実際に根本的な改善につながる多くの具体策が勧告できなくなっているのも現状である。これは監察行政のあり方、監察主体の問題意識、価値観に左右される場合もある。そして、そのために現在監察行政運営のあり方の変革はもちろんのこと、いわゆる市民の評価視点、新しい評価チャンネルの導入が必要とされているのである。またこれは導入のみにとどまらず、勧告に反映していくことも重要であろう。行政監察の執行上、勧告につながることが現制度上困難な場合には、その多くは勧告の内容から削除して関係行政機関に自主改善の余地を与えることになるのだが、意見表示、選択肢の提供の形で勧告と別枠で行なうことも考えうるのではないか。そして、このような実質的な「勧告」を公表し、社会一般に問う工夫も、行政監察の実効性の確保ないし社会一般の関心、行政参加を引き起こす一因となりうるのではないかと考える。

二〇〇一年の省庁再編に伴って、総務庁行政監察局は総務省行政評価局へ変身する。「評価行政」にかわったとしても、半世紀にわたる行政監察制度の歴史とこれまでに蓄積されてきた「行政監察」の経験は、新制度に寄与できるものであると考えられる。また、これのみにとどまらず、監察行政における監察・評価の手法やあり方などを総括し、「行政監察型」監察のさらなる発展を求めていく必要がある。中央省庁における本格的な政策評価の開始と位置づけられている、この行政監察制度の改革は、本制度創設以来のもっとも大きな変革期を迎えていることに象徴されているように、二一世紀も見据えたものであると期待したい。

行政監察・監査における科学化、合理化と専門性の問題

一般に、行政の運営・施策についての監察・監査ないし評価は、第一義的にその行政機関自体が行なうものとされている。また評価のフィードバックとして行政の運営・実施、新しい行政施策の策定に反映することになれば、行政運営のサイクル＝PLAN—DO—SEE が円滑になると期待されているところである。しかし、施策を執行している行

政機関自体がみずからの施策を客観的な視角から〈評価〉することは、けっして容易なことではない。また日本における「企画偏重」という行政の実状から考えても、いったん企画した施策に対しては評価や見直しを行なうことが非常に困難であり、大きな課題となるものと思われる。

その原因としては、多くのことが指摘されているが、もっとも問題とされたのは、こうした評価を専門的に実施する行政機関内部の監察・監査制度、体制の不備の問題である。第四章でも検討したが、行政管理研究センターのまとめた研究報告書『事務・事業の見直し制度の現状と課題』の中で、行政の実施主体である各省庁がみずから行なっている監察・監査を第一次的評価機関と位置づけている。そしてこれらの行政機関内部の監察・監査を、その監察業務の対象を基準に次の二種類に分けている。(11)

① 特別業務監査――「強力な公権力の行使を伴う業務、相当規模の金銭取扱事務や契約事務など、刑事犯が発生する可能性のある業務について、業務運営全般や会計処理、服務状況等を監察、監査するものである」とされている。この特別業務監査は、郵政監察や自衛隊の監察、国税・関税の監査、警察の内部監察などのように、専門的な部局として存在し、規模が比較的大きいなどの特徴を持つ。特別業務監査の領域に関しては、総務庁の行政監察の対象から除外されている。

② 一般内部監査――①以外の、「各省庁自身による業務一般、会計処理、服務について点検するものである」とされている。主要業務には、各省庁自身の業務や会計、服務などの一般点検の性格を持つ。また、会計面の監査を重視し、専任の職員が少なく、その大多数が兼任によって構成されているのが現状である。

総務庁の監察行政は行政全般を対象に行なわれるものであり、その窓口となる多くの内部監察・監査組織との意見交換、経験交流、とくに行政監察業務における連携が行政監察の円滑な執行にとって重要な意義を持っている。しかし各省庁の監察・監査組織、すなわち第一次的評価機関の現状からも見て取れるように、不正・不当の防止、摘発や特別な業務の公正な運営を確保するための特別業務監察も、また会計監査を中心に行なっている行政機関内部の指導・指揮権発動に基づく一般内部監査も、その内容の相違や一般内部監査の低調などから、一般に求められている総務庁監察行政と同様な行政機関内部の行政監察・監査機能と比べたとき、大きな落差がある。これは問題である。こうした内部監察・監査機関との連携はその効果がどのくらいあるか、「行政監察制度」のさらなる発展にとって課題となるであろう。

総務庁行政監察局の行政監察は、第一次的評価機関である内部監査とは業務内容上においてその性格が異なる部分が多い。その連携をどうやって図るかは、比較的困難なことである。とくに、一般内部監査が低調な現状を考えれば、行政内部における「行政監察型」監察機能の育成とその活動の促進が、総務庁監察行政と行政機関の内部監察・監査組織の連携、および総務庁行政監察の能率向上にとっては、必要な第一歩となろう。

ただし、この点に関しては、行政内部の定員や組織などの制度的な制約があり、きわめて難題である。総務庁行政監察局としては、各省庁の内部監察・監査組織を行政監察の連絡窓口として位置づけて、行政監察における当該省庁との調整に活用しているとされている。[12] その連携は、現段階においては「監察・監査実務者セミナー」のような形で、各行政機関の監察・監査担当者に関する監察・監査業務の研修を行政監察局が主体となって行なうにとどまっている。

それと対照的なのは、特殊法人の内部監査との連携である。本書の考察対象からは控除したが、特殊法人の内部監査は特殊法人の内部にありながら、執行部から独立している監事・監査役によって、事業運営などに関する監査・評価を専門的に実施するシステムとなっている。行政監察局は、これらの監事・監査役を通じて、特殊法人との連携を図りつつ、総務庁行政監察の窓口として、その意思疎通に活用している。ここにはとくに、一九八〇年以来の全特殊法人を対象とする「特殊法人監事等連絡会」の開催をはじめ、監事間の相互交流や行政監察への参画、業務連携を行なうなどの実績がある。[13] ただし、現実に総務庁行政監察が特殊法人との連携をどのように図ったのかについては、まだまだ研究の余地がある。

行政監察の効果的、効率的な執行を論じる場合、もう一つ問題となるのは、行政監察・監査業務の科学化、合理化である。行政の運営に関する監察・監査ないし評価は、企業経営の評価と類似する側面があるが、効率性や経済性にとどまらずに、公正・公平性、有効性、合目的性、透明性などの見地も必要である。こういう意味で、行政における適正な評価は、それ自体が困難な課題なのである。

行政監察の手法や調査のマニュアルについての研究開発は、比較的早い時期から行政監察局内部で行なわれていた。一九六三年には行政管理庁行政監察局調整課（後の総務庁行政監察局企画調整課）に「機械化研究班」が設置され、また本庁・管区局に職員の監察技法の研修が実施され、具体的な行政監察業務の技法研究調査が行なわれた。その後、行政監察業務の適正化を図るために、前述の行政監察の実施基準や、行政監察の実施要領などが策定されるようになってきた。また、一九六〇年代後半から行政運営へのコンピュータ導入に伴い、行政監察の効率化、高度化、科学化の観点から、行政監察局に調査・研究担当の監察官が設けられるようになり[14]、情報・資料の管理や監察手法の調査・研究に手がつけられてきた。前出の「行政評価研究会」も調査・研究担当監察官を中心にして開かれたものである。

その成果としては、監察担当者ＯＢの経験談や調査手法からまとめられた「調査方法の手引き」があり、また折衝などの手法を含む「行政監察ハンドブック」と「監察業務従事職員のための手引き」も作成されている[15]。これらは、成文化され、実際の行政監察運営において活用されている。また、行政監察における定量的評価基準の研究、評価基準の分類整理、体系化および諸外国における行政監察・監査制度、経験の研究作業も行なわれ[16]、第二章で取り上げた行政評価の体系図などもあった。

以上のような努力のほかに、行政監察局ではその長い歴史や行政監察業務の多様性などとの関係で、また今後の行政監察に役立つという見地から、膨大な情報が蓄積されるようになってきている。近年は監察手法のうちで調査・研究に関しては、コンピュータの導入に伴い、その蓄積の方法が他の研究より一段と進んでいるとみられている。たとえば、「行政監察・行政相談情報検索システムの整備・運用」、「総合的な資料収集・保管」などにおいて成果をあげたとされている。[17]

ただし行政評価手法の開発に関して、部分的に試みられたこともあるのだが、行政監察の全体としては、まだ研究開発の状態にあるというところであろう。確かに、行政評価手法の確立は、行政監察の効率化・科学化にかかわる重要な課題である。しかしこの問題については、行政監察自体が「まだ監察業務を担当する職員の職人芸的な部分に頼っている部分がある」と厳しく指摘する声が存在している。[18] 総務庁行政監察局は行政を専門的に監察、評価する機関である以上、行政の評価における高度な技術性・専門性を要求する。これは、行政監察の効率性の向上ばかりでなく、行政監察の権威、客観かつ適切な評価を行なうためにも必要である。またここでは行政における評価活動の技術的な、運用上の難しさという課題[19]に注意・配慮を払いながら、従来の独自の経験に基づいてまだ不十分な新しい評価手法の開発を行なうことや、評価専門の人材の取り込みなどが重要である。ここでは、とくに「行政監察型」監察の持っている「評価」とはなにかを再認識する作業が求められているのである。

行政監察・監査における内外条件の変化と展望

現代日本社会は、民主化・工業化の進展を背景とした都市型社会の成熟期に入り、市民生活の全体を包摂する行政が社会管理を日常的に営んでいる。「管理社会」、「行政国家」といった言葉にも現われているように、都市型社会の発展に伴い、行政が複雑・高度化して、専門技術集団である行政担当者による社会管理が一段と拡大してきている。その一方、社会の民主化・文化化の発展を基盤とした現代日本の都市型社会においては、国民の文化水準と政治習熟の度合いが高められるにつれて、国民「個人が日常生活における政策主体」[20]であるという起点からの発想が現実に高まっている。当然ながら、行政部外の第三者である国民による行政の批判も大きな意味を持つようになった。

しかし現状として、行政監察・監査は、依然と行政内部型にとどまっている。時代遅れの政策を回避し、国民の福祉生活などの公益を確保・実現するために、行政が自省機能をもち、みずからの実務をチェックし、見直しを行なうのは当然のことであり、そこにこそ行政監察・監査の任務、課題がある。その役割を効果的に果たすためには国民の行政批判と結びつかなければならない。いわば行政監察・監査の制度・運営上の制約から、行政監察の効果を確保するためには、内なる要素と外なる要素が必要となる。

すなわち、行政監察・監査には、権力的統制力と法的な拘束性が伴っていないため、行政監察・監査自身の評価手法などの開発による専門評価機関としての技術の適切な発揮と、外部からの国民の支持といった「行政監察の権力源」の獲得がその基本であるといえよう。[21] とくに監察・監査技術の確保という内なる要素と対照的な、外なる要素である国民の支持と参加は、行政監察・監査の権威と信頼にかかわっているので、行政監察制度の発展に重要である。この点に関してつけ加えていえば、逆に国民による行政への監視・評価という行政の適正化を担保する究極的な存在要素を確保するために、行政監察・監査による評価情報の提供、またその情報の客観性と有用性を含む「市民のための分析評価とその提示方法に関する研究[22]」が求められているのではなかろうか。これは物事の表裏両面の関係をなしており、市民による批判と行政監察・監査の問題提起が密接な関係に置かれていることを表わしている。

たとえば、総務庁行政監察制度は会計検査院と比べれば、完全な外部監察・監査ではなく、また歴史的にも会計検査院ほど長くないため、それほど周知されていない。しかし、そのもう一つの原因は、やはり総務庁監察行政の運営にあるのではないかと考えられる。すなわち、前述したように、行政監察の執行においては、対象省庁との補完・協力関係を重要視しすぎ、そのため一般の市民による行政批判を取り入れて、行政監察における行政の評価にあまり反映してこなかったのが原因である。そのため、監察結果に基づく勧告も鮮明ではなく、国民の反響も寄せられなかっ

た と考えられる。

また、行政情報の公開の視点からも同じような指摘ができる。市民の文化水準、政治的成熟度がしだいに高められてきており、そのため政策批判・評価の水準も向上している。これに対して、行政監察・監査における行政情報の公開と監察・監査情報の中身および公開についてはまだ不十分な状態にあると言わざるをえない。監察・監査情報の公開が相対的に進んでいる総務庁行政監察については、マスコミからも好意的に報道され、社会一般に伝えられているといえるのだが、勧告の場合、行政監察情報の内容がまだ抽象的で曖昧な点があるため[23]、市民による行政監視・批判の喚起への行政監察・監査情報の提供に対し十分な配慮を払っていないといえるのである。

またたとえば、総務庁行政監察局の行政相談は、行政監察が国民に接するための窓口である。国民の行政に対する要望や批判は、この窓口を通し監察活動に反映され、これを一つの契機として行政運営の改善を図るために行政監察が実施されるということもありうる。しかし、地方監察においては行政相談を契機に行政監察を実施したケースがあるが、中央計画監察にまで市民の行政への批判を反映させることは、それほどみられていない[24]。行政相談の受付件数は、一九五五年行政相談開始当初の二二三五件から一九九〇年度の二二万七四〇九件まで一〇倍も増加し、そのうち行政に対する要望が二割強あるとされている[25]。これは、行政監察に対する期待の大きさを表わしているであろう。しかしこうした要望や批判が、行政監察のデータとして活用されるのが建前だとはいえ、具体的にどの程度行政監察に反映されているのかは不明であり、実態としてもまだ行政監察情報に組み込まれるようになっていないようである。

行政監察・監査制度を展望する前に、こうした行政監察・監査をめぐる内外の条件変化を踏まえておく必要がある。行政監察・監査の最大の役割は行政の適法かつ適正な運営の確保であり、その究極目標は、国民の行政への信頼を得ることである。すなわち、行政監察・監査そのものの適正化が最終的に行政の適正化につながるし、そうすれば同時に国民からの行政への信頼が得られるのである。行政監察・監査への展望もこの起点から出発しなければならない。

行政監察・監査は、チェック・アンド・バランスの機能を果たし、行政の複雑化、高度化の現代においていかに膨大化・専門化の行政を統制し、行政運営の適正化を保つか、またはいかに行政の独善、絶対化および「行政の劣化」を防ぐかをその最大の使命としている。それを達成するためにも、今日において、また今後においても、行政監察・監査の適正な運営、新たな展開が強く求められている。地方自治体におけるオンブズマン制度、外部監査制度の導入は、行政監察・監査の今後の展望に大きな示唆を与えている。いずれも国民による行政への監視・批判の導入により、国民による行政統制を強化するものである。これに基づく行政監察・監査制度の新たな変化が今後の中心課題となろう。それは換言すれば、現在の行政監察・監査への不信感から生じたことでもあろう。国民の行政に対する監視・批判の目が厳しくなっている今日、行政監察・監査制度は、内部統制、行政の自省作用、あるいは行政自身の内部管理問題であると片づけられ、行政監察・監査制度と国民との接点を軽視しつづけることはもはやできなくなったのである。

最後に、ここで注意を促しておきたいことは、制度的内部統制機能である行政監察・監査機関に取り入れられた外部的要素の存在である。本書で取り上げた行政管理庁時代の「行政監察委員」や、それと制度的に異なる地方自治体の監査委員などがそれである。行政監察・監査の独立性・客観性などの向上をめざす努力、そして行政参加・行政民主化という視点と理念は、日本における近代、とくに戦後に数々の試行・蹉跌を経験しながら続けられてきたこうした制度づくりの一定の成果であると評価すべきである。ただし、こうした視点や理念を体現する制度を、実質の運用において実際に活かされ、徹底されているかによって、その評価は異なってこざるをえない。これがなければ、行政参加の意味が表面的に強調され、外部要素は単なる名目にとどまるだけでなく、むしろ日本における制度的外部統制の生成が阻害される危険性さえあるのではないかと危惧される。また、この注意点は、行政監察・監査の成長・発展にとっても、有効である。

二〇世紀の末期、日本は国内外の政治、社会および経済の構造的変動を経験し、行政を含む各領域で改革が大々的に行なわれている。本書で明らかにしたように、日本の行政監察・監査の生成と拡充の過程は、時代の転換期ないし改革の時期との相関性が強い。そこでは、国民からの行政批判・行政監視の高まりは、行政監察・監査そのものの変容を促す大きな原動力の一つとなってきている。

それは換言すれば、行政の活動は最終的に政治のメカニズムによって決定されるということである。この点において行政監察・監査もまた例外ではない。その意味で、今日における国民からの行政変革への強い要請や、不正・腐敗など行政上の諸問題への批判およびそれに随伴している市民による具体的な住民参加・市民参加の活動などは、二〇世紀末期における市民オンブズマン活動の活発化、地方自治体のオンブズマン制度や外部監査制度の創設、各地地方自治体の政策評価の取り組み、および二一世紀における総務庁行政監察の行政評価への転換などの現象をもたらしたのである。またこうした行政監察・監査の変革や政策評価、行政評価への関心の高まりに象徴されているように、日本の行政監察・監査も戦後民主化の時期に次ぐ、新しい時代を迎えるようになったともいえる。

本研究を振り返って深く感ずることは、行政監察・監査の生成、拡充およびその変革は政治のメカニズムによるところが大きいし、またそれには必ずといっていいほど一定の理念・目的、期待または規範が伴われているということである。本書において、行政監察・監査の理念・制度目的の本質へのアプローチ、その認識あるいは再確認を試みてきたことの意味は、まさにこの点にあったといえる。

しかし、行政監察・監査を生み出し発展させてきた主体というものは、変革期における社会の要請ばかりではない。正当性を獲得しようとする政権側と行政側自体が、それを必要としてきたのである。なぜなら、行政監察・監査によって、行政自体の不備・欠陥・失敗等々をチェックしそれを是正することは政権とそれを支える官僚体制の存続にかかわるからである。行政制度の実質的運用は、けっして制度そのものに規定されている軌道の通りに進むものではない。これについては、その実質的運用を実証的に見ていく上に、さらに政治、行政の環境ないし文化をも視野に入れて研究していかないと、客観的な分析結果が得られないであろう。

真の改革というものには、新しい名称、制度の取り込みも必要であるが、既存制度の本質に照らしての運用面の実質的変革、言いかえれば、その本質、あるいはその本質を体現した制度への回帰も含まれていいのではないだろうか。また、そのためには、行政監察・監査は内部統制とされる以上、それを行なう行政職員の能動性、責任感と使命感によるところが大きい。ここでは、行政監察・監査の専門家の行政責任はこれまで以上に重くなっているということを指摘しておきたい。

（1）佐藤克廣「政策評価の理論」宇都宮深志・新川達郎編『行政と執行の理論』（東海大学出版会、一九九一年）所収、二五五頁。
（2）勝又博明「無題」（『行政監察月報』第三一四号）一頁。勝又は当時、総務庁官房審議官であった。勝又は、行政監察制度が行政内部の自律的、自浄的な機能という位置づけから、行政監察効果を確保するために、総理大臣に対しての意見具申も「友達との喧嘩に先生の助けを求める」と同一視し、これは強い監察への変身が好ましくないという論調である。
（3）これは、故フランス組織社会学センター所長であるミシェル・クロジェの日本の行政監察に対する評価である。彼は、日本の行政監察における相手機関との「協働」からの「結果」重視、実効性のある点に関して、高く評価したとされている。塚本壽雄「クロジェ氏の見た行政監察」（『行政監察月報』三六二号）二頁。
（4）行政監察制度研究会『新時代の行政監察』（ぎょうせい、一九九〇年）五〇頁。
（5）これに関しては、行政監察制度の見直し、その権限の拡大を図るため、「改善のための立法的提言をなすべきだ」との議論もある。行政管理研究センター『事務・事業の見直し制度の現状と課題』（一九八六年）六二頁。
（6）松下圭一『政策型思考と政治』（東京大学出版会、一九九一年）二四六頁。
（7）「監査委員を選挙で選びたい」『朝日新聞』一九九六年一月三一日。
（8）川崎市（神奈川県）の「市民オンブズマン」のほかに、諫早市（長崎県）の市政参与委員、新潟市（新潟県）の行政評価委員会、鴻巣市（埼玉県）のオンブズマン、沖縄県の行政オンブズマン、西尾市（愛知県）の行政評価委員会などの地方自治体のオンブズマン制度がある。総務庁行政監察局『行政上の諸問題――平成八年版』（一九九六年）七八一―七八二頁。

（9）オンブズマン制度研究会「オンブズマン制度研究会報告の概要」（『行政監察月報』三五六号）五六頁。

（10）東田親司「監察行政の課題」行政評価研究会『監察・監査の評価視点――行政監察結果からみた評価視点を中心として（論文集）』（一九九六年）所収、二頁。

（11）前掲『事務・事業の見直し制度の現状と課題』、二一―三頁。

（12）行政管理研究センター『行政評価の実態とそのあり方』（一九八六年）三〇頁。総務庁行政監察局が各省庁の部内監査との連携を推進する具体例としては、毎年行なっている「監察・監査セミナー」が挙げられる。これは、国の行政機関、政府関係機関および地方公共団体における監察・監査制度の充実を図るため、これらの機関の監察・監査担当職員（課長および課長補佐クラス）を対象に行なっているのである。セミナーにおいて、監察関係の専門家、実務者を招いて、監察・監査の理論・技法の研修が実施されている。総務庁行政監察局『行政上の諸問題――平成三年度版』（一九九二年）一七二頁。

（13）特殊法人において、本格的な監査体制がとられているのは、全体の一割にすぎないとされている。また、行政監察は、大蔵省の四六監査とは直接な連携や関係を持たないけれども、補助金・余剰金などに関する行政監察を行なう場合、予算関連事項について、大蔵省主計局の予算査定部局と調整を行なっているのにとどまっている。会計検査院は近年、事務・事業の見直しに取り組む傾向が増えつつあるため、今後行政監察との関係も生じてくるのであろう。現段階では、行政監察局と会計検査院の間で、連絡会議の開催を通して情報交換を行なっている。前掲『事務・事業の見直し制度の現状と課題』、三〇―三一頁。

（14）行政管理庁史編集委員会編『行政管理庁史』（一九八四年）六五四頁。

（15）同右、七〇一頁、および前掲『事務・事業の見直し制度の現状と課題』、二七頁。

（16）諸外国の行政監察・監査に関する研究は、つぎのようになっている。稲葉清毅「米国ＧＡＯにおける行政監査・監察の展開」（『自治研究』五三巻一号）、松井稔「英国における行政評価の発展と現状」（『自治研究』五三巻二号）、保坂榮次「西ドイツにおける行政考査・行政評価――会計検査制度を中心として」（『自治研究』五三巻三号）、松井稔「スウェーデン及びフランスにおける行政評価・監査の発展と現況」（『自治研究』五三巻四号）、稲葉清毅「米国連邦政府における施策評価」（『自治研究』五三巻七号）。

（17）前掲『行政上の諸問題――平成三年版』、四六頁。

(18) 佐藤、前掲、二五五頁。

(19) 西尾勝は諸外国の有効性と能率性の評価活動を分析した上で、「分析評価の成果は現状ではなおいたって不完全」だと指摘し、「分析評価とその成果の正しい活用方法とは、一方で、必要以上に労多く精度の高い分析評価を要求せず、他方で、その成果をその精度にみあう程度以上の用途に使わないこと、これにつきる」と示唆した。この示唆は総務庁の行政監察活動にも有用であろう。西尾勝『行政学の基礎概念』(東京大学出版会、一九九〇年)二九二頁。

(20) 松下、前掲、一〇頁。

(21) 佐藤、前掲、二五五頁、藤井、前掲、二九六頁。

(22) 西尾勝は評価情報を国民一般に提供する場合、「正確かつ単純明快な評価情報」であることの重要性を示唆した。さらに西尾は「市民のための情報は、問題の所在を示し関心を喚起するものであればたり、むしろ簡明であることが一つの重要な要件なのであって、政策決定者のための情報ほどの厳密な科学性を要しないことも確かなのである」と強調した。西尾、前掲書、二九一頁。

(23) 一九九七年一月、当時の総務庁長官武藤嘉文は「畜産に関する行政監察」の勧告案に関し、「廃止も含め事業のあり方を抜本的に見直す」という表現を、「分りにくい」として書き直しを命じたという。最終の勧告案では、「『廃止』を求める部分と、見直しを求める部分」に分けて記され、「表現がより明確に修正された」と評価された。武藤長官も総務庁は「(事業廃止など)を明言するようになったのは、一歩前進」だと自己評価をしたという。「四補助事業廃止勧告——総務庁長官、表現明確化を指示」『読売新聞』一九九七年一月二七日。

さらに、同長官は監察対象省庁が「勧告に従わない場合は再勧告し、それでも改善されない時はその官庁の名前を公表する」と総務庁設置法の改正で行政監察の運営を見直そうとした。「行政監察勧告従わない場合 官庁名公表の意向」『読売新聞』一九九七年二月二五日夕刊。

(24) 行政監察制度研究会、前掲書、一七九頁。

(25) 総務庁『総務庁年次報告書』(一九九一年)二一三頁。

あとがき

日本の行政監察・監査制度の研究を、私の日本研究の入口にしたのは、現在いっそう深刻化している中国の行政腐敗への関心からである。総務庁の「行政監察」という標記に引かれて、日本の行政監察・監査制度から、中国の行政腐敗問題を解決するための糸口が見つけられるのではないかと考え、このテーマに取り組むようになった。

しかし、日本の行政監察システムの研究が、中国での腐敗問題への対処として適切であったかどうか疑問である。戦後日本の行政監察システムは、終戦直後に形成されたものであるが、そこでは、行政職員の不正・不当の多発という背景や、「監察」というインパクトのあることばが用いられたにもかかわらず、行政職員の個々の問題の摘発にその主眼を置いたものではなかったからである。すなわち、日本の行政監察システムは、行政府全体の行政の運営や実施について、監視を加え、かつ批判・改善を加えようとするシステムであった。むしろ、この日本の行政監察システムは、行政職員個々の摘発を行なわないかわりに、事前防止の観点から、行政制度の改善をめざしていたのである。

本書で研究の対象とした総務庁の監察行政は、行政の総合管理と総合調整の一つの機能として位置づけられ、各省庁を「批判」する「政府経営のコンサルタント」機関として特異な存在である。こうした事実が私の中で明確なかたちをなすにつれて、行政監察を含めた行政の総合管理と総合調整の機能を、日本の行政活動の合法的かつ適正な実施を保証するものとして注目する必要があると痛感するようになっていった。すなわち、私は、この戦後日本の行政監察制度に対して、従来の監察制度とは異なる、いわゆる新しい「行政監察型」監察制度の創造であるという、新鮮なイメージを持つようになっていったのである。

当然、この新しい制度創造の要因は、①戦時中から戦後にいたる長い行政改革の歴史や、②新旧政治構造と社会経済構造の転換、③新しい行政手法の導入などに求めることができよう。とくに、②は一般の行政監察・監査制度の生成を決定づけるもっとも重要な要素だと考えられる。このかぎりで、新しい「行政監察型」監察制度の創出は〈行政現象〉というより、〈政治問題〉でもあると認識すべきである。

日本における行政制度の樹立は、総務庁の行政監察制度の創設にも現われているように、制度の創造そのものであったということができる。二〇〇一年における省庁再編に伴う、総務庁行政監察局から総務省行政評価局への変容もそうであるが、本格的な政策評価の始動こそがこうした制度創造の原動力である。本研究は、その研究対象である総務庁監察行政が、もはや本当に「歴史」となった今日において刊行される。日本の行政は、安定性が強く、変化がないとよくいわれるが、しかし歴史の節目節目での変動にいつも制度創造の要素が内包されているのである。

こうした制度創造の伴う行政の変動には、行政組織が重要なアクターとして常に活躍する。これは日本における行政制度創造の原動力の一つでもあり、また行政の活力がもたらされるものでもあるといえる。日本の行政組織における制度創造の能力と適応力を本書は高く評価したい。

そして、こうした〈行政〉における〈政治〉への注目こそ、「監察行政」研究から「行政監察」研究へと私を導いた糸口であったといえるものなのである。

本書は、一九九七年三月、法政大学大学院社会科学研究科に提出した博士論文「日本の行政監察・監査——総務庁監察行政を中心に」を原型としている。『法学志林』第九五巻第二号（一九九七年一〇月）および同第九六巻第一号（一九九八年六月）には、同論文の「はじめに」と「第一章」の一部を発表した。また、本書の執筆にあたっては、登場した人物の敬称を略したことをお許し願いたい。さらに、日本の行政を客観的に説明することは、筆者にとっては使命のようなことであるが、しかしながら、本研究は筆者の力量をはるかに越えたものだと痛感する。本書には不充分なところが多々あると思われるが、読者の方々からのご指摘・ご批判を賜りたい。

私事にわたって恐縮だが、この場を借りて日本の行政監察・監査制度を研究対象としていた修士課程の段階から、博士論文の審査終了まで六年間にわたり、筆者と筆者の力量を超えた本研究を導いていただいた法政大学の諸先生方に心から感謝のことばを捧げたい。

修士・博士課程の指導教授である武藤博己先生には、お礼のことばもない。先生には、行政学のイロハから、関係行政機関の紹介やパソコンの操作、日本語の表現にいたるまで、多大なるご恩を賜った。論文執筆のときも、また帰国してからも、先生には物心両面で支えられた。ときには、個人的な悩みまで聞いていただいたこともあり、精神力の弱い私には大きな励ましとなった。楽観的で、自分を飾らない先生から学んだものは学問だけではない。本書の出版にあたって、出版助成の申請から、最後の出版まで見届けていただき、多大なご指導とご鞭韃をいただいた。

松下圭一先生からは、修士課程入学の面接のとき、官僚制の研究を勧めていただいた。入学してからも、ゼミなどで論文の構成から研究の方法まで、丁寧なご指導をいただいた。また、田村明先生からは、行政実務へのアプローチの重要さを教えていただいた。廣瀬克哉先生と五十嵐敬喜先生からは、博士論文の審査にあたり、貴重なアドバイスをいただいた。行政学以外では、藤田省三先生、太田勝洪先生、成澤光先生、飯田泰三先生、下斗米伸夫先生などから、大いに知的な刺激を受けた。とくに、太田勝洪先生には、本書の出版を勧めていただき、猛暑の中を出版助成の申請のために奔走していただいたばかりでなく、出版費用の問題にも親身になって相談にのっていただいた。太田先生がおられなければ、本書の存在もない。それから、出版にあたって大学院の南島和久氏から多大のご指導とご支援をいただいた。法政大学の諸先生からいただいた恩恵は多大なものであった。繰り返し、諸先生方に感謝のことばを捧げたい。

母校の法政大学以外では、都立大学時代の恩師である岡部達味先生からは十年余にわたって、多くのことを学び、先生のお教えは筆者にとって、いつも新鮮で示唆的であった。現在拓殖大学で教鞭をとっておられる岡田彰先生にも、本研究の調査に関して大変お世話になった。また明治大学の森啓先生からは、論文の規範やテクニックなどについていろいろとご教示いただいた。さらに、当時総務庁官房審議官だった現在大東文化大学教授の東田親司先生からは、行政監察制度についての説明や総務庁の評価手法などを教えていただいた。帰国してからも、行政監察局長になった東田先生と北京で再会し、ご教示をいただいた。また同庁主催の行政評価研究会に参加させていただき、熊谷敏氏や長岡裕昭氏をはじめ、多くの監察官の方々との交流もかなった。こうした方々との出会いの一つ一つが本研究を可能なものとしていった。ここに改めてお礼を申し上げたい。

本研究の調査に関しては、総務庁をはじめ、通産省、郵政省、東京都、川崎市、上尾市などの関係機関や行政職員、関係者から、多大なご協力をいただいた。また、留学生時代、アジア二一世紀奨学財団、財団法人櫻田会、富士銀行国際交流奨学財団、野村学芸財団、笹川日中友好基金などから奨学金と研究助成をいただいた。帰国してからは、中国教育部留学帰国者研究起動基金の助成を受けた。

筆者は二〇〇〇年四月からの一年間、法政大学国際交流基金（ＨＩＦ）の招聘研究員として来日し、その間研究や本書の校正などに関し同大学国際交流センター、法学部、法学部資料室、ボアソナード記念現代法研究所、(財)地方自治総合研究所からは、すばらしい研究環境を提供していただいた。こうした方々のご協力なくしては本書が日の目を見ることはなかった。あわせて、心からお礼を申し上げる。

最後に、多くの日本の友人たちに深く感謝の意を表したい。私が日本を第二の故郷のように深く愛するようになったのは、彼らの存在のおかげである。とくに、論文執筆中にお世話になった、生まれたばかりの娘を自分の孫のように面倒を見てくださった池田政弥氏ご一家には、申し上げる感謝のことばを知らない。それから内蒙古大学時代から今日まで暖かく見守ってくださった恩師の酒井利一先生に心からお礼を申し上げたい。また心配ばかりかけてきた田舎の両親と、私の出世を気にせずにしてきたおおらかな妻、無邪気な小さな娘にも感謝したい。

この書を、長い留学生活の中で、物心両面にわたり、私を支えていただいた三重県大内山村の方々と大内山塾頭の内山正熊先生ご一家にささげたい。

本書の出版にあたっては、財団法人櫻田会の特別出版助成金を受けた。さらに、本書出版の機会を与えてくださった法政大学出版局および、同出版局編集代表の平川俊彦理事に大変お世話になった。

二〇〇一年三月

著　者

総　索　引

さ　行

た　行

な　行

は　行

ま　行

や　行

ら　行

●著者紹介

白　智立（はく ちりつ／Bai Zhili）

1966年中国内蒙古自治区に生まれる．89年内蒙古大学外国語学部日本語科卒業．97年法政大学大学院社会科学研究科政治学専攻博士課程修了．政治学博士（法政大学）．現職，北京大学政治学・行政管理学部講師．行政学・政治学専攻．主要論文：「日本の行政監察・監査――総務庁監察行政を中心に」（『法学志林』第95巻第２号，第96巻第１号），「試析50年代中国行政監察制度的変遷過程」「試析日本行政監察制度的特質，意義」（『現代化進程中的政治与行政　上冊』北京大学出版社，1998年）など．

日本の行政監察・監査

2001年９月17日　初版第１刷発行

著　者　白　智　立

発行所　財団法人　法政大学出版局

〒102-0073　東京都千代田区九段北3-2-7

電話03（5214）5540／振替00160-6-95814

製版・印刷／三和印刷　製本／鈴木製本所

ISBN4-588-62511-X